新訂

新・現代情報リテラシー

東京経済大学情報リテラシー研究会・著

はじめに

　大学生が情報通信技術の基礎を学ぶために前前編著者の一瀬益夫名誉教授が，1996年に『情報リテラシー入門』を上梓し，続けて1999年に『新版情報リテラシー入門』，2002年に『現代情報リテラシー』，2006年に『新版現代情報リテラシー』，2012年に『新訂3版現代情報リテラシー』，その後，前編著者の中光政名誉教授が，2018年に『新・現代情報リテラシー』を上梓し，5回の内容の見直し改訂を重ねてきた。この度，東京経済大学情報リテラシー研究会では，その後の情報技術の発展の動向を踏まえて『新訂　新・現代情報リテラシー』を上梓させていただくことになった。

　ところで，1990年代は，インターネットが商用に開放され，多くの企業がネットビジネスに参入した時期であった。2000年代に入って，ネットバブルが崩壊し，多くの企業がネットビジネスから一時撤退したが，そのような状況でもインターネットの重要性は一層増し現在に至っている。

　情報通信技術の重要性を示す顕著な事例の一つとして，ネット上に公開されている世界の時価総額の大きい企業上位5社（2025年2月8日現在）を示すと次の通りで，著名なIT企業が名を連ねている。これらの企業の特徴は，インターネットをはじめとした情報通信技術を利用してユニークなサービスや製品を提供し，企業活動から集まるビッグデータを分析活用している企業で，多くの投資家がそのような企業の将来性を高く評価していることがわかる。参考に約20年前の上位5社を示してみるとマイクロソフト社を除くと石油メジャー，自動車メーカー，大手金融機関などが名を連ねている。

【世界時価総額ランキング（2025年2月8日）】

　　1位　アップル(米)　　　　　　　　　　　　約3兆5,034億ドル
　　2位　エヌビディア(NVIDIA)(米)　　　　　 約3兆1,514億ドル
　　3位　マイクロソフト(米)　　　　　　　　　約3兆912億ドル

i

4位 アマゾン・ドット・コム(米)　　　　約2兆5,113億ドル
5位 アルファベットA&C(グーグル)(米)　約2兆1,802億ドル

【世界時価総額ランキング(2005年)】
1位 GE(米)　　　　　　　3,703億ドル
2位 エクソン・モービル(米)　3,495億ドル
3位 マイクロソフト(米)　　2,784億ドル
4位 シティグループ(米)　　2,455億ドル
5位 BP(英)　　　　　　　2,198億ドル

　上記の企業ランキングの変遷は，この20年間で米国の産業構造が大きく変わってきたことを示している。また，日本においてもアパレルネット通販大手の株式会社ZOZO(「ZOZOTOWN」の運営会社)の時価総額は設立26年で，1兆円5,324円(2025年1月31日現在)を超えている。一方，創業100年を超える老舗デパートの株式会社三越伊勢丹ホールディングスの時価総額は9,618億円にすぎない。時価総額は，株主の将来を見た期待値で，必ずしも現在の業績などと厳密に連動するものではないが，世の中の趨勢をみることはできる。
　次に，インターネット技術を除くと，ここ数年で一段と評価の高まった情報通信技術に人工知能(AI)とIoTがある。AIを搭載したコンピュータが登場し将棋や囲碁のプロ棋士を破ることになり話題になっているが，AIについては我々の生活の中でもその実用化が急速に進んできている。
　例えば，最近では自動車の運転にAIが組み込まれ自動車の自動運転も可能になってきた。日本では，規制もあり一般道路で直ちに自動運転が行われるわけではないが，今後，一定の条件を満たせば自動運転も可能になりつつある。また，このAIの発展によって我々が担ってきた仕事のうち，一定のアルゴリズムに依存するような仕事の多くがコンピュータや機械に置き換わるともいわれている。

IoT すなわち Internet of Things（モノのインターネット）とは，従来は主にパソコンやサーバー等のＩＴ関連機器が接続されていたインターネットにそれ以外の様々なモノを接続し利用することをいう。視聴用のテレビやビデオなどにインターネットに接続することは前からも行われてきたが，近年，企業では自社が販売納品した製品・機器にインターネットを接続し，自社の納品した製品・機器の故障やメンテナンスを事前に予知し，納品先の企業の高い評価を得るようになっている。また，トラック輸送会社などでは，自社のトラックにインターネットを接続して走行時の詳細なデータを入手し，より効率的な運行を可能としている。

　ところで，この本は，東京経済大学の経営学部の１年生の基礎科目の「情報リテラシーａ」と「情報リテラシーｂ」の受講者を対象として書かれているが，経営学部で２年生以降に設置されている科目を勉強する上でも必ず役立つものと考えている。

　まず，本書は「第１部　情報リテラシー入門」と「第２部　情報リテラシー応用」の２部構成になっている。

　「第１部　情報リテラシー入門」の「第１章　情報リテラシーの基礎」では類似概念のコンピュータリテラシーや情報リテラシーの概念を丁寧に解説している。次に，「第２章　企業経営と情報リテラシー」では，企業の意思決定のあり方や情報システムについて詳細に説明されている。さらに「第３章　流通情報システム」では，我々の身近な生活で必要となる物販流通において情報技術がどのように使用されているかについて説明している。「第４章　生産情報システム」では，消費とともに重要な経済活動である生産において情報技術がどのように活用されているかについて説明している。「第５章　社会の情報システム」，ではインターネットが社会に及ぼす影響とそれに関わる情報技術の問題について説明している。「第６章　情報倫理」では，情報の利用に伴う倫理やコンプライアンスの問題について詳細に説明されている。

　「第２部　情報リテラシー応用」の「第７章　コンピュータの仕組み―

ハードウェア」では，コンピュータを構成する入力，出力，処理の装置やデータを記憶する各種装置などについて解説されている。「第8章　ソフトウェアの基礎知識」では，コンピュータを動かすためにハードウェアとともに重要なプログラムの集まりであるソフトウェアについて，その種類や各機能について詳細に説明がなされている。「第9章　通信ネットワーク」では，インターネットをはじめとする通信ネットワーク技術について説明がされている。「第10章　より高度の情報リテラシー」では，コンピュータを利用した問題解決に必要な様々な手法について詳細に説明されている。「第11章　計測と制御の基礎」では，コンピュータに接続されている様々な装置をコンピュータがどのように制御しているのかについて詳細に説明がされている。

　情報通信技術の分野はめまぐるしく変化発展しているが，可能な限り最新の動向についても触れることとした。本書は，以上のような構成と内容になっているが，授業の履修者だけでなく，新しい情報通信技術の基礎を体系的に学びたい方の一助になるのではないかと考えている。なお，大学1年の学部生で，この分野の入門者を対象としたため平易な文章で記述することに努め，学術論文などと比較すると引用や注も最小限にとどめている点もご諒承いただきたい。

　また，学部の同僚教員で，ご多忙なところご専門の分野から多くの章をご担当いただいた共同執筆者の5人の先生方にも感謝申し上げたい。

　最後に，厳しい出版事情の中でも，本書の刊行に尽力いただいた同友館編集部の皆様に感謝申し上げる次第です。

2025年3月21日

東京経済大学情報リテラシー研究会一同

第1部　情報リテラシー入門

第1章　情報リテラシーの基礎　3

  1　リテラシーの意味……………………………………………………3
  2　コンピュータリテラシー……………………………………………4
    2・1　コンピュータリテラシーの役割……………………………4
    2・2　初期のコンピュータリテラシー……………………………7
    2・3　今日のコンピュータリテラシー……………………………9
    2・4　コンピュータリテラシーは今や常識に……………………11
  3　情報リテラシー……………………………………………………12
    3・1　情報リテラシーの役割………………………………………12
    3・2　意思決定と情報………………………………………………13
    3・3　情報リテラシーの厳密な定義………………………………20

第2章　企業経営と情報リテラシー　23

  1　企業経営とコンピュータベースの情報システム………………23
    1・1　企業の役割と意思決定………………………………………23
    1・2　組織構造と意思決定の垂直的分業…………………………24
    1・3　業務の水平的分業……………………………………………27
    1・4　分業における情報システムの重要性………………………27
    1・5　経営情報システムとは………………………………………28
  2　企業におけるコンピュータ利用の2つの基本タイプ…………29
    2・1　伝統的なコンピュータ利用…………………………………29
    2・2　伝統的なIT活用方式（OC）の長所と短所………………31
    2・3　新しいタイプのコンピュータ利用…………………………34
    2・4　EUCの長所と短所……………………………………………36
  3　更なる展開…………………………………………………………39

第3章　流通情報システム　43

- 1　情報技術の活用による流通効率化 …… 43
- 2　POSシステムとバーコード …… 45
  - 2・1　JANコードとJANシンボル …… 46
  - 2・2　POSシステムの構成 …… 47
  - 2・3　POSシステムの利点 …… 49
- 3　エレクトロニック・コマース …… 50
  - 3・1　特定企業間のクローズドなEC …… 54
  - 3・2　不特定企業間のオープンなエレクトロニック・コマース …… 63
  - 3・3　企業と消費者間のエレクトロニック・コマース …… 68
  - 3・4　消費者と消費者間のエレクトロニック・コマース …… 76
- 4　電子決済 …… 77
  - 4・1　カード決済 …… 78
  - 4・2　電子マネー …… 79
  - 4・3　コード決済 …… 80
- 5　インターネット広告 …… 81
- 6　ICタグ（無線タグ） …… 82

第4章　生産情報システム　85

- 1　生産システム …… 85
  - 1・1　生産システムの状況 …… 86
  - 1・2　生産システム概観 …… 87
- 2　製造システム …… 88
  - 2・1　物 …… 88
  - 2・2　設備 …… 90
  - 2・3　作業者 …… 92
  - 2・4　製造方法 …… 93
- 3　生産情報システム …… 94
  - 3・1　技術情報管理システム …… 95

| | | 3·2 生産管理システム | 95 |

- 4 代表的な生産情報システム ... 96
- 5 コンピュータ統合生産システム ... 100
  - 5·1 CIM ... 101
  - 5·2 CAD ... 103
  - 5·3 CAM ... 105
  - 5·4 CAP ... 107
  - 5·5 CIM を支える周辺技術 ... 114
  - 5·6 ICT と AI で新時代の CIM へ ... 116

第5章 社会の情報システム　119

- 1 高度情報社会 ... 119
  - 1·1 インターネット社会 ... 119
  - 1·2 インターネットとサーバ ... 120
- 2 社会の情報化 ... 120
  - 2·1 ユビキタス・コンピューティング ... 120
  - 2·2 ロボットと人工知能 ... 121
- 3 経済や行政での応用 ... 122
  - 3·1 経済での応用 ... 122
  - 3·2 行政での応用 ... 123
- 4 生活の情報化 ... 124
  - 4·1 コミュニケーションシステム ... 124
  - 4·2 移動の代替としての情報交換 ... 125
- 5 情報セキュリティ ... 127
  - 5·1 情報セキュリティへの脅威 ... 127
  - 5·2 暗号化 ... 127
  - 5·3 社会的対応 ... 129

第6章　情報倫理　131

- 1　情報の利用に関する規範の必要性 ………………………………… 131
- 2　情報の利用に関する規範の基本的枠組―表現の自由― …… 133
- 3　人格的利益を保護するための法的枠組 …………………………… 135
  - 3・1　名誉 ……………………………………………………………… 135
  - 3・2　プライバシー …………………………………………………… 137
  - 3・3　個人情報 ………………………………………………………… 138
  - 3・4　人格的利益と「表現の自由」との調整 ……………………… 139
- 4　取引の安全確保のための法的枠組 ………………………………… 141
  - 4・1　意思表示 ………………………………………………………… 141
  - 4・2　商品等に関する表示 …………………………………………… 142
- 5　知的財産政策にもとづく法的枠組 ………………………………… 144
  - 5・1　技術情報 ………………………………………………………… 144
  - 5・2　著作物 …………………………………………………………… 146
  - 5・3　標章 ……………………………………………………………… 148
- 6　社会秩序維持のための法的枠組―法制度の限界― …………… 148
- 7　情報倫理・情報セキュリティ ……………………………………… 151

第2部　情報リテラシー応用

第7章　コンピュータの仕組み―ハードウェア―　155

- 1　コンピュータとは …………………………………………………… 155
  - 1・1　情報システムにおけるコンピュータの役割 ………………… 155
  - 1・2　コンピュータ（データ処理システム）の基本構造 ………… 156
- 2　演算装置・制御装置 ………………………………………………… 158
  - 2・1　2進数・10進数・16進数 ……………………………………… 158
  - 2・2　論理演算と計算・制御・データ処理 ………………………… 159
  - 2・3　半導体集積回路 ………………………………………………… 161

3 入力装置—データ入力のための周辺機器— ……… 164
- 3.1 キーボード ……… 164
- 3.2 ポインティングデバイス ……… 165
- 3.3 スキャナ，デジタルカメラ ……… 165

4 出力装置—データ出力のための周辺機器— ……… 166
- 4.1 ディスプレイ・プロジェクタ ……… 166
- 4.2 プリンタ ……… 166

5 記憶装置 ……… 168
- 5.1 記憶階層 ……… 168
- 5.2 半導体メモリ ……… 169
- 5.3 ハードディスク（磁気ディスク） ……… 170
- 5.4 CD・DVD ……… 172

6 インターフェイス ……… 173
- 6.1 インターフェイスとは ……… 173
- 6.2 Ethernet ……… 173
- 6.3 USB ……… 173
- 6.4 Thunderbolt ……… 174
- 6.5 DVI（Digital Visual Interface） ……… 174
- 6.6 Bluetooth ……… 175
- 6.7 PCI・PCI Express ……… 175

第8章 ソフトウェアの基礎知識　177

1 ソフトウェアの基本 ……… 177
- 1.1 ソフトウェアとは ……… 177
- 1.2 ソフトウェアの働き ……… 178
- 1.3 ソフトウェアの種類 ……… 178

2 OS ……… 183
- 2.1 OSの目的と働き ……… 183
- 2.2 代表的なOS ……… 189

3 プログラム言語 192
　3・1 プログラム言語の役割 192
　3・2 プログラム言語の分類 193
　3・3 プログラム言語の種類 196
4 パソコンでのソフトウェアの活用 199
　4・1 文章作成のためのソフト 200
　4・2 表計算とグラフ作成のためのソフト 201
　4・3 データ整理と情報獲得のためのソフト 202
　4・4 発表のためのソフト 202
　4・5 インターネット利用のためのソフト 203
5 人工知能 206
　5・1 ビッグデータ 206
　5・2 機械学習 207
　5・3 ディープラーニング 208
6 ソフトウェア産業とシステム開発 210
　6・1 ソフトウェア産業の概要 210
　6・2 ソフトウェアの開発と生産 211

第9章　通信ネットワーク　213

1 通信ネットワークの役割 213
　1・1 社会における通信ネットワーク 213
　1・2 組織内の通信ネットワーク 214
2 主要な通信技術 215
　2・1 光ケーブルの回線網 215
　2・2 LAN 215
　2・3 電力線通信 216
　2・4 無線通信 216
　2・5 衛星通信 218

3 通信サービスの利用 …………………………………… 219
3·1 インターネットの仕組み …………………………… 219
3·2 インターネットの利用 ……………………………… 220
3·3 クラウドコンピューティング ……………………… 221
3·4 無線の利用 …………………………………………… 222

第10章　より高度の情報リテラシー　225
1 問題解決への期待とアプローチ ……………………… 225
2 システム思考による問題解決 ………………………… 226
2·1 システムとシステム思考 …………………………… 226
2·2 企業におけるシステムズアプローチ ……………… 227
3 問題解決の手順 ………………………………………… 227
3·1 問題解決の手順とサイクル ………………………… 227
3·2 問題解決へのコンピュータの活用と問題解決者への期待 …… 229
3·3 問題明確化の手法 …………………………………… 229
3·4 調査の手法 …………………………………………… 231
3·5 システム分析 ………………………………………… 239
3·6 解釈と評価 …………………………………………… 242
3·7 問題解決のための様々な思考法 …………………… 243
4 情報処理技術に関する資格 …………………………… 245
4·1 情報技術者試験 ……………………………………… 246
4·2 ベンダー認定試験 …………………………………… 247

第11章　計測と制御の基礎　249
1 コンピュータと制御 …………………………………… 249
1·1 生活とコンピュータ制御 …………………………… 249
1·2 コンピュータ制御 …………………………………… 250

2 計測と制御 251
　2·1 身近な計測と制御 251
　2·2 制御 252
　2·3 計測 256
　2·4 代表的なセンサー 257
　2·5 AD 変換と DA 変換 258
3 計測と制御の応用 264
　3·1 マイコンロボットを用いた計測と制御 264
　3·2 ロボットを支える周辺技術 281
4 おわりに 283

第1部
情報リテラシー 入門

- 第1章　情報リテラシーの基礎
- 第2章　企業経営と情報リテラシー
- 第3章　流通情報システム
- 第4章　生産情報システム
- 第5章　社会の情報システム
- 第6章　情報倫理

第1章

情報リテラシーの基礎

> 📖 **この章で学ぶこと**
>
> リテラシー，コンピュータリテラシー，情報技術（IT・ICT），情報リテラシー，デジタル・デバイド，意思決定，情報，データ

　新・現代情報リテラシーという本書の題名からも明らかなように，この本は，21世紀前半の**情報リテラシー**について，様々な角度からわかりやすく解説することを目的としている。そして第1章は，本書の入門の章であるから，情報リテラシーという言葉の意味やその内容，重要性などについて，簡潔に説明する。

　新聞や雑誌には，**コンピュータリテラシー**という，よく似た言葉がしばしば登場する。コンピュータリテラシーと情報リテラシーは同じ言葉なのか，それとも違うのか。本章では，この問題を考えることから始めて，情報リテラシーとは何かを検討していく。

1　リテラシーの意味

　リテラシー（literacy）という言葉を英語辞書で調べると，「読み書き能力」という意味と，「教養（教育）があること」という2つの意味があることがわかる。第1の意味は技術的な色合いが強く，知識やアイデアを獲得したり伝えたりする手段に関する能力を指すようである。日本でも以前から，社会生活を送る上で重要な能力として，**読み・書き・算盤**（そろばん：すなわち簡単な計算）能力が重視されてきたが，まさにこれらはリテ

ラシーの第1の意味に対応すると言えるであろう。一方，リテラシーの第2の意味は，義務教育，さらには高校や大学などでの学習を通して，常識やマナー，幅広い知識や理論，様々な分析能力，思考能力，表現能力などを身につけた，その意味で**教養**ある人間という状態を示すものである。

リテラシーという言葉をこのように理解するならば，コンピュータリテラシーは，次のように解釈することができるであろう。

> **コンピュータリテラシー**：パソコンやスマホなどの情報機器，その上で動く各種アプリケーションソフトやインターネットなど，いわゆる情報技術（IT）を自由に使いこなす能力を指し，特に上述のリテラシーの第1の意味に関係している。

一方の情報リテラシーは，リテラシーの第2の意味に関係しているように思われる。しかし，その厳密な定義は，コンピュータリテラシーについてもう少し詳しく検討した後で，検討することとする。

2　コンピュータリテラシー

2・1　コンピュータリテラシーの役割

最初に，**情報技術**という用語について，若干解説しておこう。情報技術とは，**IT**（Information Technology）の訳語であるが，ITには一般に，次の4つの関連する技術が包含されている。

- **ハードウェア**：コンピュータ本体，入出力装置，記憶装置，等
- **ソフトウェア**：オペレーティングシステム，アプリケーションソフト，等
- **データベース**：データベース，データベース管理システム，等
- **通信ネットワーク**：公衆電話回線，無線，インターネット，等

現代社会は，これら4つの技術の柱によって作られた基盤（インフラス

トラクチャー）上に構築されていると言えるであろう。本来ならば，コンピュータリテラシーというよりはITリテラシーとする方が適当かもしれない。しかし，ITの中核はなんと言ってもコンピュータである。それ故に本書では，これまでも広く使われてきた，コンピュータリテラシーという表現を用いることにする。

なお，新聞や雑誌，書籍等では，**ICT**（Information & Communication Technology）という頭字語も使われているが，その内容はITと同じである。米国では学術的にはITが中心であり，ICTは一般的な文章の中で多く用いられているようである。いずれにしろ，ITもICTも同じ意味で使われており，どちらも日本語では情報技術である。

コンピュータリテラシーという用語は，コンピュータなどの情報技術（IT）を使いこなす能力を意味する言葉であることは上述した通りである。大学に入学してきた読者の多くは，子供の頃からかなり複雑なテクニックを駆使してコンピュータゲームを楽しんできたことであろう。パソコンやスマホで友達とメールのやりとりをした経験もあることと思う。コンピュータゲーム機は言うまでもないが，スマホの中にも高性能の超小型コンピュータが内蔵されていて，しかも無線でインターネットにつながっている。つまり，読者のほとんどは，生まれながらにしてITを利用しているのである。その意味では既にかなりのコンピュータリテラシーを身につけていると言えなくもない。

しかし，スマホの陰の部分，すなわちプライバシーが侵害される危険や，コンピュータ犯罪に巻き込まれる危険はどの程度あるのか，インターネットで集めた情報は本当に真実なのか，等々について，真剣に考えたことのある人や，詳しく知っている人は，そんなに多くはないであろう。

ところで，スマホでのメールの交換やコンピュータゲーム機で楽しむといった例からも明らかであるが，ITを利用することは，今日では必ずしも難しいことではなくなってきている。ではなぜ，今日でもコンピュータリテラシーという言葉が，新聞や雑誌にこうも頻繁に登場するのであろう

か。

　パソコンが日本で普及し始めてからまだ40年，インターネットが今のように自由に利用できるようになってから20年と少し，そして，全国の小・中・高等学校のすべてにパソコン教室が設置されるようになってからは，まだそれほど時間は経っていないのである。大学生の多くは，高校時代に「**教科情報**」という科目で，ワープロソフトやインターネット検索ソフトの使い方を学習してきたはずである。そして，修学旅行の前に，グループの仲間と，インターネット検索ソフトを使って，行き先の観光案内を調べたり，ワープロソフトで修学旅行の日程計画表を作成したり，画像ソフトを使って帰宅後にデジカメの写真をアルバム風に編集したりした経験のある学生は少なくないかもしれない。教科書の練習課題のために利用したり，先生の指示に従って，上述のような修学旅行の日程計画表を作成したりしたことはあるが，日常生活において自主的にパソコンを使ったことはないという学生が，実は意外と多いのではないだろうか。

　大学の授業でレポート課題が出ると，手書きで作成する学生が少なからずいるのが現状である（これでは，江戸時代に寺子屋で読み・書き・算盤を学んでいた子供たちと変わりはない）。残念ながら，高校でちょっとパソコンの授業を受けただけでは，誰でも自由に使いこなせるようになるほどには，パソコンや各種ソフトウェアが使いやすくなってはいないのである。だから今でも，大学は新入生にコンピュータリテラシーの教育をするのである。

　将来，パソコンに向かって音声で課題を指示すれば，パソコンが我々に代わって，インターネット検索ソフトを動かして関連資料を集め，レポートの原案を作成してくれ，我々がそれを読んで口頭で修正すると，最後には提出用のレポートをきれいに印刷してくれるようになるかもしれない。しかし，そうなるのはもう少し先のことであろう。それに，それでは勉強にならず，学生にとって必ずしも望ましいこととも言えないだろう。

2・2　初期のコンピュータリテラシー

　実用的な用途で利用されたことがはっきりしているコンピュータが登場したのは，1946年のことであった．それは米国で開発された **ENIAC** という名前のコンピュータであるが，ミサイルなどの弾道計算といった，膨大な量の数値計算に大いなる威力を発揮したそうである．そして，商用のコンピュータが登場したのは1951年で，やはり米国の **UNIVAC-I** という名前のそのコンピュータは，米国統計局に納入され，国勢調査の集計に利用された．そのコンピュータはまた，大統領選挙の開票の最中にテレビに登場して，最終的な勝者を予測してずばり的中させたりもしたそうである．

　登場初期のコンピュータは，これらの事例からも明らかなように，数値計算を行うための電子的な機械であった．このことから，**電子計算機**（コンピュータの語源はcompute，すなわち「計算する」である）と呼ばれたのである．しかし今日では，我々は，ゲームを楽しんだり，文章を書いたり年賀はがきを作ったり，電子メールで友達と連絡を取り合ったり，作曲したり演奏したり，絵を描いたりといった具合に，どちらかというと計算以外の用途でコンピュータを用いることが多くなっている．それ故に，計算する機械，すなわちコンピュータという命名法が，果たして正しかったのかという議論もされたりするのである．

　開発されてからやっと70年と少しというコンピュータが，今日我々の周囲の至るところに存在し，様々なことに使われるようになった理由の1つは，ハードウェアがものすごい勢いで発達したからである．2つ目としては，ハードウェアを使いこなすためのソフトウェアが，これまた急速に進歩発達したことがある．そして3つ目には，インターネットを代表とする通信ネットワークの世界規模での整備が進んだことと，データ転送能力が大幅にアップしたことにより，コンピュータで処理可能な形式のデータを，世界中のいろいろなコンピュータやスマホで，簡単に送受信できるようになったことがある．こうしたITの急速な発達によって，人間とコンピュータとの関係は，これまでに，大きく変化してきたのである．

図表1－1　1950年代初期の人間とコンピュータの関係

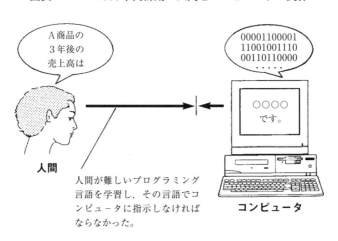

　図表1－1は，1950年代初期の人間とコンピュータとの関係を示している。コンピュータは，今も昔も，0と1の**2進数**（digit）を基本に動作している。登場した頃のコンピュータに何かの計算をさせるためには，まず，その計算の詳細なロジックを人間が考えて，次にその計算処理のロジックをコンピュータが理解できる言語で，すなわち0と1の数字列である**機械語**で表現し，直接コンピュータに伝える必要があった。具体的な**プログラム**のイメージは，次のようなものであった。

　………略………
　000011000000100
　000100101000001
　000101001000010
　………略………

　こんな0と1の羅列を何百行も書くなどということは，一般の人間にはなかなかできない。ちなみに，前述のENIACという第1号のコンピュータの**プログラミング**は，女性の数学者によって行われたそうである。第8章で説明されているが，もう少し人間が理解しやすい言葉で（ただし，コ

ンピュータの初期の研究の多くが米国でなされたこともあり，昔も今も，人間が理解しやすい言葉という場合は，残念ながら日本語ではなく英語を指す）プログラミングできるようにしようという努力がその後も継続的になされ，様々な**プログラム言語**が開発されてきた。代表的な言語としては，第8章で説明されるが，FORTRAN や COBOL, BASIC, C などがある。ここでは 0 と 1 の数列ではなく，READ, PRINT, IF, GOTO などといった比較的簡単な英単語が使えるようになっている。こうしたことが可能なのは，READ や PRINT という単語を 0 と 1 の**機械語**に翻訳するプログラムが前もって書かれ，そのプログラムが最初からコンピュータに内蔵されているからである。この結果，ある程度真面目に勉強すれば，数学や論理学，電子工学などを専攻した人間でなくても，プログラムを作成することができるようになってきたのである。

2・3 今日のコンピュータリテラシー

　コンピュータが普及し，さらに1980年頃から，ビジネスにおいても利用できる高性能のパソコンが比較的安価で入手できるようになり，利用者の数が爆発的に増えた。そのことに刺激されて，会社での様々な仕事や家庭での用事，あるいは娯楽のためといった，特定の用途のために開発された**ソフトウェア**（アプリケーションソフト，スマホではアプリ）が比較的安価で購入できるようになった。その結果，我々一般的なユーザーは最早，プログラミングをする必要がなくなったのである。今日では，適当なアプリケーションソフトを購入し，そのソフトの利用法を学びさえすれば，ＩＴを使えるようになったのである。

　要するに，コンピュータが人間の側に歩み寄ってきたのである。今日における人間とコンピュータの関係が，図表1－2に示されている。

　上述したように，安価で購入できるパソコンの処理能力が桁違いに増大したことによって，数値計算や文章の作成，大量のデータの管理や処理，グラフ作成，画像処理，音声処理など，特殊用途別の優れた使いやすいソ

図表1-2　今日の人間とコンピュータの関係

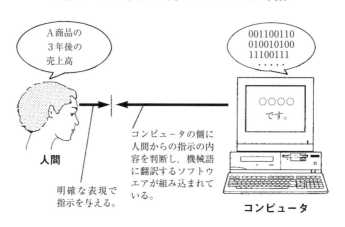

フトウェアが次々と開発されてきた。そして，インターネットも急速に普及してきた。その結果，我々は今日，適当なソフトウェアを購入することによって，かなり複雑な仕事も簡単にパソコンやスマホでできるようになったのである。

　ブラウザという，パソコンやスマホに組み込まれているアプリケーションソフトを利用すれば，我々は世界中のコンピュータから様々な情報や資料を瞬時に，大部分は無料で，入手できるようになった。このことは，企業や工場，商店などでの利用に限っての話というわけではない。個人が家庭からでも，あるいは外出中でも，スマホやタブレットコンピュータで容易にインターネットにつながるのである。

　なお，今日のITは，音声処理や画像処理など，様々なタイプのデータの処理が可能な**マルチメディア**対応となっている。それ故に，我々は次々と登場してくる多様な機器やソフトをも使いこなせるようにならなければならないのである。要するに，コンピュータリテラシーの内容は，常に更新されていくことになる。したがって，我々はそうした新しい時代に即したコンピュータリテラシーを身につけるべく，常に努力していかなければならない。

2・4　コンピュータリテラシーは今や常識に

現代社会は，**高度情報社会**と言われている。経済や政治の領域だけでなく，学校や日常生活など社会のあらゆる領域で，ＩＴの助けがなければ十分にやっていけないようになってしまっているのである。

本書の第１部では，企業や社会の様々な領域において今日，コンピュータなど各種情報技術（ＩＴ）が非常に重要な役割を演じており，その傾向は今後ますます高まるであろうということが解説されている。以下の第２，３，４，５章では，主として企業の代表的な仕事の領域での情報技術の活用のされ方やその役割が詳しく説明されている。第６章では，企業や家庭など，社会全体の活動の仕組みがどのように変わっていくかが述べられている。そして第10章と第11章では，将来情報分野での専門家として，あるいはまた有能なビジネスマンとして，ＩＴをより高度に活用しようと考えている読者が，大学でどんな勉強をしたらよいのかについてのヒントが示されている。

本書を最後まで読むことによって，読者たちは，これからの時代を生きていくためには，パソコンやスマホ，そしてインターネットをきちんと使えるようになること，換言すると**コンピュータリテラシー**をしっかり身につけることが不可欠であることを理解するであろう。前述したように，今日既に，十分なコンピュータリテラシーを修得することは，我々にとって常識になっているのである。パソコンやインターネットを使えないのであれば，就職活動もできないという，そんな時代になっているのである。

デジタル・デバイド（digital divide）という言葉がある。これは，ＩＴを活用できる人とできない人との間に，生涯所得において大きな差が生じる可能性があるという，新しいタイプの社会問題，あるいは国際問題を指して用いられている。

一般的に言うと，高所得の家の子供の方が，小さいときからパソコンやコンピュータゲーム機を買ってもらえる可能性が高く，小さいときからＩＴに親しむ機会が大きい（親の所得格差）。国や文化によっては，女性

がコンピュータなどを使うことを抑制される（性差）。大都市やその周辺に生まれ育った子供の方が，小さいときからITに接する機会が大きい（地域差）。こうした，本人の責任ではない様々な理由により，パソコンやインターネットに早くから触れ，コンピュータリテラシー教育を受けられる人と，そうした機会がなく，コンピュータリテラシー教育を十分に受けられない人との間に，平均的に見て，生涯所得に差が見られるというのである。我が国では，小学校から高校まで，情報関連授業が必修化されてきているが，それはデジタル・デバイド解消のための方策の1つなのである。なお，コンピュータリテラシー教育を受ける機会があるのに，真面目にそれに取り組まないでいる学生の場合には，本人の責任ということになる。

　また，第5章で論じられるが，**在宅勤務（テレワーク）**や**SOHO**（Small Office Home Office；自宅の一室にパソコンなどインターネットに接続可能な最低限の情報機器を設置して会社を設立し，自営のビジネスを行うこと）が普及しつつある。これらも，高度なコンピュータリテラシーを身につけた人間にのみ開かれた新たな可能性と言うことができよう。

3　情報リテラシー

3・1　情報リテラシーの役割

　前節では，コンピュータリテラシーについて説明した。そして，パソコンやインターネットなどのITを使えることは，日本では今や常識になっていることを述べた。しかし，単にITを使えるというだけでは，高度情報社会において，我々は十分に活躍することができなくなりつつある。要するに，パソコンやインターネットを使えるかどうかなどということは問題にすらならなくなってきているのである(使えて当たり前なのである)。

　むしろこれからの社会では，ITを，正しい目的のために，的確な方法で活用し，その結果を適切に仕事に反映させることができるか否かによっ

て仕事の成果に差が生じ，その結果として，所得にも差が生じるのである。本章の第1節でも触れたが，こういう個人の能力を本書では，**情報リテラシー**と呼ぶのである。以下では，情報リテラシーについて，もう少し詳しく検討していくことにする。

3・2 意思決定と情報

　情報リテラシーを定義するためには，**意思決定**という概念と，**情報**という概念をはっきりさせる必要がある。情報関係の教科書や専門書，雑誌，新聞などには，情報という言葉と**データ**という言葉がひっきりなしに登場する。読者の多くは，情報とデータとは，ほとんど同じ意味の言葉だと思っているかもしれない。多くの本や論文の著者もまた，情報とデータとをあまり区別せずに使っている人が少なくない。しかし，

　　データベースとは言うが，情報ベースとは言わない。
　　情報リテラシーとは言うが，データリテラシーとは言わない。
　　高度情報社会とは言うが，高度データ社会とは言わない。
　　最近，ビッグデータが話題になっているが，ビッグ情報とは言わない。

といった具合で，データと情報とは，基本的には区別されて用いられているのである。

図表1－3　情報─意思決定のループ

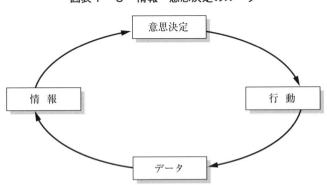

出所：Davis, W.S., Information Processing Systems, 2nd. ed., Addison Wesley, 1981, p.29, 図表2．3。

図表1-3は，情報とデータとを定義する際に，しばしば用いられる枠組みの1つを示している。この図を理解するための鍵となるものが，円の一番上にある意思決定という用語である。最初に，この意思決定という言葉を簡単に説明することにしよう。

3・2・1 意思決定

意思決定という言葉は，経営学を勉強していく上で，ぜひとも理解しておかなければならない重要な言葉の1つである。英語の **decision making** という言葉の訳語であるが，簡単に言えば，考えに考えた末に決定するということである。特に，考えるというプロセスに焦点が当てられている。

図表1-3からも明らかなように，意思決定はあらゆる行動に先立ってなされる知的なプロセスである。換言すると，我々は行動する前に必ずこの意思決定を行っているのである。このことは，個人生活においても，会社や役所のような組織の中で働いている場合でも同様である。経営者や管理者，従業員たちによる優れた意思決定の結果として，会社はお客さんに喜ばれるような商品を開発できるし，適切な価格付けができるようになり，その結果，利益を得たり，成長したり，長期間存続することができる。個人の場合も，適切な意思決定の結果として，快適な生活を送ることができる。だから，意思決定というプロセスは非常に大事なのである。会社の経営者や管理者にとって最も重要な仕事は，意思決定をすることであると言われるほどである。

意思決定の具体的な例をいくつかあげて説明しよう。

＜シーン1＞

あなたは今，ハンバーガーショップに入ったところであるとしよう。まず注文をしなければならない。メニューの中から適当なセットや単品を選ぶわけであるが，あれこれと目移りがして，どのセットメニューを注文したらよいかなかなか決まらない。

そう，この瞬間に，あなたはまさに意思決定をしているのである。メ

ニューには何種類ものセットが載っている．自分の財布の中味さえ許せば，あなたはその中のどれを選ぶことも可能である．こうした選ぶべき対象を，選択肢とか**代替案**という．つまり，**意思決定**とは，複数存在する代替案の中から，1つの（いくつかのセットや単品との組み合わせも，別の1つの代替案として扱う）代替案を選び出すことなのである．適当なセットが決まると，次には飲み物をどれにするかを決め，さらにその飲み物はLサイズにするか，それともMかSかを決めなければならない．その後，店内で食べるかテイクアウトするかも決める．ここでやっと，あなたの注文という行為は完了する．逆に言うと，これらすべての意思決定が終わるまでは，我々は注文するという行動が完結せず，したがって，ハンバーガーを食べるという行動もとれないのである．

＜シーン2＞

あなたは今，ベッドで目を覚ましたばかりで，パジャマ姿でいるとしよう．今日は早くから学校に行く予定である．さて，今日はどんな服装（アウター・ウェア）で行こうか．洋服タンスの中には，いくつかの衣類が掛かっている．昨日は白のセーターだったし，一昨日はベージュのブラウスだったし…．さて，今日はどれにしようか．

ここでも，半分は夢心地の中で，あなたは意思決定の最中なのである．クリーニングに出している衣服や，洗濯をして干してあるような衣服は，今日は使えないから，それらは代替案には含まれない．その他の，今着ることのできる状態の衣類のすべてが，ここでの意思決定の代替案ということになる．こんな意思決定を，読者の皆さんは，たぶん毎朝（忙しいときには無意識に近い形で）しているのである．とにかく，今日着ていく服が決まらない限り，いつまで経っても外出着に着替えるという行動はできないのである．この例でも，行動の前に意思決定がなされていなければならない．

＜シーン3＞

あなたは衣料品店の店主で，今年の夏のためにニューデザインの水着を

何着仕入れたらよいかと悩んでいるとしよう。多く仕入れすぎると，売れ残りが出て損をするし，仕入れが少なすぎると，シーズン前に売り切れてしまい，もっと多く儲ける機会を失ってしまう。さて，注文書に何着と書き込んだらよいか。

これは，会社や商店での典型的な意思決定の例である。20着？30着？40着？それとも50着？…この種の意思決定では，基本的には自然数の（常識的な範囲での）すべてが代替案となり得る。注文数が決まってからでないと，発注するという行動が起こせない。

> **意思決定**：ある問題（選択の必要性）に直面したときに，複数の代替案の中から，問題を最もよく解決すると思われる代替案を1つ選択すること

3·2·2 データと情報

個人としても，サークルのようなグループのリーダーも，そして企業の管理者も，毎日様々な状況において意思決定を行っている。次に，その意思決定は，何を頼りに行われるのかについて考えてみよう。

結論から先に述べると，図表1－3に示されているように，我々は**情報**というものを頼りにして意思決定を行っているのである。もしも情報が利用できなければ，我々は経験や勘，占い等に頼らなければならないかもしれない。以下，本章では，情報を次のように定義して用いる。

> **情報（information）**：ある特定の意思決定を行うのに役立つだろうと意思決定者（意思決定する人）が考え，それを実際に入手し，意思決定に反映させる，知識や事実，データ，あるいはデータを処理した結果

このことを，上記の例のそれぞれについて説明しよう。

＜シーン１＞のハンバーガーショップの例で，何を注文するかを決める場合には，その店ではどんなセットが提供されているか，そしてそれらの価格はいくらかということを知らなければならない。これらについては，普通は店内のメニューを見ることにより，知ることができる。次に，この食事のために，自分としてはいくらまで支出できるかを知ることが必要になる。これは，自分の財布の中身やその後のスケジュールなどを調べることによりはっきりする。また，今朝何を食べたか，昨夜は何だったか，といった具合に，最近食べた料理を思い起こしたりもするであろう。友達に何を注文したか聞きたいと考える人もいるだろう。

　こうした諸々の知識や事実を元にして，我々は注文を決めるのであるが，その意思決定に動員されるものが**情報**なのである。ところで，注文を決めるという，一見単純で，誰でも同じだと思われるような意思決定であっても，そのために必要と考えられる情報は，上述のように，人によって異なる。誰にとっても，またいつでも有効な情報というものは，残念ながら存在しないのであり，意思決定者が自分の判断で，その都度情報を準備しなければならない。

　＜シーン２＞の外出着を決める例を検討しよう。大抵の人たちは，テレビやラジオをつけて天気予報をチェックしたり，学校が終わった後の予定を考えたり（デートかアルバイトか，それともまっすぐ家に帰るのか）するであろう。また，人によっては，昨日着たのと同じ服を続けて今日も着るのは嫌だからということで，昨日の服装を思い出したり，タンスを開けて今日着ることのできる衣服を実際に確認したりするであろう。あるいはまた，窓を開けて空模様を確かめたり，寒さや暑さを自分の体で実際にチェックしたりするかもしれない。

　こうしたことのすべてが，**情報収集活動**であり，そうやって得られたものが情報なのである。

　＜シーン３＞の例では，商店主は，過去何年間かの夏の平均気温と，その年の自分の店での水着の売上高との関係を調べようとするかもしれな

い。そのためには，気象庁に電話をして過去何年間かの夏の平均気温を教えてもらったり，図書館へ行って新聞の縮刷版からそれらを調べたり，また自分の店の営業記録を調べたりしなければならない。さらに，新聞やテレビなどを通じて発表される今年の夏の気温に関する長期予報にも注意していなければならない。このように，意思決定に必要な情報を収集するために，自発的かつ積極的に行動しなければならない場合が実際には多いのである。

以上の議論から，情報は，具体的な意思決定との関連でのみ定義されるものであることが理解できたことと思う。要するに，Aという情報はXという問題の解決のための意思決定には役に立つかもしれないが，YやZという問題の解決のための意思決定にはあまり役に立たない可能性が大きいということである。メニューをどんなに眺めていても，水着の発注量の意思決定には結びつかないのである。

次に，本章では，データを次のように定義する。

データ (data)：過去に発生した特定の事象，出来事，事柄などに関する記述の集まり

データとは，直近のことも含めて，過去に起こった出来事や事象等を誰かが観察したり，数え上げたり，測定したりして，その結果を記録し，記述し，保管してきたものである。つまり，データは，この世の中には無数に存在しているのである。図書館には各種の統計資料が収蔵されているが，そこに載っている数字はすべてデータである。植物や動物図鑑などに載っている図や説明もデータである。電話帳に載っている氏名や電話番号もデータである。

最近は，こうした大量のデータをコンピュータに体系的に蓄積し，必要に応じていつでも取り出せるような形式で管理することが多くなってきた。これが**データベース (database)**である。

ところで，データはすべて，過去の何かについての既述であり，そのままでは，これからの，すなわち未来の行動に関して行われる意思決定にはほとんど役立たない。故に，個々のデータ自体は価値や意味を持たない。真か偽かの違いがあるだけである。個々のデータの意味や価値は，あるデータを重要と判断し，そのデータの中身に注目してくれる意思決定者によって初めて与えられるのである。あるレストランのメニューは，印刷された瞬間からずっと存在している。メニューには，提供できる料理や飲み物の名前とその価格が書かれているが，それらはデータである。お客さんがそのメニューを手に取り，注文を決めるために見てくれたときに，初めてそれらはそのお客さんにとっての情報へと変わるのである。もしもそのメニューがフランス語で書かれていて，そのお客さんはフランス語を理解できないならば，そのメニューは，そのお客さんにとっての情報とはならないし，価値もない。

　図表1－3に戻って，以上の議論を整理しよう。ハンバーガーショップで注文を決める，着ていく衣服を選ぶ，コーヒーに入れる角砂糖の数を決めるなど，我々は生活していく上で，毎日朝から晩まで，様々な**意思決定**をしている。そして，それぞれの意思決定において，何らかの情報を必要としている。そうした**情報**は，世の中に無数に存在する様々な**データ**や記述の中から関連のありそうなものを抽出したり，それらを加工したりして創り出される。役に立ちそうなデータが見つからない場合には，何を着ていくかを決める場合のように，窓を開けて外気の寒さや暑さを自分で確かめるというように，自分で収集することが必要になる。急ぎの意思決定には間に合わないこともあろう。

　こうして獲得された情報に基づいて意思決定がなされ，その結果として何らかの**行動**が起こされる。そして，その行動の結果もまた測定され，記録されて，新たなデータとして追加保存されていくのである。このようにして，図表1－3のループがうまく回転し続けることによって，我々の生活はうまく展開するのである。

3·3 情報リテラシーの厳密な定義

これまでの議論を元に，我々は情報リテラシーを以下のように定義することができるであろう．

> **情報リテラシー**：実際に意思決定を行わなければならない状況に置かれたときに，必要な情報は何かを考え，何らかの手段でそうした情報を獲得し，最終的にそれらの情報を意思決定に反映させることのできる，意思決定者の能力

この定義から，情報リテラシーの能力は，さらに次の3つの下位能力に分解されることがわかる．
(1) 意思決定に必要な情報は何かを考える能力
(2) そうした情報を獲得したり創造したりする能力
(3) 獲得した情報を意思決定に反映させる能力

これらの**情報リテラシーの下位能力**のうち，1つ目と3つ目の能力を高めるためには，常識や教養などと言われるものや，経営学，経済学，社会学，心理学などの様々な領域での基礎知識，あるいはまた統計学や数学などでの計算方法や計算結果の読み取り方，そして仕事上の慣習や仕事の手順など，様々な知識を少しずつ高めていく必要がある．もしも意思決定が必要となったときには，こうした知識を総動員して，どんな情報を集めたらよいか，どうしたらそれを入手可能になるかを考えたり，集めた情報を解釈したりして，意思決定に反映させるのである．大学で様々な科目を勉強する目的の1つは，こうした情報リテラシーの下位能力を高めることにある．

一方，情報リテラシーの2つ目の能力は，**コンピュータリテラシー**によって大きく支援されることは明らかである．例えば，インターネットが普及するにつれて，我々は自宅や自分の仕事場にいながらにして，世界中から様々なデータを簡単に集めることができるようになる．また，そうし

て集めた大量のデータを，表計算ソフトのような適当なソフトウェアを使って，自由に加工処理できるようになる。要するに，高度のコンピュータリテラシーを有する人間は，それだけ優れた情報を入手することができ，それを意思決定に役立てられる可能性が高くなるのである。とはいえ，情報リテラシーが不足していれば，十分なコンピュータリテラシーを身につけていても，それを活用する機会を見つけることができないのである。

　我が国では今日，大企業だけでなく，中小企業でも，社員全員が1台以上のパソコンを使っているのが普通である。社員1人ひとりが情報リテラシーを活用することにより，会社の業績が改善されるであろうと期待しているからである。このことについては，第2章で詳しく説明する。

第2章

企業経営と情報リテラシー

> **この章で学ぶこと**
>
> 企業,経営者の役割,組織,組織構造,意思決定の垂直的分業,業務の水平的分業,経営情報システム,伝統的なコンピュータ利用(OC),エンドユーザコンピューティング(EUC),OCとEUCの長所と短所,事業継続計画

1 企業経営とコンピュータベースの情報システム

1・1 企業の役割と意思決定

企業は,図表2-1に示されているように,企業を取りまく**環境**(市場)から様々な要素(従業員,原材料,エネルギーなど)を**インプット**として取り入れ(市場から購入し),それらを処理して様々な製品やサービスに**変換**し,そうした製品やサービスを**アウトプット**として再び環境(顧

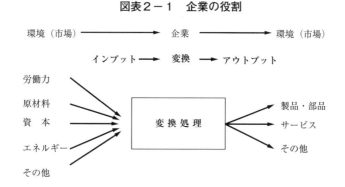

図表2-1 企業の役割

客のいる市場）に送り出す（販売する）。販売によって得た収入の一部が，次の購入のための原資となる。こうしたサイクルが拡大しつつ繰り返されることにより，企業は存続し，発展していくことができる。

　企業は，こうした経営活動をスムーズに継続するために，
・どんな製品を生産し，どんなサービスを提供するか
・製品をどれだけ作るか，サービス窓口をどれだけ開設するか
・どこの工場で，どんな生産方式で生産するか，
・どこで，どんな形でサービスを提供するか
・どんな方法で製品を消費者に届けるか
・製品やサービスをどんな料金で提供するか
・従業員にそれぞれいくらの給料を払うか
・原料や材料，部品をそれぞれいくつ，どこからいくらで購入するか

等，様々なことを決めていかなければならない。こうした活動を，我々は第1章で，**意思決定**と定義した。**経営**とは，企業が存続し，利益をあげ，成長していくのに必要な意思決定を行うことであり，そうした意思決定において中心的な役割を演じているのが，経営者や管理者と呼ばれる人たちである。

1・2　組織構造と意思決定の垂直的分業

　企業や役所，学校のように，ある目的を達成するために多くの人たちが集まって構成されるものを，我々は**組織**と呼ぶ。企業のような組織の構造は，図表2-2のように，一般にピラミッドの形で表現される。

　大きな会社を例にすると，その組織の最上位にはただ1人の社長がいて，その下に何人かの取締役などの重役が配置される。それぞれの重役の下には，複数の部長がいる。各部長の下には数人の課長が配属され，各々の課長が複数の係長を管理している。その係長の下には，5，6人の実際の仕事（業務）を担当する部下がいる。このように，組織は一般に**階層構造**を形成しており，階層が下になるほど，そこに位置する人間の数が多く

図表2-2 組織の直線的分業と水平的分業

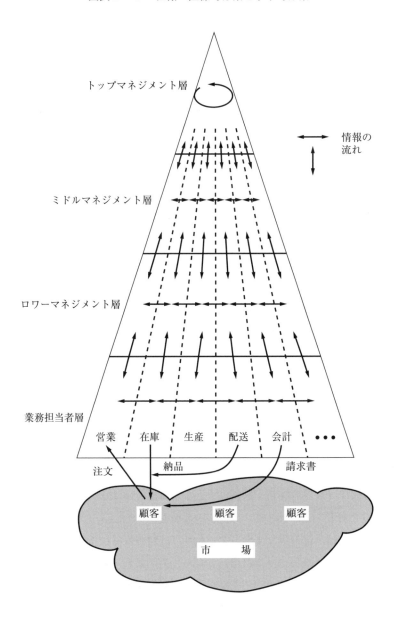

なる。この結果，組織はピラミッドの形になるのである。

　このピラミッドのそれぞれの階層にいる経営者や管理者たちは，それぞれ異なった内容の意思決定をしている。これを，**意思決定の垂直的分業**と呼ぶ。この垂直的分業の各階層に配置された人たちに期待されている意思決定の特徴は，上から順に次のように要約することができる。

- トップマネジメント：**戦略的意思決定**を担当する経営者や上級管理者（社長や取締役といった重役）たち…会社の長期的方針や海外進出など，企業の存続に関わる長期的で重要な意思決定を担当する。
- ミドルマネジメント：**戦術的意思決定**を担当する中間管理者（部長や課長）たち…生産，販売部門などの年間活動計画や予算案の策定その他，部門にとって重要な，1年ないしは半年程度の期間の意思決定を担当する。
- ロワーマネジメント：**日常の業務上の意思決定**を担当する下級管理者（例えば係長）たち…月間ないしは週間の営業計画など，具体的で詳細な業務の遂行に関わる意思決定を担当する。
- 業務担当者：上司の指示に従い，営業，受注処理，配送などの具体的な日常**業務**を担当する人たち…毎日，指示された具体的な業務を遂行する。

　トップマネジメントが担当する意思決定の内容は，一般に長期的かつ広範なもので，企業の存続や成長に大きな影響を及ぼすような，非常に重要なものである一方，具体性に欠けている場合が多い。より具体的で詳細な計画の策定は，ミドルマネジメントやロワーマネジメントたちに順に委ねられていき，最終的には業務担当者たちに指示され，遂行される。これが図表2－2に示されている，上から下への**指示情報**の流れである。

　業務担当者たちが達成した実績や日常業務で発生する問題に関する情報

は，**報告・連絡・相談**（企業では「ホウレンソウ」と呼ばれる）という形で，下から上へと流される。策定された計画と実績との比較が上位の階層の管理者たちによってなされ，もしも差異が大きい場合には，計画と実績とを一致させるための意思決定が行われ，新たな指示が，再び業務担当者のところまで，指示の形で下ろされていく。

1・3　業務の水平的分業

図表2－2では，最下層からトップマネジメントのところまで伸びる縦の点線で，ピラミッドは分割されている。これを**部門化**と呼ぶ。例えばメーカーには，生産部門，営業部門，会計部門，人事部門，情報システム部門，研究・開発部門などが置かれている。このように，企業がその目的を達成するのに必要な多くの業務を担当する専門部門を設ける方法を，**業務の水平的分業**と呼んでいる。

1・4　分業における情報システムの重要性

企業では，社員の1人ひとりが，垂直的分業と水平的分業によって織りなされる網の目のどこかに配属され，各人がそれぞれに課される役割を遂行することが期待されている。彼ら社員が，課された役割を確実に遂行するためには，上司からの**指示**，部下からの**報告**，そして同僚や他部門の人たちとの**連絡**といった形で，様々な**情報**を得て，それらを的確に処理し，日々の**意思決定**に反映させる必要がある。

例えば，お客さんからある商品の注文を受けた営業担当者は，その商品が倉庫にいくつ残っているか（これを**在庫**と呼ぶ），あるいはいつになれば工場で生産されて倉庫に入り，出荷可能になるかを調べなければならない。さらに，そのお客さんは以前の取引できちんと代金を支払ってくれたかどうかを会計部門に問い合わせるかもしれない。これら必要な情報を入手した後に，営業担当者はこの注文を受けるか否かの意思決定をし，最終的な回答をそのお客さんにすることになる。

このように，担当者たちが業務を遂行する上で，横の連絡という形の様々な情報のやりとり（**ワークフロー**と呼ぶ）が不可欠である。また，上述の指示と報告といった，上司と部下との間の上下の情報のやりとりも不可欠である。そのために，企業は組織を縦横に走る情報の流れを作ってきた。このような，情報を流したり必要な処理を加えたりする仕組みは，**経営情報システム**と呼ばれる。

コンピュータや通信ネットワークなどのＩＴが登場する以前には，こうした経営情報システムは，手紙や伝票，メモといった文書（紙媒体）の受け渡しや，人間同士の面談，あるいは電話での連絡といった手段をベースに構築されていた。そのような時代には，最初にお客さんから話がきてから最終的に取引がまとまるまでに，早くても数日，場合によっては１週間以上の時間がかかることも珍しいことではなかった。

最近のように世の中の動きが速まり，企業間競争が激しくなってくると，こんな悠長な仕事をしていては，企業は生き残れない。ところが最近，ＩＴが大きく進歩し，その価格も急激に低下してきた。そこで，多くの企業が，自社の経営情報システムを，ＩＴをベースに構築し，運用するようになった。今日では，こうした経営情報システムなしには，企業経営は考えられなくなっている。

1・5　経営情報システムとは

ここで，経営情報システムについてもう少し詳しく説明しておこう。一般に**情報システム**とは，様々な源泉からの**データ**をインプットとして受け入れ，それらを処理し，意思決定者に役立つような**情報**というアウトプットに**変換**し，提供するシステムをいう。企業で働く人たち（**意思決定者**たち）は，自分の担当業務に関連する様々な情報を短時間に入手して，次から次へと意思決定を行わなければならない。彼らが必要とする情報を提供することこそが，**経営情報システム**の役割なのである。図表２－３は，情報システムの一般的な働きを示している。

図表2－3　情報システムの役割

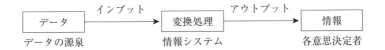

　要するに，経営情報システムは，意思決定者とIT（ハードウェア，ソフトウェア，通信ネットワーク，そしてデータベース）とが体系的に組み合わされたものである。以下本章では，企業等の組織においてITが利用されるようになった経緯や利用形態等について，概観しようと思う。

2　企業におけるコンピュータ利用の2つの基本タイプ

　コンピュータが登場してから今日までに，ITは大きな進歩を遂げてきたが，それに伴って，企業のITをベースにした経営情報システムも，急速に発展してきた。その過程で，その役割や形態も多様化してきた。以下では，企業の代表的な経営情報システムの2つのタイプについて，やや詳細に説明する。

2・1　伝統的なコンピュータ利用

　コンピュータメーカーを別にすると，一般企業がビジネスでITを本格的に活用し始めたのは，1960年代前後からのことである。その頃から，米国の先進的な大企業が，社員の給与計算，販売伝票の処理や請求書の計算，銀行小切手の処理，鉄道や航空機などの座席指定のような，基幹業務の事務処理のためにコンピュータを本格的に利用し始めたと言われている。

　これら初期のコンピュータの**適用業務**に共通する特徴は，
・比較的単純で**定型的**な処理
・**反復的**な処理機会の発生
・**大量**の処理対象件数

ということであった。

　座席指定や社員の給与計算，小切手処理などは，いずれもこうした3つの要素を備えている。もしもこれらの事務処理を人間だけで行っていると，企業が成長するにつれて，こうした事務処理量は増大し，それに応じて，事務員を大幅に増やさざるを得なくなる。その結果，人件費も増大するが，このことは，必然的に利益を圧迫する。それ故に，このタイプの事務処理は，ITの急速な発達に伴って，人の手からコンピュータベースの情報システムへと移されたのは，当然のことであった。経営情報システムはその後も進化し続け，高度化し，多様化しながら今日に至っている。

　こうした**基幹業務処理**のための情報システムは，昔も今も，企業の情報処理の専門部門（本章では，**情報システム部門**と呼ぶ）によって，全社的な観点から構築され，運用されてきた。こうしたITの活用形態を，**OC**（Organizational Computing；**組織中心のコンピュータ利用**）と呼ぶことがある。ここでcomputingとは，コンピュータ等のITの活用を意味している。

　図表2－4は，**OC**の基本的な形式を示している。経営者や管理者，業務担当者たち（情報システム部門以外の部署で働く人たちを，しばしば**エンドユーザ**と呼ぶ）が，第1章でも述べたように，自らハードウェアを操作したり，データ処理に必要なプログラムを作成したりすることは困難であった。それ故に彼らは，そうした活動のすべてを，会社の唯一の専門家集団である**情報システム部門**に依頼せざるを得なかったのである。

　様々な部門のエンドユーザから依頼を受けた情報システム部門の専門家たちは，依頼を受けて，**経営情報システム**を開発し，運用し，エンドユーザが業務で利用できるようにした。あるいは，データ処理を行い，情報を作り，依頼元のエンドユーザに届けたりしたわけである。

　今日においても，スピーディな業務処理のためには，企業の水平的な分業の壁を突き抜けた，全社横断的な経営情報システムが不可欠である。こうした情報システムは，常に動いていなければならないし，処理に誤りが

図表2-4　OCの基本形式

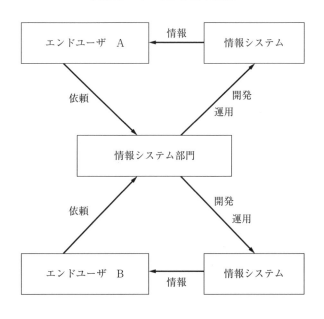

あってはならない。また，後述するように，情報システムの安全性（**セキュリティ**）への配慮も重要である。そのために，こうした企業の**基幹業務処理システム**は，今日でも，情報システム部門にいる専門家たちによって開発され，運用されるのが一般的である。

2·2　伝統的なIT活用方式（OC）の長所と短所
2·2·1　OCの長所
①専門家の知識や経験，スキルなどの有効活用

　OCでは，図表2-4でも示されているように，いろいろな部門や階層にいるエンドユーザからの多様な処理要求が，情報システム部門に集中する。社内のそれぞれの部門や階層で発生する情報システム開発ニーズは，一見異なっているようでも，細部を見ていくと，共通する部分が多く含まれている。それ故に，情報システム部門のスタッフたちが継続してシステ

ム開発に携わることによって，経験や学習を通して獲得したノウハウを，新しいシステムの開発に際して有効に活用することができる。

②ハードウェアやソフトウェアの効率的な利用

　OCでは，情報システム部門が社内で目下稼働している情報システムや，今後の開発計画などを総合的に判断して，必要なハードウェアやソフトウェアを計画的に購入したり更新したりして，それらを運用することができる。そのために，全社的な観点からのIT利用の効率化が図られる。

③部門共通のシステムや全社的データベースの構築や維持，管理の促進

　上述したように，OCにおいては情報システム部門が全社的な立場で活動できる。それ故に，**基幹業務処理システム**の開発や運用，インターネットやLANなどの**ネットワーク**の管理，全社的な**データベース**の構築と維持など，部門毎に開発し維持することが難しかったり重複したりする，情報システムの**インフラストラクチャ**の管理には適している。

④優れたセキュリティ対策

　自社の基幹業務向けの情報システムやデータを外部からの侵入や破壊からしっかり守ること（これを**セキュリティ対策**と呼ぶ）は，企業にとって非常に重要な責任となっている。OCでは，コンピュータ関連諸技術の専門家が中心になって情報システムの開発や運用を行うため，安全性や確実性などが確保されやすい。

　我が国では，**個人情報保護法**が強化されつつあるが，この法律により，**個人情報**を扱ったり蓄積保管している国や自治体の役所，民間企業，医療機関，大学等の教育機関が，個人情報を漏洩したりすると，罰則を課されたり，企業ブランドが失墜したり，損害賠償責任を負わされたりすることになる。このために，企業は個人情報の漏洩や消失などを防ぐために，個人情報を安全に管理する体制の構築が求められている。

　また，2011年3月11日に発生した東日本大震災が原因で引き起こされた様々な出来事からの教訓の1つとして，**経営情報システム**を如何にして災害から守るか，ダメージを受けたなら如何に早く復旧させるか，データの

消失を如何にして防ぐかといった問題への対策が，すべての組織に突きつけられている。情報システムが動かないと，組織は機能できないからである。

このこととも関係するが，組織は**事業継続計画**（Business Continuity Plan：**BCP**）を策定しておくべきだという指摘がなされている。大災害に遭遇したときに，情報システムが停止する危険性はどの程度あるか，情報システムが停止した場合，どんな事業や業務が影響を受けるか，人手で対応できる，あるいはすべき仕事はどれか，情報システムの復旧手順はどうするか，等々について，事前に策定し，準備をしておけというのである。このような分野では，OCは強みを発揮する。

2·2·2　OCの短所

一方，OCにはOCなりの短所もいくつかある。以下，それらの中でも特に重要な短所を3つあげておこう。

①コミュニケーションギャップ

OCではすべてのエンドユーザが，情報システム部門の担当者に，業務や意思決定で必要になる情報システムの開発を依頼するという形式をとる。したがって，エンドユーザと担当者との間でのコミュニケーションが不可欠であるが，ここでは，**コミュニケーションギャップ**という難題が待ち受けている。

エンドユーザ（文科系出身者である場合が多い）たちは，自分が担当している経理や販売といった業務には詳しいが，システム開発についてはほとんど知らない。一方，**情報システム部門**の担当者（理工系出身者が多い）たちは，システム開発の実際には詳しいが，経理や販売などの実際の業務を詳しくは知らない。この人たちによる打ち合わせでは，互いに誤解したままで話を進めてしまうことが少なくない。年齢や性別だけでなく，出身学部や卒業後のキャリアが互いに異なっている人たちが，何度も同じ日本語で話し合っても，いくつかの重要な言葉を，最後まで違った意味や

ニュアンスで理解しているということは，決して珍しい話ではない。だから，どんなに時間をかけて丁寧に説明しても，その内容が常に正確に相手に伝わるとは限らないのである。これをコミュニケーションギャップという。

このため，十分に時間をかけて打ち合わせたはずなのに，開発された情報システムは，エンドユーザが期待していた機能を持っていないということはよく起こることである。こうした情報システムは，時間をかけて修正されなければならない。

②バックログ

OCでは，社内の情報システム開発要求が，情報システム部門に集中することになる。ところが情報システム部門の能力には限りがあるために，すべての要求に同時に応えることはできない。それ故に，情報システム部門は多数のシステム開発要求に優先順位を付け，順位の高いものから開発していくという方法を採用せざるを得なくなり，その結果，低順位の要求は開発を待たされる（この状態にある要求を**バックログ**と呼ぶ）ということになる。

③スタッフの知識や技能の陳腐化

上述の長所の1番目と裏腹の関係になるが，ITのように技術進歩が激しい領域では，専門家の知識や技能がすぐに**陳腐化**し，旧式化しやすい。情報システム部門の人たちは，次から次へと発生するシステム開発の要求に追われ，最新の技術水準に追いつくための学習時間を十分にとれない場合が多いからである。

2・3 新しいタイプのコンピュータ利用

高性能で比較的安価なパソコンや多機能携帯端末，高機能携帯電話（いわゆるスマホ）の出現や，様々な用途の使いやすいソフトウェアの登場，インターネットの普及によって，企業におけるコンピュータ利用は，以前には想像すらできなかったような広がりを持つようになってきている。こ

こで検討する **EUC**（End User Computing；**エンドユーザコンピューティング**）は，こうした背景のもと，**エンドユーザ**たちが，自分の担当する業務に関わる意思決定のために，自発的かつ自主的にパソコンその他のITを利用する形態を指している。

　上述のように，EUCとは，エンドユーザによるコンピューティング，すなわち，エンドユーザが主体的にITを活用して，意思決定に必要な情報を自ら取得したり創造したりすることである。図表2-5に示されているように，EUCでは，エンドユーザ本人が情報システムを操作する。故に，こうした形式でのIT利用が普及するためには，非常に使いやすい，高度に**ユーザフレンドリ**な**インタフェース**を備えた情報システムの構築が不可欠である。代表的なユーザフレンドリなインタフェースの方式には，次のようなものがある。

　・**メニュー方式**：情報システム側でメニューを示してくれるので，エン

図表2-5　EUCの基本形式

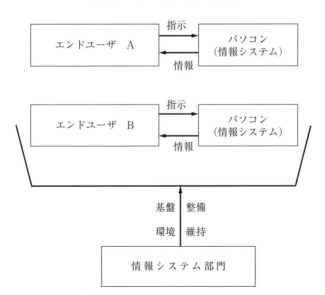

ドユーザはその中から適当な項目を次々と選択することにより，希望する処理を行わせることができる。銀行などの **ATM**（現金自動入出金機）では，このメニュー方式が多用されている。

・**GUI**（Graphical User Interface）：いろいろな処理やファイルなどを表す図形（アイコン）がディスプレイに表示されていて，エンドユーザはマウスなどを使って希望する処理を示すアイコンやファイルのメニューにポインターを移動させて，クリックしたりタッチしたりする形で，情報システムに指示を与える。

この種の技術の発達が，EUC の展開を大きく助けたのであるが，加えて，ワープロソフトや表計算ソフト，データベースソフトなど，パソコン向けの使いやすく高機能な各種**ソフトウェア**が市場に出回ったことも，EUC の急速な進展に貢献していることは言うまでもない。

EUC における**情報システム部門の役割**は，舞台での黒子の役割に似たものとなる。情報システム部門のスタッフたちの役割は，エンドユーザの代わりに情報システムを開発したり操作したりすることではない。むしろ，全社的なデータベースやネットワークの構築や運用，その保守などに責任を持ち，それらをエンドユーザたちがいつでも確実に利用できるようにする形で，間接的にエンドユーザのコンピューティング活動を支援することに，役割が移ってきているのである。

2・4 EUC の長所と短所

EUC の長所と短所は，ある意味では OC の長所と短所の裏返しである。以下，長所と短所を順に見ていこう。

2・4・1 意思決定に必要な情報

EUC の長所の多くは，第 1 章で検討した，意思決定の役割やプロセスそのものとの関係から生じている。**意思決定**は，個人や組織のあらゆる行

動に先立ってなされるプロセスであり，経営者や管理者たちにとって最も重要な役割である。**意思決定のプロセス**は，次のようなステップによって構成される。

- 第1ステップ：解決すべき問題や利用すべき機会を認識する
- 第2ステップ：認識された問題に対する解決策，あるいは機会を活かす方策として，実行可能ないくつかの代替的行動案（**代替案**）を探索したり，新たに創り出したりする
- 第3ステップ：それらの代替案のそれぞれについて，その効果や成果を分析し，比較し，そしてそれらの代替案の中でもっとも良いと思われる案を1つ選択する
- 第4ステップ：選択された代替案を実行に移す

我々は常に様々な問題に直面し，その都度意思決定を行っているが，意思決定は上記のようなステップを順に，時には戻ったりしながら，進行する，非常に複雑なプロセスである。そして，それぞれのステップでは異なった種類の情報が必要になる。

2・4・2　EUC の長所

①必要な情報の確実な定義と入手の可能性の拡大

第1章でも説明したように，それぞれのステップでどのような**情報**を必要と考えるかは，**意思決定者**によって異なる。故に，ある時点で，ある人がどんな情報を欲しがっているのかを，当該意思決定者の頭の中を見ることのできない誰か他の人間には，正確にわかるはずがない。

OC では主役を演じている IT の専門家たちは，特定の意思決定の専門家ではないし，意思決定している本人でもない。そこに**コミュニケーションギャップ**が加わるのであるから，OC ではエンドユーザが欲しいと思う情報を確実に入手することが難しいことは，上述した通りである。EUC こそが，意思決定者本人が欲しいと思う情報を直接取り出せるようにする手段を与えるのである。しかしそのためには，エンドユーザたちが

十分なレベルの情報リテラシーやコンピュータリテラシーを身につけている必要がある。

②情報に基づく迅速な意思決定の可能性の拡大

社会は常に動いているために，経営者や管理者，業務担当者たちは，次から次へと新しい問題に直面し，その都度的確な意思決定を下すことを要求される。上述したように，OCでは不可避な**バックログ**が原因で，必要な情報がすぐには入手できないにもかかわらず，急いで決断しなければならない場合には，意思決定者は過去の経験や直感などに基づいて意思決定せざるを得なくなる。EUCが普及することにより，十分な**情報リテラシー**や**コンピュータリテラシー**を有する意思決定者は，知りたいときに知りたい情報を取り出せるようになるため，情報に基づいた意思決定を行える確率が高まる。

2・4・3　EUCの短所

OCにも短所があったのと同様に，EUCにもいくつかの短所がある。以下に代表的な短所を2つ取り上げて説明しよう。しかし，どちらについても，その主たる原因はエンドユーザたちの情報リテラシーの欠如や不足であり，エンドユーザコンピューティングそのものが問題だというわけではない。

①ハードウェアやソフトウェアの無秩序な導入

OCの場合には，情報システム部門がハードウェアやソフトウェア，通信ネットワークなどを，全社的かつ長期的な観点から計画的に導入していく。一方，EUCでは，社内の各部門や階層にいる意思決定者たちが，必要に応じてハードウェアやソフトウェアをかなり自由に導入できる。

その結果，お互いに接続しにくい機種や保守の仕方が異なる機種が何種類も社内に導入されたり，やや互換性の低いソフトウェアや**セキュリティ**の弱いソフトウェアが多数導入されたり，データベースが重複して構築されるなど，全社的に見て整合性や統一性のない形で情報化が進展する危険

性がある。

②情報システムの脆弱性の拡大

　EUC では，IT に関する十分な知識のないエンドユーザ自らが情報システムを利用するために，あまり面倒な操作や約束事を前提にすると，普及しなくなり，上述のような EUC 本来の良さが実現できなくなる。とはいえ，ルーズな運用・管理を認めていると，組織全体のセキュリティの**脆弱性**が高まることになる。

　社員の中には，**パスワード**を書いた紙を机の上に置いたままにしている人がいるかもしれない。また，個人情報を含むデータを大量に記憶させた **USB メモリ**を鞄に入れて電車の網棚やトイレの洗面台などに置き忘れたりすることも起こりやすい（このようなことは，絶対にしてはいけない）。

　また，インターネットへの安易な接続により，**コンピュータウイルス**に感染する危険性も高まる。誰も気がつかないうちに，会社の機密情報が外部に漏れたり，個人情報が盗み出されたり，自分の顔写真などがネットワーク上に流れ出したりする事件は，頻繁に発生している。

3　更なる展開

　初期の EUC は，単独で仕事をする個人を対象としていたが，会社や役所，学校などの組織では，何人かの人間がグループになって一緒に仕事をすることが少なくない。こうしたグループによる協働作業を支援することを目的としたタイプのソフトウェアは**グループウェア**と呼ばれる。

　伝統的なグループ作業の進め方は，メンバーたちが同じ時間に同じ場所に集まることを前提としている。しかし，ビジネスのグローバル化が進展したことや，ビジネスのペースが速まったことから，メンバー全員が 1 ヵ所に集まるまで待っていられないような案件が増えてきた。このため，離れた場所にいるグループメンバーが，そしてグローバルに展開している企業の場合には時差のために現地の時間も異なる場所にいるメンバーたち

が，電子的に結びついて協働する必要が高まってきている。

グループウェアは，こうした，空間的にも時間的にもバラバラなメンバーたちを電子的に結びつけ，コミュニケーションを促進することを目的とする，以下のようなソフトウェアの集まりである。

- **電子メール**：別々の場所にいるメンバー間のメッセージの電子的交換を可能にする。
- **電子掲示板**：メンバー全員に同一のメッセージを伝えるのに便利である。
- **電子会議システム**：複数のグループメンバーたちが，空間的・時間的に離れていても，会議を開くことができるようにするシステムである。最初に電話会議システムが普及し，その後，電話とビデオカメラなどを組み合わせたビデオ会議システムが登場した。そして今日では，インターネットで世界各地のパソコン等をつなぎ，文字や図表，音声，更にはカメラなどで撮影された相手の顔や資料などを見ながら，同時間に，あるいは世界のそれぞれの地域から都合のよい時間に会議に参加したり作業したりすることができるシステムが開発され，利用されている。
- **電子キャビネット**：グループメンバーがそれぞれ別々の場所にいながら，都合のいいときに完了した文書や作成途中の文書や資料などを共有できるようにする。
- **電子スケジュール管理**：グループメンバーの日程などを調べ，全員が会える日や時間を探し出し，全員のスケジュール表にその日時を自動的に書き込み，予約することができる。

このような機能を備えたソフトウェアパッケージが各種開発され，市販されている。また，ＩＴが高度に発達してきた結果，最近では，それぞれの企業が，比較的短時間に，使いやすくてそれぞれの企業に適した独自の

グループウェアを柔軟に開発できるようになってきている。

　情報を定義し，入手し，利用する際の的確さは，その意思決定者本人の**情報リテラシー**の水準によって大きく影響されることは，これまで繰り返し説明した通りである。最後に，EUC によって必要な情報を自ら創り出す際に，統計的アプローチやシステム思考による**問題解決**のアプローチが役に立つことを強調しておきたい。どんなに数学嫌いな人でも，基本的な統計学の勉強くらいはしておいてほしい。今日では便利な**統計パッケージ**（データを統計的に処理したり，図示したりするためのプログラムの集まり）が容易に利用できるようになっている。それらを用いれば，自分で複雑な計算をする必要はない。より高度の**情報リテラシー**を身につけていれば，社会に出てから，実力を発揮できる場がずっと広がるはずである。

第3章

流通情報システム

> **この章で学ぶこと**
>
> サプライチェーン，POSシステム，**JAN**コード，JANシンボル，エレクトロニック・コマース（EC），B to BのEC，流通EDI，業界共同VAN，インターネットEDI，CALS，ネット卸，B to CのEC，ネット小売り，C to CのEC，フリマアプリ，シェアリングエコノミー，電子マネー，コード決済，インターネット広告，ICタグ

1　情報技術の活用による流通効率化

　一般に我々の行っている経済活動は，生産，流通，消費の3つに大別することができる。流通は，メーカーで生産された製品が消費者に渡るまでの過程で実施される取引，物流，販売促進，情報収集などの活動を総称したもので，物の流れに沿ってみれば図表3－1のような概念図で示すことができる。このような原材料・部品のメーカー，卸売業から消費者にいたるまでの物の流れを鳥瞰的にみたものを近年，**サプライチェーン**という。

　また，近年，消費者や最終ユーザーがインターネットを利用して，メーカーや小売業から実店舗を経由せず直接入手する経路も増えて重要になっているが，これに関してはエレクトロニック・コマース（EC）の節で詳細に検討する。

　ところで，企業は，消費者のニーズや嗜好の多様化，価格破壊に始まる低価格嗜好，トラック輸送における排ガス，騒音などのような外部不経済

図表3−1　流通における物の流れと情報の流れ

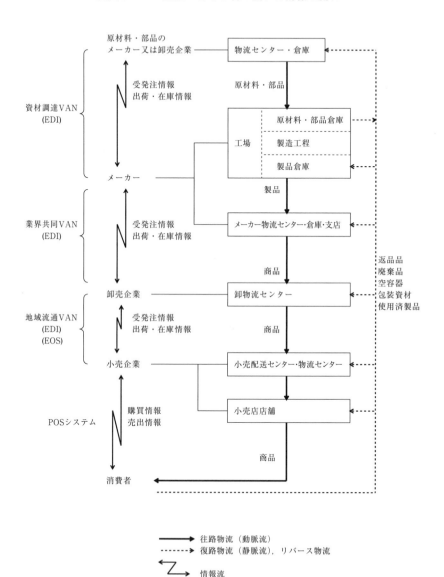

の問題，ジャストインタイム納品にみられるような省在庫経営などから，

顧客満足の増加を図りつつ流通の効率化を計る必要に迫られている。流通の効率化には，取引慣行の是正，物流の生産性の向上，情報技術の活用などが必要であるが，なかでも自動認識技術（バーコードなど）や情報ネットワーク（インターネットなど）などの情報技術の活用が流通効率化の基盤となっている。このことは，流通において円滑に製品や商品が流れるためにはそれに伴う情報の円滑な流れが必要不可欠なことを意味している。

例えば，小売店では，商品に印刷されたバーコードをレジスタに接続されたスキャナで読みとり商品の販売情報を管理するPOSシステム（販売時点情報管理システム）が普及し，またメーカー，卸売業，小売業などの間では，受発注データを端末からオンラインでやりとりするEOS（オンライン受発注システム）も普及している。さらに，商取引に伴うデータをオンラインで処理するEDI（電子データ交換）や，そのためのビジネスプロトコル（通信規約）の整備も進んでいる。加えて，インターネットの普及により，インターネットを利用した商取引であるエレクトロニック・コマース（EC）などの新しい商取引や流通ビジネスモデルが続々登場している。

したがって，ここでは，販売情報の的確な把握を目的として自動認識技術の1つであるバーコードを活用したPOSシステム，電波を利用した自動認識技術であるICタグ，コンピュータネットワーク，特にインターネットを活用した電子商取引であるエレクトロニック・コマース，電子決済の1つである電子マネーやコード決済，販売促進の重要な手段となっているインターネット広告などを中心に流通情報システムの概要を検討してみよう。

2　POSシステムとバーコード

POSシステム（Point Of Sale system）とは，販売時点情報管理システムとも呼ばれ，小売店の店頭で販売した商品の単品別の販売情報を収集

し，仕入，品揃え，在庫管理，販売情報の分析などに活用するシステムである。飲食店のように販売する商品が少ない場合には，キーイン式のレジスタのキーに商品を個別に割り付け入力することも可能であるが，多くの小売店で販売されている加工食品や菓子・飲料や日用雑貨品のような種類の多い商品の場合には，個別の商品に印刷されているバーコードをレジスタと連動するスキャナで読みとって単品別の販売情報を収集している。

2・1　JANコードとJANシンボル

このような加工食品や日用雑貨品などを中心とした量産品の標準商品コードとして使用されているのが**JANコード**（Japanese Article Number）であり，米国やカナダで使用されている商品コードであるUPCコードやヨーロッパで使用されている商品コードであるEANコードとも互換性がある。ところで，このような商品識別コードは，現在，国際的な流通情報技術の標準化を推進する組織で，ベルギーのブリュッセルに本部のあるGS1では，GTIN-13，GTIN-8と呼ばれている。

このJANコードをスキャナで読みとるためにバーコードにしたものが**JANバーコードシンボル**（略してJANシンボル）または共通商品コード用バーコードシンボル（JIS X0507, 2004で規定）と呼ばれるものであり，商品の製造段階で印刷される13桁の標準バージョンでは，図表3－2のような体系になっている。

すなわち，JANコードは，その商品を製造した国を示す国コード（我が国の場合には，49または45）を含む，商品を製造したメーカーを示す商品メーカーコード，商品を識別する商品アイテムコード，スキャナによるバーコードの誤読を防止するためのチェックデジットで構成されている。なお，商品メーカーコードや商品アイテムコードは，我が国では一般財団法人流通システム開発センター（GS1 Japan）が登録を義務付け，同一コードの重複利用などがないよう統一的に管理をしている。また，JANコードには，通常の商品に使用される13桁の標準バージョン以外に小型の

図表3−2　JANコードとJANシンボル

① JANメーカコード
② 商品アイテムコード
③ チェックデジット

出所：流通コードセンター資料

商品などに使用される8桁の短縮バージョンがある。

　ところで，メーカー識別コードの不足から，従来，標準バージョンの場合メーカー識別コードは7桁，商品識別コードは5桁であったが，2001年1月以降の登録コードから，メーカー識別コードが9桁，商品識別コードが3桁に変更がなされている。

　JANシンボルは，量産品の場合，製品の製造段階で印刷されるのが普通であり，これを**ソースマーキング**と呼んでいる。また，小売店の店頭で計量されて販売されるような鮮魚，野菜などは，小売店の店頭でパッケージにJANシンボルが印刷され，これを**インストアマーキング**と呼んでいる。インストアマーキングされるJANコードでは，商品メーカーコードに代わって価格を示すコードが盛り込まれる場合もある。

2·2　POSシステムの構成

　POSシステムは，図表3−3のようなシステム構成をとる場合が多い。JANシンボルを読みとることのできるハンディスキャナまたは定置式スキャナと連動したレジスタをPOSターミナルと呼ぶ。このPOSターミナルのスキャナが商品に印刷されているJANシンボルを読みとると，POSターミナルは，販売している商品の商品データベースを収容している**スト**

図表3－3　標準的なPOSシステムの構成

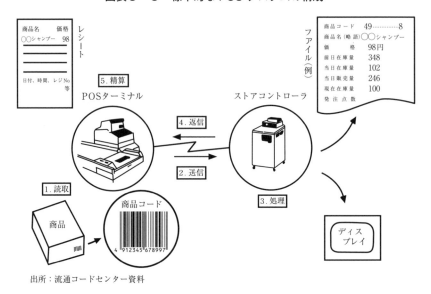

出所：流通コードセンター資料

アコントローラに販売金額計算やレシート印刷に必要な当該商品の単価，商品名などの情報の問い合わせを行う。このことをPrice Look Up，略してPLUと呼ぶ。

　問い合わせを受けたストアコントローラは，商品のデータベースを検索して，当該商品の単価や商品名などの情報を瞬時にPOSターミナルに返す。POSターミナルはその情報をもとに売上金額の計算やレシートの印刷を行う。さらに，POSターミナルは，販売した商品の種類や個数に関する情報をストアコントローラに送信する。このようにして，ストアコントローラには，販売した商品の単品別の種類，個数，販売時刻などの情報が蓄積されることになる。

　ところで，POSシステムで収集されるデータをPOSデータと呼び，これは，基本POSデータとコーザルデータの2つに分けられる。基本POSデータは，一般的なPOSシステムで収集が可能なデータであり，「いつ，なにを，いくつ，誰が，どのように買ったか」という，商品・顧客に関す

るデータをいう。特に，レジ担当者の入力情報の他に，顧客カード，ポイントカード，クレジットカードなどとも連携して，購入した「誰が」という情報を付加したPOSデータをID-POSデータと呼び，購入者の性別，年齢などが付加され購入情報のより詳細な分析が可能となる。

さらに，「なぜ売れたか」という販売に影響を与える要因を分析するためのデータが付加されたPOSデータをコーザルデータ呼ぶ。例えば，販売されたときの天候，気温，湿度，陳列状況，チラシ広告の有無などのデータが付加されたものであり，コーザルデータにより天候や気温により商品の販売状況にどのような影響を及ぼすのかについて詳細な検討が可能である。

この蓄積されたPOSデータは，定期的または必要に応じて各種リストとして出力され，仕入，品揃え，在庫管理などに活用される。

2・3 POSシステムの利点

POSシステムは小売業に様々な利用効果をもたらすが，POSシステムを利用することによって，そのまま得られる直接的な効果とPOSシステムで収集したデータをもとに，これを分析，活用し，店舗運営の適正化や，店舗管理・経営の高度化に資する間接的な効果に分けられる。

直接的な効果としては，POSシステムでは，キーイン方式のレジスタに比べてスキャナで商品に印刷されているJANシンボルを読みとり，個数だけ入力すればよいので，あまり熟練を要せずレジの大幅な省力化が可能である。また，商品のデータベースの更新が適切に行われている限り，価格の入力ミスなどもない。その結果，ピーク時間帯処理の迅速化，売上登録ミスの減少，売上伝票の削減，現金管理の合理化などが実現できる。さらに，POSデータ収集能力が向上し，収集情報の信頼性向上や情報発生時点での情報収集の省力化・正確化・迅速化が進み，コンピュータ・インプット作業の省力化も進む。

次に，間接的な効果として，今日消費者の嗜好の多様化や店頭のバック

ヤードの縮小などにより小売店では単品単位の商品管理が求められるようになっているが，POSシステムにより商品の単品単位の種類，販売個数，販売日時時刻などの詳細な情報が入手可能であり，小売店は，これらの販売情報の分析をもとに的確な発注や仕入，棚割，在庫管理などが可能である。また，販売計画の立案や予算の立案などに必要な情報の入手も可能である。さらに，クレジットカードや顧客カードなどとの組み合わせにより顧客別の販売情報（ID-POSデータ）を入手したり，後述の流通VANなどと連携して効果的なEOSやEDIを実施したりすることも可能になる。

特に，コンビニエンスストアでは，1980年代に導入されたPOSシステムにより徹底した単品管理が行われ，欠品を起こさない店舗の商品補充，迅速な死筋商品の評価・撤去，独自商品開発などに活用され，魅力的な商品の品揃えや商品の陳列をもたらしている。また，他の業態の小売業においても，商品やサービスを提供する企業が顧客との間に，長期的・継続的な「親密な信頼関係」を構築し，その価値と効果を最大化することで顧客のベネフィットと企業のプロフィットを向上させることを目指すCRM（Customer Relationship Management：顧客関係管理）が重視されるようになっており，そのためにもPOSデータの分析と活用は不可欠なものとなっている。

例えば，顧客カードやポイントカードを発行し，ID-POSデータにより一定期間の顧客毎の購買データを購買金額順にソートし，上から順番に10等分するデシル分析を行うと上位20％の購入客で，売り上げの50％を超えることも多い。その分析結果をもとに，利用頻度・購入金額の多い利用客の好みに合った品揃えや効果的なダイレクトメールの活用などに活用されている。

3　エレクトロニック・コマース

エレクトロニック・コマース（Electronic Commerce：略してEC）は，

一般に，電子商取引と訳され，コンピュータネットワークを使用した単なる商取引から，コンピュータネットワークを使用した広範な企業活動や経済活動まで広狭義の定義がある。

経済産業省の「平成28年度電子商取引に関する市場調査」によれば，狭義のエレクトロニック・コマースを，「インターネット技術を用いたコンピュータ・ネットワーク・システムを介して商取引が行われ，かつその成約金額が捕捉されるもの」と定義し，ここでの商取引行為とは，「経済主体間での財の商業的移転に関わる，受発注者間の物品，サービス，情報，金銭の交換」を指すとし，さらに，この「**インターネット技術**」とは，TCP/IPプロトコルを利用した技術を指しており，公衆回線上のインターネットの他，エクストラネット，インターネットVPN，IP-VPN等が含まれるとされる。

さらに，広義のエレクトロニック・コマースを「コンピュータ・ネットワーク・システムを介して商取引が行われ，かつその成約金額が捕捉されるもの」と定義し，狭義のエレクトロニック・コマースに加え，VAN・専用線等，TCP/IPプロトコルを利用していない従来型EDI（例．全銀手順，EIAJ手順等を用いたもの）が含まれるとしている。

ここでは，流通との関係を中心にエレクトロニック・コマース（以下，ECと略称）をみてみよう。

このECは，図表3－4に示されているように，ネットワークの形態により，大きく企業と企業間のECと企業と消費者間のECと消費者と消費者間のECとに大別される。また，企業と企業間のECは，特定企業間のクローズドなエレクトロニック・コマースと不特定企業間のオープンなエレクトロニック・コマースとに分けられる。

なお，企業と企業間のエレクトロニック・コマースをBusiness to Businessを略して**BtoB**または**B2B**のEC，企業と消費者間のエレクトロニック・コマースをBusiness to Consumerを略して**BtoC**または**B2CのEC**，消費者と消費者間のエレクトロニック・コマースをConsumer

図表3－4　EC（エレクトロニック・コマース）の構造概念図

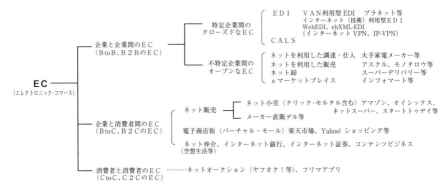

出所：通商産業省機械情報産業局編『2000年へのITプログラム』コンピュータ・エージ社，1996年5月の69頁の図を加筆修正

図表3－5　日本における BtoB-EC 市場規模の推移

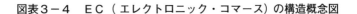

出所：経済産業省実施「令和5年度 電子商取引に関する市場調査 報告書」

to Consumer を略して CtoC または C2C の EC と呼ぶことも多い。

　経済産業省の「令和5年度電子商取引に関する市場調査」によれば，BtoB の市場規模は，図表3－5に示されるように，2023年では広義の場合，約465兆円，EC の浸透を示す指標である **EC 化率**は，広義の場合，40.0％となっている。

また，図表3－6に示されるように，BtoCの市場規模は，約24.8兆円である。また，図表3－7に示されるように物販系分野では約14.7兆円で，EC化率については，約9.38％となっている。特に，BtoCの市場規模

図表3－6　日本におけるBtoC-EC市場規模の推移（市場規模の単位：億円）

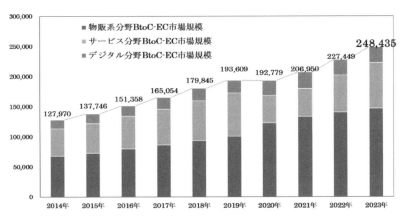

出所：経済産業省実施「令和5年度 電子商取引に関する市場調査 報告書」

図表3－7　日本における物販系分野のBtoC-EC市場規模の推移（市場規模の単位：億円）

出所：経済産業省実施「令和5年度 電子商取引に関する市場調査 報告書」

は景気に左右されず継続的に上昇を続けている。

次に，これらの形態別にその具体的な内容を見てみよう。

3・1　特定企業間のクローズドな EC

　特定企業間のクローズドな EC は，従来からの電話回線や専用線のネットワークを使用したものからインターネット技術を利用したインターネット接続の EDI まで様々である。しかし，企業のコンピュータシステムもメインフレームを中心としたレガシーシステムからパソコンなどを中心としたオープン系システム（分散システム）に移行し，また，2024年1月より，EDI で多く利用されている固定電話網（加入電話及び INS ネット）が IP 網に順次移行し，INS ネット（ISDN）デジタル通信モードサービスの提供終了を NTT が公表している。さらに，インターネットのビジネス利用が普及しその信頼性やセキュリティが向上する中で，従来からの電話回線や専用線のネットワークを使用したものから，インターネット接続の EC に移行しつつある。ここでは我が国の流通業で多く使用されている主要なものをみてみよう。

3・1・1　流通 EDI

　特定企業間のクローズドな EC の代表的なものが，**EDI**（Electronic Data Interchange）と呼ばれる商取引データの電子交換である。一般に，最狭義の EC としては EDI を指すことが多い。EDI では，取引企業間の受発注などで交わされる見積書，注文書，納品書，請求書などの帳票類を標準化，電子化，ペーパレス化により企業間取引の効率化，省力化，コスト削減などを図ろうとするものである。欧米などで多くみられるような取引企業間で個別に構築される個別 EDI と我が国のメーカーと卸売業間でみられるような業界 VAN などを利用した VAN 利用型 EDI とがある。また，接続方法もインターネット技術すなわち TCP/IP プロトコルを利用していない従来型の電話回線や専用線を使用した接続方法とインターネット技

術を使用したインターネット接続とがある。

　流通 EDI の標準通信手順として，我が国では，固定長を基本とする JCA 手順（J 手順）や全銀手順と可変長の CII 標準などが多く使用されてきたが，国際的には，ISO の国際標準として確立されている可変長を基本とするシンタックスルールを採用している UN／EDIFACT（Electronic Data Interchange For Administration, Commerce and Transport）や ANSI（米国規格協会）の標準である ANSI X.12が多く使用されてきた。しかし，近年インターネット接続が増える中で TCP/IP プロトコルに対応した **AS2** や **ebXLM-MS** や **全銀 TCP/IP** などが使用されるようになっている。

3・1・2　流通 VAN

　旧電気通信事業法（1985年4月施行）によれば，電気通信事業を，電気通信役務（電気通信設備を用いて他人の通信を媒介し，その電気通信設備を他人の通信の用に供すること）をユーザーの需要に応ずるために提供する事業（事業法第2条）とし，第一種電気通信事業と第二種電気通信事業の2つに分けていた。

　第一種電気通信事業者は，自己の電気通信回線設備を設置して他人に電気通信役務すなわち情報通信サービスを提供する事業者であり，第二種電気通信事業者は，自己の電気通信回線設備を設置しないで第一種電気通信事業者の提供する通信回線を利用して情報通信サービスを提供する事業者である。我が国では，このような第二種電気通信事業者が提供する情報通信サービスの総称を一般に VAN（Value Added Network）と称し，付加価値通信網と訳されている。

　旧電気通信事業法により，電報の事業（電気通信事業法附則第5条）を除き，広く通信事業が民間企業に開放されるようなった。それに伴って，一般に広範な VAN サービスを提供する第二種電気通信事業者が VAN 事業者と認められ，企業は，VAN 事業者を利用して物流情報や商流情報な

どの流通情報を迅速的確にオンラインで処理するためのVANサービスの利用が可能となった。

しかし，一層の規制緩和と利用者保護の観点から，電気通信事業法の改正が行われ2004年4月施行の新電気通信事業法では，電気通信回線設備の設置の有無に着目した第一種，第二種の事業区分は廃止された。そのため，一般に，基本通信サービス以外の様々な電気通信サービスを提供する事業者をVAN事業者と呼ぶようになった。このような広義のVANには，機能的には基本通信サービスと狭義のVANに区分される。基本通信サービスは，他の電気通信事業者の専用回線のリセールや電話サービスやパケット交換などがあり，狭義のVANには，蓄積交換（メールボックス），プロトコル変換，スピード変換，フォーマット変換，メディア変換，同報通信などがある。

なお，流通との関連でVANの区分を考える場合には，我が国で一般に行われている利用目的からの区分が有効であろう。利用目的からは，流通VANは，業界共同VAN，地域流通VAN，企業グループVANに区分することができる。

VAN事業者の提供する汎用VANを利用して，流通情報を取り扱う通信ネットワークを**流通VAN**と呼ぶが，流通VANには多数の参加企業の共同利用を目的とした業界共同VANや地域流通VANと販社制をとるメーカーやチェーンストアなどが運営する個別企業グループVANとがある。

ところで，業界共同VANは，同種の製品群を扱うメーカーと卸売企業（業界によっては，小売企業も含む）との受発注データなどのデータの効率的交換を目指したネットワークであり，一方，地域流通VANは，地域の卸売企業と小売企業との間で，自動発注（EOS）などにより受発注データの効率的な交換を目的としたネットワークである。ここでは，参加企業の共同利用を目的とした業界共同VANを例にとり検討してみよう。

3・1・3　業界共同 VAN

　業界とは，特定の製品群やサービス群を扱う企業集団をいうが，**業界共同 VAN**（略して以下**業界 VAN**という）における業界は，主として消費財を中心とした，ある特定の製品群を製造する製造企業（メーカー）とその製品を取り扱う流通企業（卸売企業）とで構成される企業群を業界と呼んでいる。このような業界には，日用雑貨，家庭用品（生活用品），家具，食品，酒類，菓子，医療品，玩具，スポーツ用品，アパレル，家電，文具等の業界があり，取り扱う製品・商品が同じであるばかりでなく，商取引や物流を含む商慣行や商習慣が同じであるという特徴も持っている。

　ところで，消費者ニーズや消費者嗜好や生活スタイルの多様化は，メーカーの生産する製品の種類を急増させ，卸売企業の取り扱う製品も多品種少量化する傾向にある。さらに，経営の合理化からメーカーも卸売企業も在庫をできるだけ減少させるように努めている。そのために商流面では，多頻度少量受発注に伴う伝票の増加をもたらし，物流面では多頻度少量配

図表3－8　業界 VAN の概念図（日用品・化粧品業界のプラネットの事例）

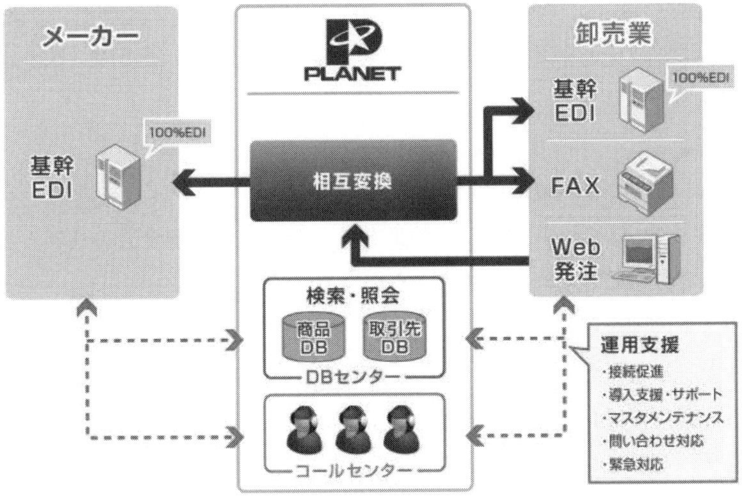

出所：株式会社プラネットのホームページ

送をもたらしている。このような状況に対処するため，メーカーと卸売企業との間では個別のコンピュータネットワークを使用して受発注データ，在庫データ，販売データなどのデータをオンラインで迅速に処理するようになった。しかし，個別の各企業のハードウェアの機種が異なったりプロトコルが異なるため，それぞれの取引先に応じて端末が多数必要になったり，通信網が錯綜するような事態となった。これを多端末現象と呼ぶ。このような重複投資やネットワーク運用負担の増大などの事態を回避し，どのようなハードウェアやプロトコルを所有していても自由自在に情報のやり取りを可能にするため，取り扱う製品群が共通する業界内のメーカーと卸売企業などが共同で運営する業界 VAN が構築された。

　通常，業界 VAN の参加企業が汎用 VAN 会社の協力を得て，業界 VAN のシステム開発や運営や利用料金の徴収等を行う VAN 運営会社や VAN 運営組合を設立して，業界 VAN の管理を行っている場合が多い。このような消費財を対象とした業界 VAN は，日用品・化粧品業界のプラネットや加工食品のファイネットなど約数十社ほどある。今日，メーカーや卸売業との接続はインターネットの普及に伴って TCP/IP プロトコルに対応した AS2 や ebXLM-MS や全銀 TCP/IP などを用いたインターネット接続になってきているが，その重要性は変わっていない。ここでは，日用品・化粧品業界のプラネットなどを参考に検討してみよう。

3・1・4　業界 VAN の利点

　業界 VAN は関係者に様々な効果をもたらすが，参加企業の業界 VAN 利用の利点を整理すれば，次のようになる。

①コストの削減

　ネットワークへの投資コストとその運用コストの両面で削減が可能である。まず，参加企業は業界 VAN 参加のための自社内の在庫管理システムや受発注システムの整備は必要であるが，ネットワーク構築のための直接的な投資は回避できる。また，運用面でも，一定の負担金や利用量に応じ

た料金を支払えば，原則としてVAN会社と自社の通信回線を確保すればよく多数の回線を準備したり，ネットワーク管理の専門要員を確保したり，通信ソフトを開発したりする必要がない。

②ネットワーク構築の容易性と安全性

　業界内の基本的なネットワークは業界VANの運営会社や共同組合が行ってくれるので参加企業は取引先相手の選択，取扱データの種類の選択及び自社内のシステムの整備に専念すればよく，また，必要に応じて適切なアドバイスやコンサルティングなども受けられる。さらに，実際のデータの蓄積加工や通信は汎用VAN会社が行うので通信の秘密の保持や安全性の確保にも十分対応できる。

③標準ビジネスプロトコルの採用

　さらに，業界VAN利用の大きな利点は，多くの業界VANがその業界内でのEDIの促進を図るため通信プロトコルやビジネスプロトコルの標準化を図っており，その成果を参加企業は享受できる点である。VANの機能として，先に，プロトコル変換，スピード変換，フォーマット変換，メディア変換などを示したが，プロトコル変換やフォーマット変換はできるだけしない方が円滑な通信が可能であるし，コスト的にも低料金ですむ。標準化が行われている主要な項目を示せば次の通りである。

　a．取引先コード

　　　参加企業の取引先コードとして，業界VANの定めた共通取引先コードを利用でき，そのコードマスターの煩雑な更新管理や提供を業界VANが責任を持って行ってくれる。

　b．商品コード・取引先コード

　　　商品コードとしては，独自コードも使用されているが共通商品コードとしてJANコードの利用が可能であり，したがって，参加企業は，煩雑な商品コードマスター等の管理から解放される。さらに，取引先コードについても共通取引先コードが使用可能である。

c．通信手順

　メーカーや卸売業との接続は，高速大容量のインターネット接続が可能であり，TCP/IP プロトコルに対応した AS2 や ebXLM-MS や全銀 TCP/IP などの標準通信制御手順を利用できる。

d．伝票フォーマット

　仕入伝票，売上伝票，納品書，物品受領書等について業界毎に作成されている統一伝票のフォーマットを利用した取引データのオンライン交換が可能となる。

3・1・5　業界 VAN の取扱データと提供サービス

　業界 VAN が取り扱うメーカーと卸売企業間相互の交換データや提供サービスは異なっているがその主要なものをあげれば次の通りである。

(1) 交換データ

①発注データ（卸→メーカー）

　卸売企業がメーカーに対して行った発注内容に関するデータ

②納品・仕入データ（メーカー→卸）

　メーカーが卸売企業に対して行った納品と売掛け内容に関するデータ

③品切データ（メーカー→卸）

　メーカーの持つ製品在庫に関するデータ

④在庫データ（卸→メーカー）

　卸売企業の手持ち在庫に関するデータ

⑤請求データ（メーカー→卸）

　メーカーが卸売企業に行う販売代金の請求に関するデータ

⑥販売データ（卸→メーカー）

　卸売企業が小売企業に販売した製品に関するデータ

⑦商品情報（VAN →卸，メーカー）

　製品名，商品コード，製品価格などに関するデータ

(2) 提供サービス
　①発注データの一括送信やメールボックスを利用した受注データの定時一括受信
　②取引先コードや商品コードの管理とマスターデータの提供
　③ネットワークの運営管理と利用料金の徴収・報告
　④接続交渉や端末機設置のアドバイスやコンサルティング
　⑤所定の金融機関を利用した代金のオンライン決済
　⑥参加企業の研修や講習会の開催
　⑦啓蒙活動や全国的な標準化推進

3・1・6　流通 VAN の課題

　流通に関わるビジネスプロトコルの標準化やインターネット技術を利用したインターネット接続サービスの提供など流通 VAN を支援する環境は一層整いつつあり，業界 VAN などもその内容が充実してきている。しかし，いくつかの課題も残されている。例えば，流通 VAN の課金システムの問題である。本来，流通 VAN の課金は利用企業の便益に応じて行われるべきであるが，川上側の負担が一般的となっている。将来的には，受益者負担に基づく適切な課金システムが必要不可欠であろう。

　また，このような流通 VAN の成果が交通渋滞や排気ガス・騒音等の外部不経済をもたらしている多頻度小口配送などの改善のための共同配送や積載効率の改善のための帰便の有効利用などの物流活動に結びつかなければならないが，企業間の壁や商慣行などから必ずしも十分に機能していない。将来的には，流通 VAN が POS や EOS よる受発注のオンライン化のみでなく，流通の効率化全体に貢献するようなシステムになる必要がある。

　さらに，理想としては，流通 VAN を基礎として倉庫企業やトラック企業等の物流企業の情報ネットワークとも接続した総合的な流通支援の情報ネットワークシステムの構築が望まれるところである。

　なお，EDI の標準化が遅れてきた卸売業と小売業との EDI についても

経済産業省が中心となり標準 EDI 規格として「**流通ビジネスメッセージ標準**」（略称**流通 BMS**）を2007年4月に策定している。流通 BMS では，インターネットを利用し，データ項目が標準化され，データフォーマットには XML 形式を採用している。2011年5月19日に製配販の有力企業49社が賛同した「流通 BMS 導入宣言書」が発表され，今後の普及が期待されている。

3・1・7 CALS

近年，特定企業間のクローズドな EC として注目を集めているものに CALS がある。元々，**CALS**（Computer-Aided Logistic Support，Computeraided Acquisition and Logistics Support）は，1985年以降，米国国防総省が戦闘機，潜水艦，ミサイルなどの高度な兵器の登場による開発の長期化，部品点数の増大，調達先の多様化などに対処するため，兵器の開発，設計，製造，配備，保守などを中心とした後方支援活動のコンピュータ化によりペーパレス化，標準化，データベース化を推進している活動であり，このような CALS を軍用 CALS と呼んでいる。

このような軍用 CALS は防衛産業だけでなく製品開発の長期化，製品寿命の短縮，製品構成部品点数の増大，調達先の多様化などにより，技術データや商取引データの急増している一般企業の製品の開発，設計，生産，販売，物流などにも有用なものと認識されるようになっている。このような一般企業の CALS を Continuous Acquisition and Life-cycle Support（継続的な調達と製品ライフサイクルのサポート）や Commerce At Light Speed（光速の商取引）などと呼ぶようになっており，前記の軍用 CALS と区別して商用 CALS と呼ぶ。商用 CALS では，コンピュータネットワーク下で，図面などの技術情報や取引情報の交換を効率的に実施するための技術情報や取引情報の標準化と統合データベースの構築が中心となっている。

図面などの技術情報の標準としては，STEP があり，製品の設計，製

造，検査，保守に関連するデータの交換やデータベース化に必要な標準（標準規約）を定めている。また，文書情報の記述言語としてSGMLというマークアップ言語が示されている。

国土交通省では，CALS/ECと呼ばれる「公共事業支援統合情報システム」を提唱し，従来は紙で交換されていた情報を電子化するとともに，ネットワークを活用して各業務プロセスにかかわる情報の共有・有効活用を図ることにより，公共事業の生産性向上やコスト縮減等を実現するための取り組みも行われている。

3・2 不特定企業間のオープンなエレクトロニック・コマース

不特定企業間のオープンなエレクトロニック・コマースとしては，インターネットを利用した調達・仕入，および販売，インターネット上に作られる市場であるeマーケットプレイス，ネット卸などがある。これは，n：mの関係だけでなくn：1や1：mの関係も不特定企業間のオープンなエレクトロニック・コマースとして扱っている。

3・2・1 インターネットを利用した調達・仕入および販売

大手の電機メーカーや自動車メーカーなどでは，必要とする原材料や部品などのうち標準化されているものについては，自社のホームページ上すなわちWEB上に調達コーナーを設けて，入札形式や逆オークション形式などで調達コストの削減に努めている。また，従来，系列企業や下請け企業に発注していたような部品についても仕様や図面などをWEB上に公開し納品企業を広く募る企業も多くなってきている。

文具などのオフィス用品については，文具メーカーや文具メーカー系の販売会社などがオフィス用品の調達先として，自社のWEB上に調達企業の担当者が発注しやすいような調達画面を準備して調達に応ずるようになっている。また，調達企業の便宜をはかって伝票の発行やオフィス用品の予算管理などの代行機能サービスを得意先企業に提供するような事例も

増えている。そのような代表的な事例として**アスクル株式会社**（http://www.askul.co.jp）を検討してみよう。アスクルは，1993年に中堅文具メーカープラス株式会社のアスクル事業部として，中小事業者のオフィスを対象としたオフィス用品通販サービスを開始している。当初，カタログ販売・FAX受注として始めたが，1997年からは，インターネット受注を開始して，売り上げ4,716億円（2024年5月20日現在）となっている。また，2012年からは，一般消費者向け（BtoC）インターネット通販サービス「LOHACO」も開始している。社名にもなっている受注したオフィス用品が当日・翌日に届くという迅速配送という物流面での評価とともに，オフィス内商品のワンストップショッピングが可能で，近年では，飲食店で使用されるマドラー，紙ナフキンなどの消耗品や医療機関で使用される注射針などの消耗品・備品など対象となる商品も拡大し，企業の利用ニーズに沿って独自商品の種類も増加している。また，インターネット受注が主

図表3－9　アスクル（BtoB）のビジネスモデル

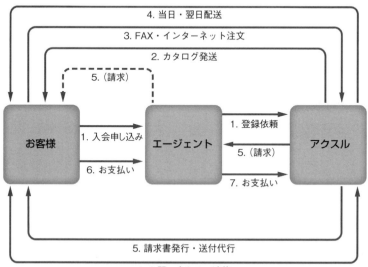

出所：アスクルのホームページ

流になって以降も，利便性のよいカタログを毎年発行していることでも評価が高い。さらに，図表3－9に示されているように営業や代金の回収業務は，スーパーやコンビニなどの登場で衰退した町の既存の事務用品販売店（エージェント）を活用し，共存共栄を実現している面でも優れたビジネスモデルであるといえよう。

3・2・2　eマーケットプレイスとネット卸

　複数の販売企業と複数の調達・仕入企業とが参加できるインターネット上の電子商取引の場を**eマーケットプレイス**と呼んでいる。一般的には，取り扱う製品やサービスの類似した業界ごとに形成されている。eマーケットプレイスの運営企業は，参加企業から出資金を募ったり，成約取引に対する手数料収入を得たりして，中立的な立場から運営を行っている。

　製造業の支援を行うものとしては，GM，フォード，ルノー，日産などの大手自動車メーカーが参加している自動車部品の調達を目的とした**Covisint**が著名である。一方，小売業を支援するものとしては，シアーズ，カルフール，メトロなどの大手多国籍小売業が参加し，用品や商品の調達・仕入を目的としたGNXや，同様にKマート，ターゲット，テスコ，イオンなどの大手小売業が用品や商品の調達・仕入を目的としたWWREなどが著名であったが，GNXとWWREとは合併し，2005年に**アジェントリクス**となって活動を続けている。近年では，単なる仕入・調達からプライベートブランド（PB）商品の開発支援やサプライチェーンの包括的支援などサービスの内容も多様化している。

　例えば，我が国ではインターネットを使用して飲食店やホテルなどが食材や調理機器などを卸売業者から仕入・調達するためのeマーケットプレイスとしてインフォマートが運営する「ネット卸」，ぐるなびが運営する「週刊ぐるなび市場」，ディー・エヌ・エーが運営する「ネッシー」などが展開されている。このようなeマーケットプレイスは，食材などの売り手と買い手が集まるWEB上の仮想市場を構成している。買い手会員は，飲

食店などに限定し，飲食店などに必要となる業務用の食材などを卸売価格で提供している。与信審査やサイト独自の決済機能などを行うことにより，相互の会員の利便性の向上を図っている。

一般には，eマーケットプレイス参加企業には，運営企業よりオークション機能，グループ購買，情報提供などの様々なサービスが提供され，調達先のグローバル化，調達や仕入コストの削減などに効果を上げてきている。

ところで，ECによって卸売業の必要性が減ぜられるとの見解もみられるが，我が国のアパレル・雑貨を扱う業界のようにメーカーも小売店も規模の小さな企業が多い業界では，消費者の価値観の多様化により，小売店はより多くの選択肢から自分の店に合った商品を見極め，迅速・多頻度・小ロットで仕入れる必要性が高まっており，一方で多くのメーカーも，最適な取引相手と出会う機会は減少し，個別の小売店の細かいニーズへの対応は限界に来ている。このような状況の中でネット上の卸売業の機能も重要になっている。アパレル・雑貨を扱う業界では，アパレル・雑貨の商品を「売れる時に」「売れる場所に」提供するための便利な仕組みを構築し，手間や時間のかかっていた流通の効率化を図るネット卸として株式会社ラクーン（http://www.raccoon.ne.jp/）が運営する「**スーパーデリバリー**」などが著名である（図表3－10参照）。

また，プロツール（工場用副資材）の卸売業を営む機械工具専門商社のトラスコ中山株式会社は，創業1959年で，売上高約2,681億円（2023年末）のBtoBの卸売業であり，図表3－11に示されるように一般的には死に筋と呼ばれるロングテール商品に対応し，注文頻度の低いロングテール商品でも在庫にすることで，ホームセンター，アマゾンやアスクルのようなネット通販事業者などのあらゆる注文に対応することが可能である。即納を実現するため，全国の物流センターには，最大で約59万アイテム，在庫金額508億円（2023年末）を常時保有し，在庫ヒット率92.1％を実現し，全注文の約9割を当社の在庫から出荷している。特に，在庫回転率よりも

図表3-10 スーパーデリバリーの取引の流れ

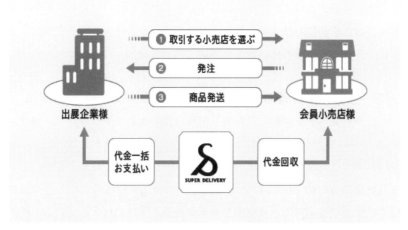

出所：ラクーンのホームページ

図表3-11 トラスコ中山のサプライチェーン

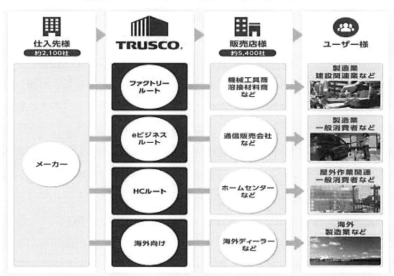

出所：トラスコ中山のホームページ

即納を表す指標である在庫出荷率を重視し，注文の少ない商品でも在庫を置く体制を整えている。また，納品先企業への配送についても，外部のトラック輸送業者に委託せず，自社のドライバーが自社トラックを使用して配達することで評価の高い物流を実施している。

3・3　企業と消費者間のエレクトロニック・コマース

　インターネットを利用した企業と消費者間のエレクトロニック・コマースは，BtoC または B2C の EC といわれ，先にも述べたとおりその市場規模は，図表 3 − 7 に示したように2023年で約24.8兆円であり，また，そのうち物販系分野の BtoC-EC 市場規模は，図表 3 −13に示されるように約14.7兆円で，EC 化率は，9.38％と毎年継続して急速に拡大している。2023年の百貨店の売上高は 5 兆4211億円，2023年のスーパーの販売額は，15兆6,492億円，2023年のコンビニエンスストア販売額の11兆6593億円などと比較すると軽視できないものとなっている。

　BtoC の EC が増加している背景には，消費者ニーズの多様化とともに，総務省の調査によれば，2023年現在，我が国のインターネット利用者は，1 億人を超え，インターネットを利用している個人の割合は86.2％に達しているという現実がある。特に，スマートフォンを保有する個人の割合は78.9％になり，スマートフォンでインターネットを利用している人の割合は72.9％に達しており，図表 3 −12のように2023年の物販 BtoC のスマートフォン経由の比率は，58.7％になっている。このように利便性の高いネット端末としてスマートフォンが普及してきたことが BtoC の EC が増加を推進する大きな要因となっている。

　ところで，図表 3 −13に示されるように BtoC-EC は，2023年で約24兆8,435兆円の市場規模であるが，その内訳は，物販系分野が14兆6,760億円で，59.1％，旅行サービスや金融サービスなどのサービス系分野が 7 兆5,169億円で30.3％，電子出版，有料音楽・動画配信，オンラインゲームなどのデジタル系分野が 2 兆6,506億円で10.7％となっている。物販系分野以

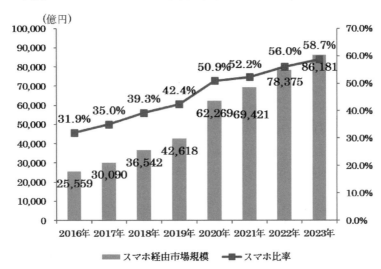

図表3-12 スマートフォン経由の物販のBtoC-EC市場規模の推移

出所：総務省「家計消費状況調査」、eMarketer, Feb 2024等に基づき推計

図表3-13 BtoCの市場規模および各分野の構成比率

	2022年	2023年	増減率
A．物販系分野	13兆9,997億円 （EC化率9.13%）	14兆6,760億円 （EC化率9.38%）	4.83%
B．サービス系分野	6兆1,477億円	7兆5,169億円	22.27%
C．デジタル系分野	2兆5,974億円	2兆6,506億円	2.05%

出所：経済産業省実施「令和5年度 電子商取引に関する市場調査 報告書」

外のサービス系分野やデジタル系分野の割合も41%となって重要性を増してきているが，紙幅の関係でここでは，物販系分野のみを検討することとする。

BtoCの物販系分野のECには，ネット販売，電子商店街などがある。次に，これらの事項についてみてみる。

3·3·1 ネット販売

　自社のショッピングサイトを利用して製品や商品を販売するものをネット販売という。ネット販売には，メーカーが消費者やユーザーに直接販売するメーカー直販や小売業が消費者にネットで販売するネット小売と呼ばれるものなどがある。

　我が国の多くのメーカーは，卸売業や小売業などの流通業者を経由して自社の製品を販売してきたが，近年，消費者やユーザーにインターネットを利用して直接販売する事例が増えている。直販によってメーカーは流通コストの削減が図れるだけでなく，在庫の削減や消費者ニーズの的確な把握などが可能となる。メーカー直販では，注文に応じて即生産，納品を行うBTO（Build to Order）で著名なデル株式会社（http://www.dell.co.jp/）や生活スタイルや活用提案を行う「ソニーストア」で著名なソニー株式会社（http://www.sony.co.jp/）などがある。

　ネット小売では，実店舗を全く持たずネットだけで販売を行うタイプのものと実店舗での販売とネットでの販売を併用するタイプのものがある。後者の実店舗販売とネット販売を双方行う企業のことをクリック・モルタルという。クリック・モルタル企業の多くは，実店舗での暖簾や実績や信頼を活かしてネット販売との相乗効果を期待できたり，実店舗の営業時間に来店できない顧客を獲得できるなどの利点がある。

　アマゾン・ドット・コム（Amazon.com, Inc.）は米国最大手のオンライン小売業者で，ジェフ・ベゾスによって設立された。設立当初は，書籍などを中心に販売していたが，その後，CD・DVDのほか，ゲーム，家庭用品，家電，食料品，衣料品など1億点以上と呼ばれる広範な商品販売を世界各地で行い，巨大な物流センターを設置し受注，梱包・発送サービスを行っている。日本には，2000年にアマゾンジャパンを設立して売上高が2023年に3.2兆円に達している。

　アマゾンの特徴は，まず，1億品目を超える豊富な品揃えをあげることができる。従来の実店舗販売では店舗面積や棚容量に限界があって，品揃

えが難しかった死に筋と呼ばれる年間の販売数量が少ない商品でも，日本では十数カ所の巨大な物流センターを構築することによって多数の品揃えが可能となり，売れ筋商品と同様に利益を上げている。これをロングテール現象という。

次に，注文商品の迅速な配送体制をあげることができる。日本で十数カ所に展開している巨大な物流センターでは，情報通信技術，バーコード，ハンディスキャナ，仕分け機器などの活用により素早いピッキングや仕分けや梱包がなされ，出荷される仕組みが構築されている。最近では，倉庫ロボットを導入した省力化と一層の自動化が進んだ物流センターも設置されるようになっている。これによって受注から当日または翌日などのタイムラグの短い発送も可能となっている。

また，販促手段として顧客を囲い込むために，一定の会費を払えば，アマゾンプライム会員となれる制度を構築し，当日や翌日配送の送料無料，ビデオや音楽の無料視聴のような魅力的な会員制度を構築している。利用者の購買情報や閲覧履歴などのビッグデータを分析して，利用者に的確なお勧め商品の提案をするレコメンデーション機能なども重要である。さらに，ユーザーに商品に対して星５つを満点として評価をすることができる「レビュー」を準備し，レビューの読者は投稿されたレビューを参考に商品選択を行うことができる。

さらに，全国十数カ所に当日配達・翌日配達を可能にする物流センター（フルフィルメント・センター）を設置し，アマゾン直販品の物流に加え，マーケットプレイスに出品販売企業の有料物流代行サービスを実施している。ここでのフルフィルメントとは，商品の受注，在庫管理，ピッキング，梱包，仕分け，発送，代金請求，決済処理などの一連の業務を指し，アパレル関連では，採寸，撮影（撮影スタジオ）なども重要であり，自力で物流関連の業務をできないインターネット通販事業者には，魅力的なサービスであり，アマゾンの提供するフルフィルメントサービスはフルフィルメント by Amazon（FBA）と呼ばれる。

ネット通販事業の他には，電子書籍「キンドル」や「Fire スティック」の取り扱いおよび，政府機関や大企業が利用するクラウド・サービスも提供する世界最大のクラウド事業者でもある。

ところで，我が国でも鮮度や試着・返品の問題などから従来ネット販売には不向きといわれてきた生鮮食料品や服飾雑貨衣料品などの分野でもネット販売が拡大してきている。

例えば，**オイシックス・ラ・大地株式会社**は，インターネットなどを通じた一般消費者への特別栽培農産物，無添加加工食品など安全性に配慮した食品・食材の販売を行い消費者の支持を受けている。2000年6月に創業し，売上高は約1,152億円（2023年3月期）になっており，事業内容は図表3－14の通りである。さらに買い物難民向け移動販売事業であるとくし丸を子会社化により経営支援を行い，買い物難民向けの事業にも積極的に取り組んでいる。

次に，株式会社スタートトゥデイは1998年に設立されファッション通販

図表3－14　オイシックス・ラ・大地株式会社の事業系統図

出所：有価証券報告書

サイト「**ZOZOTOWN**」などを運営し，こだわりの衣料品や服飾品を消費者の立場に立って詳細な採寸の提示，詳細な画像の提示，物流システムの構築による受注商品の迅速な納品などにより売り上げを拡大してきた。2018年10月に株式会社ZOZOに社名変更し，2023年度，取扱高約5,744億円，売上1970億円であり，2024年1月現在，時価総額は1兆4,300億円を超えている。さらに，ブランド古着のセレクトショップ「ZOZOUSED」やファッションコーディネートサービス「WEAR」などのサイトも運営し，BtoB事業としてアパレルブランドの自社ECオンラインショップのサイト開発・運用を受託したりもしている。千葉県や茨木県に運営する物流センターは「ZOZOBASE」と呼ばれ，受注した商品の迅速な出荷を支援している。

　クリック・モルタル企業の代表例がネットスーパーである。2000年にスーパー西友が参入したが顧客情報の漏洩などがあり，下火になった。しかし，実店舗での売上高の頭打ちなどから大手総合スーパーを始め多くのスーパーが2007年以降参入し，ネットでの販売を行っている。スーパーからするとコスト高の問題があるものの高齢化社会の進展や買い物過疎の問題などの解消という視点からも注目されている。

　しかし，「店舗出荷型」が中心で，「センター出荷型」は少なく，イトーヨーカ堂が2009年度に黒字転換したと言われるが，多くの小売業が売上高や利益について非公表で，多くが赤字と予想される。特に中堅以下のスーパーでは，赤字運営に耐えられず撤退の場合も増加すると考えられる。例えば，スーパーサミットは，住友商事の支援を得て2009年にネットスーパーを開始し，センター出荷型（倉庫型）で運営を行ったが，設備投資の負担大などにより2014年9月にネットスーパー事業から撤退した。撤退の原因は，生協や他スーパーとの競争激化，楽天のネットスーパー参入などにより固定客確保が困難になったことなどがあげられる。

　特に，地方では，スーパーへの来店が困難な高齢者に対する配慮などが不可欠である。そのような状況の中で，三重県で13店舗（2024年現在）を

運営するスーパーサンシ株式会社（1973年設立）は，1983年宅配事業を開始し，2000年からはネットスーパーを開始した。売上高は約300億円（グループ全体）で，電話やインターネットで受注する注文には，高齢者などを配慮して小分けや加工などを積極的に行っている。また，自社で取り扱っていない一部の商品は他店で購入し，届けるサービスも行っている。配達に当たっては自社トラックで自社ドライバーが配達し，必ず所定の宅配ボックスを設置して，再配達ゼロを実現している。さらに，ネットスーパーを利用する高齢者の見守りサービスとして家電製品の消耗品の交換や住宅の簡単なリフォームなども安価で積極的に行っている。

　このようなことから，オイシックスドット大地株式会社のところで紹介した買い物難民向け移動販売事業であるとくし丸のような事業とネットスーパーが連携していくことが求められている。

3・3・2　電子商店街

　実際の商店街（リアルモール）に対して，ネットワーク上に構築される商店街を電子商店街や仮想商店街という。経済産業省実施の「平成21年消費者向け電子商取引実態調査」では，電子商店街（電子モール）を「販売したい商品・サービスを持つ売り手に対して，パソコンやモバイルの環境の中で，インターネット上で商品やサービスを販売するwebページへのリンクを集めたwebサイトである電子モールを主宰する事業者が販売の場を提供し（一部販売の支援を行い），売り手はテナントとして電子モールに出店し，電子モールの集客力によって商品・サービスを販売する。あわせて，出店する事業者は主宰者に対価を支払う事業形態をいう」と定義している。

　消費者・利用者側のメリットとしては，場所を選ばず24時間注文が可能で物的店舗に行く必要がなく，一般的に，多くの商品リストの中から選択可能で価格やニーズに合った商品を選択しやすい，また，希望や提案などを企業側に伝えやすいなどの点が指摘できる。販売企業側のメリットとし

ては，地理的な制約がなく広域の消費者や利用者を相手に24時間営業が可能で物的店舗の出店費用や維持費などが不要な点や，新規の販売先や調達先が開拓しやすく，中間業者を介さず販売可能な点などがある。

楽天株式会社（Rakuten, Inc.）は，現在の代表取締役会長兼社長三木谷浩史が1997年2月に設立し，1997年5月に「**楽天市場**」を開設した。2023年度のインターネットサービスの売上収益は，約6兆円となっている。楽天では，このような事業をECカンパニー事業と呼んでおり，インターネット・ショッピングモールである「楽天市場」，ネットスーパー「楽天マート」，「楽天スーパーロジ」と呼ばれる楽天市場出店企業向け物流アウトソーシングサービスや楽天グループ向けのフルフィルメントサービスの提供にも積極的に取り組んでいる。もともと楽天のような通販モールの運営事業者は，出店した小売店から手数料を徴収するビジネスを行っている。これは物流センターへの投資が必要ないという長所があるが，物流水準が一定しない，規模のメリットが発生しない（各々の店舗が商品仕入れを行うため，大量仕入れが不可能），商品をモール内の異なる商店で買う場合には，それぞれ物流費が発生するなどの短所もあるため，在庫管理や商品配送を店舗任せの形態から2010年より自社物流を整備し，自社で保管・仕分けを集中，配送時間の短縮，異なる店舗の商品をまとめて配送を行うといったサービスを展開している。また，「楽天物流」は，楽天市場の出店者の物流アウトソーシングを積極的に受託するため，各地に物流拠点整備を進めている。

さらに，出店希望者への審査を厳しくし，商品の瑕疵やサービス劣化を防ぐ努力している。また，ユーザの店舗評価が低く，改善の余地が見られない場合，退店を勧告することにしている。商品未着などの問題点については，出店者に代わって楽天がユーザに返金するサービスも始めている。その他の「ネット通販」事業者と差別化をするため，実店舗に匹敵するネット上の対面販売を行い，ヒューマンタッチを意識した双方向的サービスを目指している。さらに，出店希望者へのサポートとして1店舗に1人

担当者がついて，売れるショップづくりをサポートする「EC コンサルタント」や過去の成功事例や失敗事例に関する講座により売れるショップづくりを学習する「楽天大学」などモールの参加企業を大切にするサービスの提供にも務めている。

我が国の電子商店街では，「楽天市場」以外に「Yahoo! Shopping」などが著名であり，リアルモールとの差別化や安全な代金決済の確立などが進めば，自宅に居ながらにして世界中の商品がオンラインで入手できる点が魅力である。また，電子商店街の運営企業では，その他オークションや共同購入などの付加的なサービスを提供し利用者の好評なサービスとなっている。

3・4　消費者と消費者間のエレクトロニック・コマース

インターネットを利用した消費者と消費者間のエレクトロニック・コマースは，CtoC または C2C の EC といわれ，主に，ネットオークションとフリマアプリで，その市場規模は，少し古くなるが経済産業省実施「平成28年度電子商取引に関する市場調査」によれば，ネットオークションで3,456億円，フリマアプリで3,052億円に達している（図表3−15）。

特に，フリマアプリは，フリーマーケットのようにネット上で身近な衣料品や服飾品などを売買できるスマートフォン用のアプリであり，オークションが競りにより取引価格が決まるのに対して，出品者が設定した販売価格で購入者が購入する仕組みになっている。2012年からサービスが開始され楽天やLINEなども参入し現在に至っている。

利用者の多い株式会社メルカリが提供するフリマアプリ「メルカリ」では，スマートフォンで販売したい商品を撮影し，販売価格を決めて投稿するだけ出品でき，誰でも簡単に出品できる仕組みになっている。また，代金決済や販売商品の発送に当たっても出品者と購入者の個人情報が漏洩しないようなシステムがとられており利用者が増加している。

株式会社メルカリは自社ホームページで，2024年6月現在，年間売買金

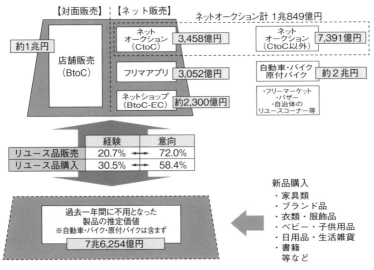

図表３−15　リユース市場の全体像

出所：経済産業省実施「平成28年度電子商取引に関する市場調査」

額1,874億円，年間2,300万人以上が利用しているといった数字を公表している。フリマアプリについては，違法な出品なども一部指摘されているが，今後改善されていくものと考えられる。

　また，経済産業省や各種団体が消費者と消費者間のエレクトロニック・コマースに着目するのは，インターネットを通じたモノや資源の有効活用であるシェアリングエコノミーを重視するからである。その目的は，無駄を排除し，あわせて産業全体の活性化，新たな経済効果の創出などを目指している。

4　電子決済

　企業と企業間，または企業と消費者間でも商取引の最終段階は代金決済である。大手企業間などでは，従来より企業のコンピュータと銀行のコン

図表３−16　キャッシュレス決済額及び比率の内訳の推移

(兆円)		暦年	2017	2018	2019	2020	2021	2022	2023
キャッシュレス(CL)合計		決済額	64.7	73.5	81.9	85.8	95.0	111.0	126.7
		比率	21.3%	24.1%	26.8%	29.7%	32.5%	36.0%	39.3%
	①クレジット	決済額	58.4	66.7	73.4	74.5	81.0	93.8	105.7
		CL内割合	90.2%	90.7%	89.7%	86.8%	85.3%	84.5%	83.5%
	②デビット	決済額	1.1	1.3	1.7	2.2	2.7	3.2	3.7
		CL内割合	1.7%	1.8%	2.1%	2.5%	2.8%	2.9%	2.9%
	③電子マネー	決済額	5.2	5.5	5.8	6.0	6.0	6.1	6.4
		CL内割合	8.0%	7.5%	7.0%	7.0%	6.3%	5.5%	5.1%
	④コード決済	決済額	-	0.2	1.0	3.2	5.3	7.9	10.9
		CL内割合	-	0.2%	1.2%	3.7%	5.6%	7.1%	8.6%
民間最終消費支出		額	303.3	305.2	305.8	288.6	292.0	308.5	322.4

出所：経済産業省が2024年11月3日にホームページで公表した算出比率

ピュータをオンライン接続し，振込や送金などを行うファーム・バンキングなどが行われてきた。しかし，図表３−16に示されているように，企業と消費者間の比較的少額の決済は，現金決済や宅配代引換以外のキャッシュレス決済としてクレジットカード，デビットカード，電子マネー，スマホのコード決済などが，主流になっている。経済産業省では，キャッシュレス決済比率を2025年までに4割程度にするという政府目標の達成に向け努力をしている。

また，近年ビットコインなどの仮想通貨も話題にはなっているが，現在の仮想通貨は取引価格の乱高下が激しく，決済手段というよりも投機の対象となっているのでここでは言及しない。

4・1　カード決済

クレジットカードによる決済は，企業と消費者間の決済手段として現在広く利用されている方法であるが，インターネットのようなオープンなネットワークでカード番号などを送信すると個人情報が漏洩し悪用される可能性がある。そのため，クレジット会社大手のVISAとMasterCardが**SET**（Secure Electronic Transaction）というセキュリティ技術を開発し，コンピュータネットワーク上にカード番号などを直接送信しない方法

を考案している。この方法では，カード利用者，販売会社，カード会社は認証局に登録認証を受け，取引ごとに相手を確認し，連絡は電子メールで行う方法をとっている。近年，カード情報の漏洩などによる不正使用も増えているので十分注意する必要がある。

4・2 電子マネー

現在，我々が利用している通貨のような匿名性のある支払い手段が**電子マネー**である。

電子マネーで実用化されているものには大きく分けて IC カード型とネットワーク型の 2 つに分けられる。

① IC カード型電子マネー

IC カード型電子マネーは，クレジットカード大のカードで，CPU やメモリを組み込んだ IC カードに暗号化して利用可能金額の情報が書き込まれており，現金と同じように利用できるものである。1 件あたり決済金額は，小さく，比較的少額の決済が中心になっている。

IC カード型電子マネーは，**プリペイド（前払い）方式**と**ポストペイ（後払い）**方式に大別される。

プリペイド（前払い）方式には，交通系電子マネーとして Suica（JR 東日本），PASMO（首都圏私鉄各社）などと非交通系電子マネー（流通系電子マネーを含む）として Edy（ビットワレット），nanaco（セブン＆アイ・ホールディングス），WAON（イオン）などがある。

また，ポストペイ（後払い）方式としては，PiTaPa（関西の私鉄・バス），iD（NTT ドコモ），クイックペイ（JCB など）などがある。

② ネットワーク型電子マネー

ネットワーク上の決済を中心に考えられた電子マネーが**ネットワーク型電子マネー**である。ネットワーク上でのセキュリティは，暗号技術と電子署名などのソフトウェア技術によって支えられている。ネット上のゲーム料金の支払い等に利用されており，リンデンドル（セカンドライフ），

ウェブマネー（ウェブマネー），ちょコム（NTTコミュニケーション），楽天キャッシュ（楽天）などがある。

③電子マネーの課題

　電子マネーはその利便性などから普及していくものと思われるが，読み取る端末が一本化されてきているが，偽造，不正入手やシステム障害による金額データの消失の可能性もある。電子マネー法の検討が開始されているが，いまのところ法整備は不十分である。また，電子マネーだけの問題ではないが，計画的に使用しないと使いすぎの可能性も高い。

4·3　コード決済

　コード決済は，QRコード決済やバーコード決済とも呼ばれるが，スマートフォンのコード決済専用アプリでQRコードやバーコードを使って支払う決済手段です。QRコードやバーコードの読み取りは，店舗側，支払い側のどちらかが行う。コード決済は，店舗で支払いの際に，おつりのやりとりの手間を省けるだけでなく，非接触で決済が完了できるので，コロナ禍以降衛生面でも安心で，普及してきた。各社からさまざまなコード決済サービスが生まれ，利用できる場所も増えて普及してきている。

　また，コード決済の支払方法には，ストアスキャン方式とユーザースキャン方式の2種類がある。ストアスキャン方式は，店舗側が支払い利用者のQRコードやバーコードを読み取って決済する方式である。一方，ユーザースキャン方式は，支払い利用者が店舗側のQRコードやバーコードを読み取って決済する方法です。どの方式であっても，支払い利用者は，事前にコード決済アプリにチャージして残高やポイントなどから支払う。

　なお，よく利用されているものに，ソフトバンクグループ株式会社とソフトバンク株式会社，ヤフー株式会社の3社が共同出資したPayPay株式会社が提供するPayPay，楽天ペイメント株式会社が提供する楽天ペイなどがある。

5 インターネット広告

マーケティングでは，マーケティング・ミックス（4P）の製品（Product），価格（Price），流通チャネル（Place），プロモーション（Promotion）の4つが重要となっている。さらに，プロモーション（Promotion）には，媒体を使用した広告，PR（パブリック・リレーション），人的販売（営業），狭義のSP（セールス・プロモーション）が含まれる。

電通の広告費の調査では，図表3－17に示されているように，広告費をマスコミ四媒体広告費，インターネット広告費，プロモーションメディア広告費の3つに分類している。マスコミ四媒体広告費は，新聞広告，雑誌広告，ラジオ広告，テレビ広告の4つに分類される。インターネット広告費は，マスコミ四媒体由来のデジタル広告費と物販系ECプラットフォーム広告費に区分される。さらに，プロモーションメディア広告費は，屋外広告，交通広告，折込広告，DM，フリーペーパー，POPなどに分類される。

図表3－17 媒体別「日本の広告費」（2021～2023年）

媒体 / 広告費	広告費（億円） 2021年	2022年	2023年	前年比（％） 2022年	2023年	構成比（％） 2021年	2022年	2023年
総広告費	67,998	71,021	73,167	104.4	103.0	100.0	100.0	100.0
マスコミ四媒体広告費	24,538	23,985	23,161	97.7	96.6	36.1	33.8	31.7
新聞	3,815	3,697	3,512	96.9	95.0	5.6	5.2	4.8
雑誌	1,224	1,140	1,163	93.1	102.0	1.8	1.6	1.6
ラジオ	1,106	1,129	1,139	102.1	100.9	1.6	1.6	1.6
テレビメディア	18,393	18,019	17,347	98.0	96.3	27.1	25.4	23.7
地上波テレビ	17,184	16,768	16,095	97.6	96.0	25.3	23.6	22.0
衛星メディア関連	1,209	1,251	1,252	103.5	100.1	1.8	1.8	1.7
インターネット広告費	27,052	30,912	33,330	114.3	107.8	39.8	43.5	45.5
媒体費	21,571	24,801	26,870	115.0	108.3	31.7	34.9	36.7
うちマスコミ四媒体由来のデジタル広告費	1,061	1,211	1,294	114.1	106.9	1.6	1.7	1.8
新聞デジタル	213	221	208	103.8	94.1	0.3	0.3	0.3
雑誌デジタル	580	610	611	105.2	100.2	0.9	0.9	0.9
ラジオデジタル	14	22	28	157.1	127.3	0.0	0.0	0.0
テレビメディアデジタル	254	358	447	140.9	124.9	0.4	0.5	0.6
テレビメディア関連動画広告	249	350	443	140.6	126.6	0.4	0.5	0.6
物販系ECプラットフォーム広告費	1,631	1,908	2,101	117.0	110.1	2.4	2.7	2.9
制作費	3,850	4,203	4,359	109.2	103.7	5.7	5.9	5.9
プロモーションメディア広告費	16,408	16,124	16,676	98.3	103.4	24.1	22.7	22.8
屋外	2,740	2,824	2,865	103.1	101.5	4.0	4.0	3.9
交通	1,346	1,360	1,473	101.0	108.3	2.0	1.9	2.0
折込	2,631	2,652	2,576	100.8	97.1	3.9	3.7	3.5
DM（ダイレクト・メール）	3,446	3,381	3,103	98.1	91.8	5.1	4.8	4.2
フリーペーパー	1,442	1,405	1,353	97.4	96.3	2.1	2.0	1.9
POP	1,573	1,514	1,461	96.2	96.5	2.3	2.1	2.0
イベント・展示・映像ほか	3,230	2,988	3,845	92.5	128.7	4.7	4.2	5.3

出所：電通発表2023電通日本の広告費

インターネット広告（ネット広告）は，電通の調査によれば2023年，市場規模は約33,330億円，媒体別では，ラジオ，雑誌，新聞を上回り，さらに，テレビの広告も上回っている。インターネット広告は，広告市場の成長が鈍化する中でも成長をしている。インターネット広告の中では，動画広告が成長している。

インターネット広告費（2023年）は，媒体費26,870億円，広告制作費4,359億円，物販系ECプラットフォーム広告費2,101億円となっており，総額は，33,330億円である。

インターネット広告急成長の背景には，大量生産，大量広告（テレビ広告等），大量消費の時代の終焉，消費者の好みや嗜好が多様化していることや，インターネットの急速な普及特に，インターネットの接続方法がダイヤルアップ接続（従量制）からブロードバンド接続（常時接続）の定額制に移行しインターネットの使い勝手がよくなっていることがある。さらに，他の媒体広告に比べ広告効果が正確に把握できることも大きい。

6 ICタグ（無線タグ）

ICタグとは，電波を使用し非接触でデータを識別する技術RFID（Radio Frequency Identification）をタグ（荷札）やカードに応用したものをICタグ，無線タグなどという。

現在，製造，物流，小売流通等の広い分野で利用されている。電子マネーのSuicaなどもこの技術を利用したものである。これは元々，第2次世界大戦中における航空機の無線識別技術として開発され，1980年代から半導体メーカーがICタグを開発して1990年代から実用化し，当初は，アメリカ国防省の国防品のコンテナ（核関連物質，兵器など）の管理に使用され商業利用されるようになった。

電源の方式で，ICタグは電池を内蔵している能動式（アクティブタグ）と外部から電源を供給する受動式（ポジティブタグ，パッシブ型）があ

図表3-18　1次元シンボルと2次元シンボル

図表3-19　ICタグとバーコードの比較

	ICタグ	JANシンボル	二次元シンボル （QRコード）
情報量	32K以上 （3万2千字以上）	数字13文字	数字最大 7366文字
書き換え	可能	不可能	不可能
遠隔読取	可能	不可能	不可能
複数同時読取	可能	不可能	不可能
表示位置	内部，裏可	内部，裏不可	内部，裏不可
価格	高い	安い	安い

り，能動式（アクティブタグ）の方が認識距離は長い。

　ICタグの形状も筒型，ボタン型，カード型，箱形などの様々な形状に加工が可能である。ICタグの周波数は，135kHz以下ではペットや動物の管理，入退室管理などで利用可能であり，金属の影響は小さい。13.56MHzはSuicaなど多くの領域で利用可能である。950MHzでは，大型のコンテナ管理や空港の荷物管理などで使用されるが，水，金属に弱い。2.45GHzは駐車状のゲート管理などで使用される。また，5.8GHzは高速道路のETCなどに使用される。

　図表3-19でわかるようにICタグは，JANシンボルや2次元シンボルに加えて多くの情報量が書き込めるとともに，書き込んだ情報の書き換えも可能である。したがって，POSシステムなどでは，単品管理しかできなかったが，同じ商品でも個品を識別する絶対単品管理が可能である。付

加価値の高い IC タグの負担が可能な，医薬品や衣料品や服飾品などの管理に今後使用されていくものと考えられる。

　また，世界的な IC タグの標準化を進めるためのコードに EPC（Electronic Product Code）がある。EPC は，GS1傘下の EPCglobal で標準化された電子タグに書き込むための識別コードの総称で，GTIN 等の GS1が定める標準識別コードが基礎となっている。

　そのため，既存のバーコードシステムとの整合性を確保しながら，電子タグシステムを構築することが可能である。EPC の一例として SGTIN がある。SGTIN は商品識別コードである GTIN にシリアル番号（連続番号）を付加したもので GTIN が同じ商品でもそれぞれ一つひとつ個別に識別することが可能である。

第4章

生産情報システム

> 📖 **この章で学ぶこと**
> 生産システム，製造システム，生産情報システム，CIM，CAD，CAM，CAP

　前章の流通情報システムは，コンビニ等で目にするバーコードや電子決済など身近な情報システムであるが，本章で扱う製造業（メーカ）の工場や生産情報システムは読者から見ると遠い存在であろう。しかしながら，戦後いち早く業務の効率化と設備の自動化を推し進め，近代日本を作り上げてきたのはメーカであり，永年にわたり培われてきた技術者と現場作業者による創意工夫と自主的な改善活動は，常に時代の先端をゆく様々なアイデアや仕組み（システム）を作り出し，日本の**ものづくり**は世界から注目されるようになった。

　本章では，この分野について馴染みのない読者のために，まず工場の概要を理解してもらうことを目標にその基本概念を述べた上で，工場を効率よく稼働させる生産情報システムについて説明し，その後，自動化・コンピュータ化・ネットワーク化により完成をみた最先端の工場であるコンピュータ統合生産システムについて説明する。

1　生産システム

　一言で工場といっても，自動車，家電品，衣料品，食品，化粧品，住宅など，作る製品により工場の特徴は異なる。また，テレビや新聞で目にす

る消費者向けの製品を作る工場だけでなく，それら製品に組み付ける部品や原材料を作る工場，そして工場で活躍する自動設備やロボットを作る工場もある。一方，工場をその形態でみると，固有技術と職人技で勝負する町工場，生産性で勝負する大規模工場，人海戦術で作業者を大勢動員してものを作る工場，自動設備やロボットを活用した無人工場，海浜地区にある工場，内陸部にある工場，さらに工場でのものづくりをヒントに実現した農作物やソフトウェアを生産する工場など実に様々である。このうち本章では最先端の工場を取り上げて説明する。

さて工場の敷地内には，製品を加工し組み立てるための生産建屋（狭義の工場）だけでなく，原材料や完成品の保管用倉庫，自家発電システム棟，工場廃水処理システム棟，事務棟など様々な建物があり，建物間をフォークリフトやトラックが物資を運搬している。生産建屋の中は古い工場のイメージである3K（危険・汚い・きつい）とはかけ離れた光景が広がる。天井窓からは太陽光が効率よく取り込まれ，臭いや温度・湿度対策のための空調も整い，丁寧に磨かれた床面に最先端の自動設備群やロボット群が整然と並んでいる。

1・1 生産システムの状況

工場（以下では**生産システム**とよぶ）が置かれている状況について説明する。近年，消費者ニーズと嗜好の多様化はますます進み，製品のライフサイクルの短命化と共に**多品種少量生産**を強いられている。生産システムが保有する限られた設備群でこれらの要請に応えるには，月替わりや週替わりで生産品目を変更したり，各品目の生産量を日々変更しなければならない。このような生産の仕方を**変種変量生産**という。

また，スーパーをはじめとした小売業では，店舗内在庫を少なく抑えるために，**POS**（Point Of Sale system：販売時点情報管理システム）に連動した**EOS**（Electronic Ordering System：オンライン受発注システム）による自動発注が行われ，流通センターや問屋・卸に対する小口の注文が

頻繁に発生する。すると流通センターや問屋・卸がメーカに対して行う注文も多頻度かつ小口で行われる。更に近年では，消費者がメーカのWEBページ上で製品を注文する**メーカ直販**も盛況である。このように生産システムでは，変種変量生産を強いられるだけでなく多くの小口注文にも対応しなければならない。

一方で，地球温暖化対策としてのCO_2削減の要請に沿って省エネルギーやリサイクルに注力すると共に，為替相場の変動による原材料や製品の輸出入価格の変動，人件費や電気・水道・燃料などの諸費用も大きな制約となっている。一部のメーカでは製造コスト削減や新市場開拓を狙って，製造機能の一部を海外へ移転する動きや，外国系資本による国内メーカの買収が進み，ものづくり日本の空洞化を指摘する声もある。

メーカの使命は，顧客ニーズすなわち顧客が求める**需要の3要素**(「品質・仕様」,「価格・数量」,「納期」の3つを指す)を満たす製品を，タイムリーに開発し生産して市場に提供することにより，継続的に収益を上げるとともに，自社製品によって社会へ貢献することにある。メーカ各社はこの使命を果たすために，様々な制約条件の下で合理的かつ効率的に生産システムを構築し運用しなければならない。

1・2　生産システム概観

生産システムについて概念図(図表4－1)を用いて説明する。メーカでは，経営上層部が決定した経営意志に基づいて，製品の販売活動と生産活動，各種の生産資源(原材料，設備，従業員，工業用水，電力，燃料など)の調達活動，資金の調達と運用を行なう財務活動を展開している。生産活動に力点を置くメーカでは，生産システムの仕組みと特徴を理解してその能力を最大限に発揮すると共に，**無理・無駄・斑**を徹底的に排除し効率的な生産活動を行うことが成功のカギである。

生産システムは，実際の製造活動を担当するハードウェアとしての**製造システム**と，製造システムを管理運用するソフトウェアとしての**生産情報**

図表4－1　生産システムの概念図

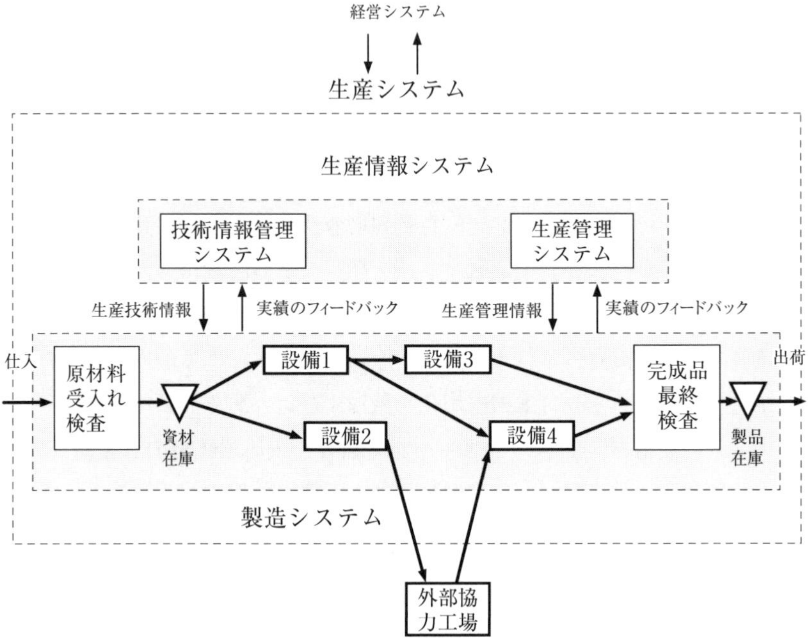

```
                    経営システム
                        ↕
                    生産システム
┌ ─ ─ ─ ─ ─ ─ ─ ─ ─ ─ ─ ─ ─ ─ ─ ─ ─ ─ ─ ─ ─ ─ ─ ─ ┐
│              生産情報システム                      │
│  ┌ ─ ─ ─ ─ ─ ─ ─ ─ ─ ─ ─ ─ ─ ─ ─ ─ ─ ─ ─ ─ ─ ┐  │
│  │ ┌──────────┐          ┌──────────┐        │  │
│  │ │技術情報管理│          │ 生産管理 │        │  │
│  │ │  システム  │          │  システム│        │  │
│  │ └──────────┘          └──────────┘        │  │
│  └ ─ ─ ─ ─ ─ ─ ─ ─ ─ ─ ─ ─ ─ ─ ─ ─ ─ ─ ─ ─ ─ ┘  │
│    生産技術情報↕実績のフィードバック               │
│                  生産管理情報↕実績のフィードバック │
│  ┌ ─ ─ ─ ─ ─ ─ ─ ─ ─ ─ ─ ─ ─ ─ ─ ─ ─ ─ ─ ─ ─ ┐  │
│仕入│ 原材料  → 設備1 → 設備3 → 完成品       │出荷│
│──▶│ 受入れ ▽        ╳        ▽ 最終  ──▶│
│   │  検査 資材在庫 設備2 → 設備4  検査 製品在庫│  │
│  └ ─ ─ ─ ─ ─ ─ ─ ─ ─ ─ ↓ ─ ─ ─ ─ ─ ─ ─ ─ ─ ┘  │
│              製造システム                          │
└ ─ ─ ─ ─ ─ ─ ─ ─ ─ ─ ─ ↓ ─ ─ ─ ─ ─ ─ ─ ─ ─ ─ ─ ┘
                    外部協力工場
```

（太い矢印は物の流れ，細い矢印は情報の流れを示す）

システムで構成されている。

2　製造システム

　本節では図表4－1を使い製造システムについて説明する。製造システムは**生産の3要素**（物，設備，作業者）と製造方法により説明できる。

2・1　物

　流通システムにおける物とは商品を指すが，製造システムにおける物には3つの呼び方がある。1つ目が資材メーカや部品メーカから仕入れた状

態の原材料である．2つ目が出来上がった完成品（製品），そして3つ目が，加工や組み立てにより原材料の形や性質が次々と変わり完成品に至る途中の状態にある**仕掛品**である．

　全ての原材料は受け入れに際して検査を行い，合格品は資材置場（これを資材在庫という）に保管する．原材料はその後，加工や組立て等の作業内容によって区分された職場（これを**工程**という）を順番に経由しながら完成品に至る．仕様が同じ製品群を**品目**と呼び，この品目によって利用する工程群が異なるため，それら工程群をつないだ経路（これを**加工経路**という）は異なる．それぞれの品目の加工経路の全体を俯瞰した時の形状（これを**物の流れ**と呼ぶ）を大別すると，①次々に部品を組み付けながら1個の製品が完成する合流型形状（例えば自動車やパソコンなど），②原材料が次々と成分分解され精製されてゆき多種類の製品が完成する分岐型形状（例えば原油や原乳など），③特定の工程群を繰り返し利用して加工する循環型形状（例えば半導体など），④これら3種類の形状を組み合わせたネットワーク形状，などがある．

　また品目の中には，自社で加工技術を保有していない，あるいは，自社生産では，加工費用が高い，生産能力が足りない，品質や精度面で能力不足である，などの理由から，一部の作業や品目を外部の協力工場（これを外注先あるいは外注という）に委託することもある．また製造コストの削減を目的として，複数の品目間で使用する部品を共通化し，あるいは加工方法が似ている品目群をまとめて生産するといった**グループ・テクノロジー**（Group Technology：GT）を採用する場合もある．ちなみに自動車の製造では，1台あたりの部品点数は約3万点に及び，車種やボディ色の違い，パワーユニット（エンジン，ハイブリッドなど）の違い，シート仕様（電動／手動，2列／3列など）やメーカオプション（サンルーフ，360度モニターなど）の違いなどにより品目数が決まるので，物の流れだけを見ても複雑である．

2・2 設備

製造システム内には加工・組立・保管・運搬・検査などの様々な役割を担う工程があり，それぞれの工程では様々な種類の自動設備やロボットが稼働している。

まず加工用の設備について紹介する。鋳造機は，製品の形に合わせて作られた鋳型に高温で溶けた金属材料を流し込んでから冷やして製品を成形する設備である。旋盤は，高速回転する棒状の金属材料に刃物を当てて切削する設備である。フライス盤は，複数の刃が付いた金属製円盤を高速回転して金属材料の溝や平面部分を切削する設備である。研削盤は，砥石を使って金属材料の表面を削り滑らかにする設備である。鍛造機は，製品の形に合わせて作った凹型と凸型の一対の金型を用意し，上下から金型で金属材料を挟み圧力をかけて成形したり，ハンマー等で金属材料を叩いて成形する設備である。鍛造機の一例としてプレス機がある。

射出成形機は，熱を加え溶けた樹脂材料を高圧で金型内に押し込んでから冷やして成形する設備である。また金属材料同士を溶接するアーク溶接機やガス溶接機，製品の表面をコーティングする塗装機，などがある。その他，前述の旋盤やフライス盤など原材料を削って成形する従来型の製造方法（除去製造：Subtractive Manufacturing）では，切り屑を生じその分の原材料費が無駄になっていた。これに対して，3Dプリンタ（3D printing）に代表される，原材料からいきなり成形する製造方法（付加製造：Additive Manufacturing）を採用したAM装置では，切り屑が出ないので原材料費の削減や加工時間の短縮等の利点がある。

一方，これらの設備は自動化のレベルでも分類できる。まず作業者が付きっきりで作業を行なう**汎用工作機械**，一つの工具で半導体リレー（solid state relay）により1種類の加工作業を行なう**NC工作機械**（Numerical Control：数値制御），一つの工具でコンピュータにより複数の加工作業を行う**CNC工作機械**（Computer Numerical Control：コンピュータ数値制御），工具マガジンに装填した複数の工具を自動工具交換装置（Automatic

Tool Changer：ATC）で交換しながら複数の加工作業を連続で行う**マシニングセンタ**（Machining Center：**MC**，図表4－2），多種類の製品の多種多様な加工作業に対して，複数のNCやMC等の設備群をコンピュータによりマルチに制御して，工程単位での完全無人運転を行う**フレキシブル加工セル**（Flexible Machining Cell：**FMC**），そして複数のFMCを組み合わせた**フレキシブル製造システム**（Flexible Manufacturing System：**FMS**，図表4－3）がある。

次は運搬設備について紹介する。これには，人が操作する台車やフォークリフト，生産ラインで使用するコンベヤ，プログラム制御で製品を運搬する**無人搬送車**（Automatic Ground Vehicle：**AGV**，図表4－3の中程左のレール上を走行している），天井走行クレーンなどがある。また，無人搬送車と自動設備との間での仕掛品や工具の受け渡し作業から取り付け・取り外し作業まで行なう**自動マテリアルハンドリング装置**（automatic material handling equipment）がある。

最後にその他の設備群について紹介する。**アーム型ロボット**は，エンドエフェクタ（end effector）とよばれる先端部を，溶接ユニットや塗装ユ

図表4－2　マシニングセンタの外観（左）と内部（右）

 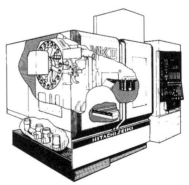

（写真・図提供：日立精機㈱）

図表４－３　FMSの例

(写真提供：日立精機㈱)

ニットあるいは人間の手と同様の動きをするハンドユニット（グリッパー：gripper）にすることで様々な作業をこなせる自由度の高いロボットである。人間の様に肩・肘・手首の３つの関節を持つロボットのほか，関節数がさらに多いロボットでは仕掛品の後ろ側や裏側まで先端部が届き小回りが利く。**フレキシブル自動組立システム**（Flexible Assembly System：**FAS**）は，コンベヤの両側にアーム型ロボットや自動設備群を配置して流れ作業により自動組立を行う製造システムである。物流センターでお馴染みの**立体自動倉庫**は生産現場でも活躍しており，加工途中の仕掛品や工具あるいはプレス機用の金型などを保管して，コンピュータ制御のスタッカー・クレーン（stacker crane）により出し入れする。また３次元測定器をはじめとした**自動検査装置**，自動設備群の稼動状態を監視する装置に連動して設備故障を未然に防ぐ**自動保全システム**などがある。

2·3　作業者

製造システムで働く作業者について説明する。作業者数で工場の規模を

表わす場合もあるが，実際のところは，作業者といっても熟練作業者と新人作業者とでは違うし，熟練作業者でも取得している資格（例えば，火薬類（製造・取扱）保安責任者，ガス溶接作業主任者，毒物劇物取扱責任者など）の違いや経験年数により操作できる設備に制限がある。その他，作業者の適性，正社員とパート・アルバイト等の雇用条件の違い，年齢，国籍や宗教など，多くの特性を考慮して作業者の能力を最大限に活用できるように各工程への配置が行われている。

また，作業者個人の自己啓発による技能向上を目的とした教育プログラムの提供や，多種類の作業を行える高度な能力を持った**多能工**の育成，最新型の自動設備や製造システムそして新しい生産方式に対応できる人材の育成，が日々行なわれている。これらの人材育成は，作業者のスキル向上だけでなく，日々の**改善活動**（improvement activities／**Kaizen**）を通して製造システムの性能向上にも寄与している。

2・4　製造方法

製造システムを理解するには，前節までに述べた物の流れや設備の種類そして作業者の配置や教育に加えて，各工程での製造方法についても理解しておく必要がある。製造方法は，製品仕様，生産形態，生産方式，生産指示方式の4つを組み合わせた数だけ種類があり，自社の製造システムがどのタイプに該当するかを把握する事が基本である。

まず**製品仕様**から説明する。これには，①メーカが仕様を決定するメーカ仕様，②顧客が仕様を決定する客先仕様，そして，③原材料から途中段階までメーカ仕様で生産した後に，顧客が選べるオプション部品を取りつけるオプション仕様がある。製品仕様は生産形態に影響する要素である。

次は**生産形態**である。これには，①前もって将来の需要量を予測し生産し在庫しておいて需要発生時点で製品を出荷・販売する見込み生産と，②受注してから原材料を調達し生産して完成後に納入する受注生産がある。また，③両者の中間的な形態として自動車やBTO（Build To Order）パ

ソコンのように，メーカ仕様部分を見込み生産し在庫しておいて，受注後にオプション部品を取り付けて出荷する形態もある。

そして**生産方式**である。これには，①生産量が多い場合にコンベヤに沿って設備や工程を配置した生産ラインを用いて連続的に生産するライン生産方式，②生産量がそれほど多くなく生産ラインを設置しても経済的に引き合わない場合に，生産品目の切り替えのための準備作業や後片付け作業（これを段取替作業という）を行いながら品目ごとに一定数量をロットにまとめて生産するロット生産方式，③各製品の仕様が全く異なるためライン生産方式やロット生産方式を採用できない場合に，塗装工程やプレス工程などの機能別（役割別）に配置した工程群を製品ごとの加工経路に沿って生産する個別生産方式がある。

最後に**生産指示方式**である。これには，①予測した将来の需要量に基づいた生産数量を生産工程の上流工程から最終工程まで順番に流れるように生産していくPUSH型生産指示方式と，②将来の需要量を予測せずに，需要が発生し完成品を出荷したら出荷した分だけ最終工程は生産し補充する。そして，最終工程が生産に使った分だけを1つ上流の工程が生産し補充するという具合に，これを連鎖的に上流工程まで遡るように生産していくPULL型生産指示方式がある。

このように，物の流れの複雑さ，多種多様な設備群，作業者配置の難しさ，製造方法の多様さ，が存在するので製造システムの仕組みは非常に複雑である。この製造システムを有効活用するには，その特徴を把握しそれに相応しい生産情報システムを構築して運用することがポイントである。

3 生産情報システム

本節では図表4-1の生産情報システムについて説明する。生産情報システムは技術情報管理システムと生産管理システムで構成する。

3・1　技術情報管理システム

技術情報管理システムは，製造システム内にある FMC や FMS などの各種の自動設備群について，そこで行う加工作業や組立作業についての最適な加工条件や加工方法（加工用プログラムやデータも含む）に関する情報（これを**生産技術情報**という）を開発・準備・運用・管理している。

　例えば，金属製の素材を切削する際には，工具を破損したり切削により素材が歪んだり，最悪の場合設備そのものが破損し故障する危険があるので，加工内容と素材の硬度に合わせて使用する設備と切削用工具を選び，また工具による素材への切り込み角度や加工速度などについて最適な作業条件と作業方法を選択する必要がある。これら情報が生産技術情報である。

　そして，後述する生産管理システムが計画する生産開始時刻に合わせて，技術情報管理システムはこの生産技術情報を各工程の自動設備群へ送信し作業を開始する。作業が終了すると自動設備群は作業実績を技術情報管理システムへフィードバックし，技術情報管理システムは当該作業の加工条件と加工方法の見直しを行う。

3・2　生産管理システム

生産管理システムは，**2・4**節で説明した製造方法のタイプに応じて，全ての工程の設備1台1台の日々の生産活動に関する情報（これを**生産管理情報**という）を計画し管理している。

　例えば，需要量の予測値や顧客からの実際の受注数量などの生産数量の基礎となる情報と，完成品1単位に使用する部品や原料の種類と数量に関する情報（部品表，Bill Of Materials：BOM），各品目の原材料から完成品に至るまでの加工経路上にある在庫量，各設備での不良品発生率や設備故障率，それぞれの製品の納期情報などを考慮して，月単位，日単位，時間単位での詳細な生産計画（生産スケジュール）を作成し，各工程の自動設備群に対して生産を指示（命令）する。また生産が完了すると，自動設備群が生産実績を生産管理システムへフィードバックし，生産管理システ

ムは生産計画の見直しを行う。これら情報が生産管理情報である。

技術情報管理システムが適正に働かなければ設備群は良好な状態で作業を行なえないので，生産管理システムが作成した生産計画通りには製造ができない。反対に，技術情報管理システムが適正に働き設備群が良好な状態であっても，生産管理システムが適正な生産計画を作成しなければ，製品の納入遅れや過剰な在庫を生ずる。このように，2つの情報システムが連携することで製造システムが円滑に稼働する。

4 代表的な生産情報システム

生産情報システムのうち生産管理システムに含まれる代表的な情報システムについて紹介する。

(1) **在庫管理システム**：生産システム内には，原材料を保管する資材在庫点，各工程で作業完了した仕掛品を保管する加工済み在庫点（中間在庫点），そして完成品を保管する完成品在庫点がある。在庫管理システムはそれぞれの在庫点について，そこへの資材・仕掛品・製品の流入速度と，そこからの流出速度，そして保管スペースの制約，などから適正な目標在庫数量を算出し，実際の在庫量が目標在庫数量の適正範囲に入るように流入速度と流出速度を管理する。そのため，品番，品名，納期などの諸情報を書き込んだ無線 IC タグ（Radio Frequency IDentification：**RFID タグ**）を仕掛品に添付し，各工程に設置した非接触型の読取装置でこれを読み取り仕掛品の所在を把握し管理している。

(2) **生産計画システム**：生産計画システムは3つのサブシステムで構成する。それらは，長期的・将来的な需要への対応を考えて必要な資材や設備そして作業者や協力工場などの手配・入手を計画する期間生産計画システム。そして，需要予測システムが出力する需要量の予測値や，各工程の生産能力と保有在庫量，**3・2**節で説明した BOM 情報などから，毎月の品目別の生産数量を計画する月度生産計画システム。最後が，実

際の顧客からの注文に基づいて各工程での日々の生産数量と生産スケジュールを計画し，各工程に対して生産を指示する日程計画システムである．3つのサブシステムは相互に情報を交換し合い整合性を保ちながら実行可能な生産計画を作成する．

(3) **生産統制システム**：生産統制システムは生産活動が生産計画に沿って進行していることを随時チェックして，生産計画と生産実績との間に差異を生じた場合に適切に対処する．例えば，顧客から飛び込みの注文が入ったり注文内容が変更されたり，外注先からの部品の到着が遅れたりした場合は，直ちにこれらが生産システムに与える影響を分析し，その影響を吸収あるいは回避する方策を計画し指示する．別の例では，突発的に発生する不良品や設備故障による生産不足量に対して，予め不良品発生率や設備故障率に関するデータを収集し，これらに基づいて計画的に製造し在庫品として準備する．これで間に合わない場合は，リリーフとして作業者を追加したり残業したり代替使用が可能な別の設備を動員して対処する．それでも間に合わない場合は，今月の生産計画を変更して翌月の生産計画に不足分を反映させる．

(4) **外注先管理システム**：外注先に生産の一部を委託する場合は，こちらが指定した品質と数量と納期と価格通りに納入されていることを随時チェックして，外注先を適正に管理するとともに，必要に応じて外注先を選定し直さなければならない．外注先管理システムは，そのための様々な情報を収集し外注先としての適性を診断し評価する．診断結果に基づいて実際に外注先へスタッフが赴き作業指導を行なう場合もある．

(5) **品質管理システム**：各工程では設備群にセンサーや検査機器を搭載して，加工しながら加工部位の寸法や仕上がり具合をデータ収集し，また，加工経路上には性能試験や動作試験など一連のまとまった試験を行う検査工程を配置しデータ収集している．品質管理システムは，これらの検査機器や検査工程が収集した品質情報を統計処理して，加工済みの仕掛品や完成品の合否を判定し品質を管理する．また人工知能を搭載し

たシステムでは，欠陥部位を作り出した原因工程や設備を推定し改善・改良策を提案する機能を持つものもある。更に，不合格の原因が自社の生産システムでは作り出せない精度や規格にある場合は，設計部門に対して設計のやり直しや修正を促す場合もある。

(6) **設備管理システム**：全ての設備が故障せず稼働することを前提として生産計画システムは生産計画を作成する。したがって，生産システムが生産計画通りに製造するには，想定される故障を未然に防ぎ，全ての設備を安定稼働させることが重要である。設備管理システムでは，各設備の故障履歴や延べ稼働時間数，そして工具類の損耗状況や設備部品の劣化状況，これまでの故障発生時の修理内容と費用，各設備のメンテナンスのための所要時間や費用などの情報に基づいて，効果的な設備毎のメンテナンスの時期と方法を計画する。また経済性の観点から，旧型設備を新型設備へ取り替えるための設備更新計画を立案し，新型設備への取り替えの際には機種選定まで行う。

(7) **原価管理システム**：製品の製造原価を構成する諸要素に関するデータを収集し評価して，製造原価を適正に算出し利用することは極めて重要である。原価管理システムでは，製品の設計図面から決まる加工方法や加工費用，使用する原材料の価格変動，生産数量や在庫数量の実績値，破棄あるいは再利用される不具合品，設備の購入費や稼働率，作業者の人件費や生産管理業務費用などの諸情報を収集して標準的な製造原価を算出する。そして，製造過程で実際に測定した製造原価と比較しながら製造原価実測値の変動を適正に管理し，変動の原因となっている原価要素を特定し改善案を提供する。現在製造している製品群の製造原価データは新製品の開発にも活用され，製造原価を抑えた新製品の機能設計や材料設計が行われている。

(8) **労務管理システム**：労務管理システムは，各作業者が取得している資格や取り扱いが可能な設備とその経験年数などの属性データに基づいて，生産システム内の各職場と工程への作業者の適正配置を計画した

り，各作業者の作業時間や残業時間などの勤怠管理を行う。また，作業意欲や技能レベルの向上を狙った業績評価システムを機能させると共に，各作業者の勤続年数や職場経験に応じて能力向上のための教育プログラム（ネットによる遠隔学習も含む）を提供し，新しい技術や設備そして生産方式で活躍できる人材の育成とともに，作業者のキャリアアップを支援する。

(9) **工場計画システム**：工場計画システムは工場を立地し建設する際に利用する情報システムである。前述した情報システム群が日常的に使用するのに対して，工場計画システムは数年に1回程度と利用頻度の少ない情報システムである。しかし，工場の建設に投入する資金は莫大であり，かつ工場の出来栄えがその後の生産活動の生産効率を左右することから，工場の立地・建設は重要な意思決定案件である。そのため工場計画システムは，工場全体に関わる多方面のデータ群を収集し分析して迅速かつ精確に計画案を作成する機能を備えている。具体的には，資材や完成品を輸送する交通手段，工場と市場との距離，原材料や部品そして従業員や協力工場の調達環境，水利や周辺環境，などを考慮して適切な工場の立地場所を計画し，また工場敷地内の物と人の流れを考慮して，生産建屋や工場排水処理棟，自家発電棟や事務棟などの各種建物の配置を計画する。そして，この工場で生産する製品群の年間生産量と加工経路，各工程や設備が発する熱・光・振動・騒音が周辺の工程群に与える影響などを考慮して，生産建屋内の工程群の配置に加えて工程内における設備群の配置も計画する。

(10) **配送計画システム**：配送計画システムは，トラックや鉄道などの輸送手段を利用して完成品を工場から市場へ運送する際の効率的な配送計画を作成する情報システムである。具体的には，製品ごとの配送先住所，配送ルート上にある給油地点や橋梁，そして有料道路や一方通行などの情報を用いて，配送時間や配送費用を最少にする配送方法として，使用するトラック台数と各トラックの配送ルートを計画する。また，作

成した配送ルートに基づいて，製品を取り出す順序と製品の重量や大きさ等を考慮して，トラックの荷台への製品群の積み込み方を計画する機能もある。

　これら生産情報システムの機能と仕様は，その管理対象である製造システムの仕組みと特徴により決まるため，適正な生産情報システムを開発し利用するには，製造システムの仕組みと特徴を理解しておくことが重要である。近年，製品の高性能化と高品質化に伴い製造システムが複雑になり高度化したことで，生産情報システムにも高機能化と高精度化が求められている。

　そこには，人間の経験と勘を超えた高いレベルの問題解決や意思決定が必要であり，数理計画法や統計的手法などの数学的手法やシミュレーション技法の活用が不可欠である。立案する計画の中には，現在のコンピュータで許容時間内に最適解を得ることが難しい「組み合わせ問題」と呼ばれる問題を含む場合があるが，この種の問題を瞬時に解いてしまう**量子コンピュータ**（quantum computer）の実践利用が始まっており，これら手法や技法を活用できる高度な情報リテラシー能力を有した人材の確保と育成がますます重要になっている。

5　コンピュータ統合生産システム

　情報通信技術の進展に伴って生産管理活動はコンピュータ化された生産情報システムへと変貌し，更に，生産情報システムは工場内ネットワークを介して生産システム全体と繋がり，高度に自動化された設備やロボットと連携して，全社的規模で運用する**コンピュータ統合生産システム**（Computer Integrated Manufacturing：**CIM**）が登場した。本節ではCIMについて説明する。

5・1 CIM

図表4-4に示すようにCIMは，製品の開発から製造そして出荷に至る生産活動の全ての領域にわたり，3つの機能をコンピュータとネットワークにより統合化した生産システムである。3つの機能とは，1つ目が製品設計，設備配置設計，プレス機用金型設計などのコンピュータ化した設計システム群で構成する**CAD**（Computer Aided Design）であり，2つ目がマシニングセンタ，自動倉庫，FMS，無人搬送車などのコンピュータ化した製造システム群で構成する**CAM**（Computer Aided Manufacturing），そして3つ目が，既に生産情報システムとして紹介した生産計画システムや在庫管理システムなどのコンピュータ化した計画システム群で構成する

図表4-4 CIMの概念図

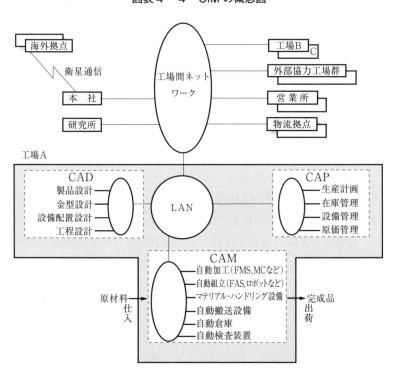

CAP（Computer Aided Planning）である。

　CADの設計システム群は加工プログラムや検査方法などの生産技術情報を，またCAPの計画システム群は生産スケジュールや生産数量などの生産管理情報を，それぞれ，CAMを構成する自動設備群に対して送信する。反対にCAMは，実際に加工した際の加工精度や生産数量あるいは検査結果などの各種実績情報をCADやCAPにフィードバックする。これにより生産システム全体として統制のとれた生産活動を実現できる。さらにCIMでは，生産システム内のネットワークが社内の研究所，本社，営業所，海外拠点と接続しており，これら各部門でも生産システムの情報を照会し利用できる。その結果以下のような効果がある。

　すなわち，各工程の端末から生産計画部門の生産計画情報を照会すると，これから加工する製品群が事前に分かるので，生産開始のタイミングに合わせて各工程に必要な工具類や加工用プログラムなどを準備し手配できる。また設計部門が開発した新製品の図面情報を加工情報（プログラムとデータ）に変換して自動設備群に送信すれば，加工作業や段取替作業などの一連の作業がスムーズに行える。さらに現在，量産段階にある製品群の実際の製造原価や不良率などを設計部門の端末から照会し，同製品群について開発段階で想定していた製造原価や不良率と比較して，両者間に差異があれば，その原因を調査し次期新製品の開発に利用できる。

　その他，本社の資材調達部門の端末から製品の設計情報や受注情報そして生産計画情報などを照会すれば，全ての工場で共通使用する原材料を合算して業者に発注したり，作業者や設備群を一括して手配し準備できる。また，営業所の端末で現時点での工場の稼動状況や生産計画を照会すれば，顧客からの納期の問い合わせに精確に回答でき，営業所の端末から新規の注文情報や注文の変更情報を入力すれば，生産計画部門では直ちにこれを生産計画に反映できる。そして，全社的にみれば，国内協力工場や海外生産拠点との情報共有が可能になるので，製品開発はA国で部品製造はB国そして製品組立はC国で行うといった国際的な分業や，世界中の

拠点に分散している社員がネット上で設計図を共有しアイデアを出し合い議論するなど，地球規模での企業活動を展開できる。

　CIM による効果は生産システムの随所に現れ，開発から製造そして出荷までの所要時間が大幅に短縮し，**ジャスト・イン・タイム**（Just In Time：**JIT**）による製品納入が実現するので顧客の信頼が向上する。また，在庫削減や生産性向上そして製造原価低減ができるので，経済的な生産活動を展開できる。次は CIM の構成要素である CAD，CAM，CAP について説明する。

5・2　CAD

　当初の CAD は，L 字型や T 字型の定規をアーム部に取り付けた製図台（ドラフター）上で行う設計作業を効率化するコンピュータ描画システムであった。このシステムは処理装置としてのコンピュータに，キーボード，ライトペン，ディジタイザなどの入力装置と，ブラウン管（Cathode Ray Tube：CRT）グラフィックディスプレイ，ディジタル XY プロッタ，プリンタ，ハードコピー機などの出力装置で構成していた。

　それまで，定規からコンパスで半径を計り取り設計図面上の円の中心に針を刺し手を回して円を描いていた作図作業が，CAD の登場により，ディスプレイ画面上に円の中心座標を指定し半径をキーボードから入力するだけで描けるようになった。作成した図面は識別番号を付けてハードディスク上に保存し，必要に応じてこの図面を取り出して別製品の図面上に貼り付けることもできた。これにより過去に作図したデータを再利用でき無闇に設計図面が増えることが無くなり，設計図面群を標準化して体系的に管理できるようになった。これは同時に，過去に製造した部品群や他の製品群で使用した部品群の再利用に繋がるため，部品群全体の標準化と体系化が進み，結果として在庫削減の効果もあった。

　更に近年の CAD システムは，図表 4 − 5 に示すような各種の分析機能を有する **CAE**（Computer Aided Engineering）を搭載し，設計作業の

図表4－5　CAEによる画面表示例（左：機構解析の様子，右：応力解析の様子）

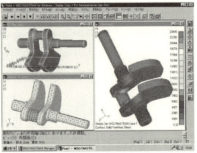

(写真提供：エム・アール・アイ　システムズ㈱)

効率化に加えて設計の最適化まで行える。例えば，CAD画面上で正面図と側面図そして上面図の3つに分けて描いた設計図面に対して，陰影やワイヤーフレーム（wire frame）を用いて製品の外形や構造を3次元表示する機能や，強度計算を行ない現在の形状や寸法の実現可能性を判断する機能，また製品の一部に加えた振動や熱が周辺部へ伝播する様子を計算してカラー表示する機能，コンピュータによる仮想空間上で3次元表示した部品群を組み合わせ，その動きをアニメーション表示する機能などがある。このようにCADシステム上で設計製品に関するあらゆる可能性を検討しながら最適な設計が行える。

そして現在，CADの概念は広がり，生産システムにおける設計活動や設計システムの全体を指す用語になった。プレス機で使う金型を製品図面情報から設計するシステム，自動加工設備で使う加工用プログラムを製品図面情報から生成するシステム，製造時における作業方法や作業工程を製品図面情報から設計するシステム，さらにその作業方法から製造コストを算出するシステム，など製品図面情報を利用して設計する様々なシステムも含まれる。

5·3 CAM

　当初のCAMは，初期のCADで設計したプレス機用金型の設計図面情報を加工用プログラムに変換し，これを紙テープや磁気テープなどの記録媒体を介して，金型を加工するFMSに読み込ませ自動加工するシステムを指す用語であった。しかしその後，元になる製品の図面情報から当該製品の加工，組立，検査，貯蔵，運搬に関わる様々な自動設備を動かすためのプログラムやデータが作成できるようになり，現在，CAMは自動設備全般を指す用語になった。

　CAMの自動設備群は2・2節で紹介しているので，ここでは設備が自動運転する仕組みについて加工設備（フライス盤）を例に説明する。まず，加工対象物である素材，加工に使用する工具，素材を作業台（パレット）に固定するための取付け具，がそれぞれ無人搬送車により自動倉庫から当該設備に到着する。するとアーム型ロボット等のハンドリング装置が素材を掴んで作業台に固定する。また，自動工具交換装置（Automatic Tool Changer ATC）が工具マガジン内から工具を取り出し，高速回転するフライス盤のモーター主軸部に取り付ける。

　一方，製品図面情報から加工部位の座標系を設定して，製品の材質・寸法・加工精度，自動設備の仕様と性能，使用工具などから，**自動NCプログラミングシステム**が最適な加工順序，加工位置，切り込み角度，加工速度などを計算してNCオブジェクトプログラムを作成する（図表4-6）。自動NCプログラミングで使用する代表的な言語には米国マサチューセッツ工科大学が開発した**APT**（Automatically Programming Tools），また組立作業用ロボット向けのプログラム言語としてはJIS（日本工業規格）が規定する**SLIM**（Standard Language for Industrial Manipulators）などがある。これらのプログラムは工場内LANを経由して自動設備に送信し利用する。

　以上の準備が完了したら，自動設備はプログラムにしたがって作業を開始する。加工中は，自動設備各所の位置制御用サーボモータにより作業台

図表4-6　NCプログラムの画面表示例

プログラム編集画面　　　　　　　ワーク座標系画面

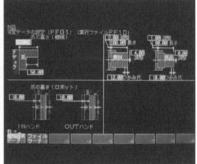

描画画面　　　　　　　　　　　　MRロボット画面

(写真提供：日立精機㈱)

が左右（X軸方向）と前後（Y軸方向）に移動し，また工具の付いた主軸部が昇降（Z軸方向）しながら素材を加工する。自動設備は多数のセンサーを内蔵しており，リアルタイムに素材の加工部位の状況を収集し，これを制御装置にフィードバックして加工部位のズレを補正するので，正確な加工が行える。また，工具の摩耗・損傷状況をセンサーで検出したり，動作中の設備自身の故障診断をしたり，など様々な機能が作動する。

　一連の加工が完了すると，自動パレット交換装置（Automatic Pallet Changer：APC）が出来上がった素材を次に加工する素材に作業台ごと交換する。また自動工具交換装置（ATC）が使用済み工具を工具マガジン

に収納し，次に使用する工具に交換する。その他，金属加工で生ずる熱対策や切削で生じた切り屑対策として潤滑用切削油の供給のオンオフも行う。コンピュータを利用して機械やロボットを制御する方法やセンサーの仕組みについては第11章を参照して欲しい。

さて，これらの自動設備群はネットワークでつながり，通常4階層からなるソフトウェアが制御している。最下位にあるのが設備レベルの制御であり，前述した自動設備単体の動作制御を担当する。その上が工程・職場レベルの制御であり，一つの職場や工程で管轄する複数の設備群について作動のタイミングの制御等を担当する。更にその上が生産プロセスレベルの制御であり，複数の職場や工程で構成した生産ライン単位での製品の流れの制御や各職場や工程の監視制御を担当する。そして最上位にあるのが工場レベルの制御であり，工場全体の各種システムの稼働状況の監視制御を担当する。

このように，製造システムを制御するコンピュータ群は，それぞれの役割や担当範囲が相互に干渉せず，自律分散で制御を行っている。

5・4 CAP

CAPは，生産システムを適正に運用するための各種計画を作成する情報システムと，計画通りに生産システムが稼働するように管理・統制する情報システムを指す用語である。4節で説明した生産計画システムや在庫管理システムなどの生産情報システム群がこれに該当するので，本節ではCAPのソフトウェアをいくつか紹介する。

5・4・1 生産計画システムパッケージ

既に述べたように，生産計画システムでは期間生産計画と月度生産計画そして日程計画の3つのサブシステムにより，すべての生産品目を対象とした生産計画を作成するので，生産システムはこれに従って生産を行なえばよいはずである。ところが，災害や交通事情による資材の到着遅れや，

注文の追加や変更そしてキャンセル，突発的な設備故障や不良品の発生など様々な事態が発生するため，直接的あるいは間接的にその影響を受ける工程群では計画通りの生産が行えない。

例えば，資材在庫点に近い上流にある第3工程で加工する品目Aで不良品が発生し生産完了数が5個不足した場合，それ以降の品目Aの加工経路上にある全ての工程では品目Aが5個少ないので作業完了時刻が5個分早くなる。ここで品目Aの加工経路上にある第5工程が品目Bの加工経路と重複する場合，品目Aの作業完了時刻が5個分早くなることで，その後に加工する品目Bの作業開始時刻も早くなる。すると，それが品目Bの加工経路上にある第5工程以降の全ての工程の作業開始時刻に影響する。それと共に，品目Aの第3工程以降の工程群で不足5個分を補充する生産が別途で必要になる。この様に1か所の変更やトラブルが多くの工程と品目に連鎖する。各工程は分刻み・秒刻みによる計画で動いているので，直ちに当初の計画が役に立たなくなる。この問題を解決するには，その都度，それら諸事情を反映した計画に作り直す必要がある。

これを解決するのが**生産計画システムパッケージ**である。その一般的な使い方を紹介する。まず，各品目の加工経路，各工程や設備での品目別の加工時間や段取替時間そして不良品発生率，3・2節で登場したBOM情報，各設備の故障率，故障発生時に代替利用する設備，点検中や故障中の設備など製造システムに関する諸情報を予め登録する。そして，日々の注文情報や需要予測情報，注文の変更情報，在庫情報などの諸情報を関係各署からネットワーク経由で入力すれば，パッケージに搭載したアルゴリズムが各設備・各品目の日々の生産量や生産スケジュールを作成する。

アルゴリズムにはいくつかの種類がある。生産計画を担当する専門家（エキスパート）の計画方法をプログラム化した**エキスパートシステム**（expert system）では，専門家の知識をデータベース化した知識ベースを使い，このデータベースから推論エンジンと呼ばれるプログラムで生産計画を作成する。近年は，専門家の作成した生産計画を学習した**人工知能**

（Artificial Intelligence）により生産計画を作成する事例もある。その他，生産計画を数学の問題として表現（これを定式化という）して数学的に最も有効な解（これを最適解という）を求めるアルゴリズムもある。

これらのアルゴリズムを使えば，実用上許容できる時間内で，全ての工程における品目や注文そして生産量についての受注日を基準にした前詰め（フォワード）形式の生産スケジュールや，納期を基準にした後ろ詰め（バックワード）形式の生産スケジュールなど，現実的に利用可能な生産スケジュール（これを実行可能解という）を作成できる。このようにパッケージを使えば，頻発する変更やトラブルでも数名の担当者で対応可能である（図表4－7）。

図表4－7　生産計画システムパッケージ「PowerSheet」の画面表示例

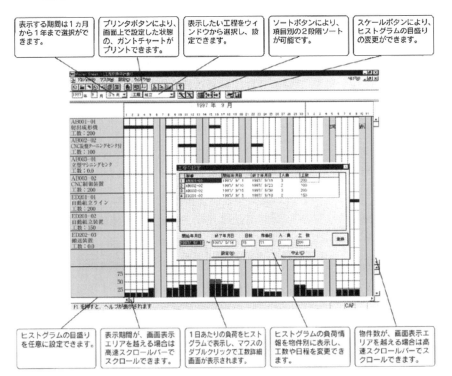

（写真提供：㈱テクノア）

5・4・2　生産システムシミュレータ

　生産システムは多くの変動要因を含みそれらがタイムラグや交互作用を伴って互いに影響し合うため，生産システム全体は非常に複雑な動き方をする。生産システムを有効活用するにはこの複雑な動きを理解しておくことが重要である。ところがこの特徴を把握する作業は困難を極める。そんな中，生産システムを数学的に解ける形にまで極めて抽象化・単純化した数学モデルを作成して解を求め，これを暫定的に用いる方法もあるが，これにより得た解を生産システムに適用するのは困難な場合が少なくない。そこで実際の生産システムに忠実なモデルを作成して，現実的にも許容できる実行可能解を求めるシミュレーション（simulation）を利用する。生産システムのシミュレーションを行うアプリケーションとして**生産システムシミュレータ**がある。

　生産システムシミュレータの使い方は，まず実際の生産システムから分析したい要因を選び出し，これら要因群を使って可能な限り生産システムを忠実に表現したシミュレーションモデルを作成する。その後，各品目の生産数量と納期そして加工経路，それぞれの工程における品目別の加工時間や段取替時間，そして不良率やBOM情報などの諸データを入力あるいはデータファイル化する。さらに，各設備での製品の加工順序ルールや無人搬送車の走行ルールなどモデルの動きを規定するアルゴリズムを入力あるいはプログラム化する。完成したシミュレータを実行して納期遅れ回数や平均在庫量そして設備稼働率などの生産システムの性能を求める。

　シミュレータの利用には2つある。1つは，所与の条件（例えば設備稼働率が70％）の下での生産システムの性能（例えば納期遅れが4回発生）をシミュレーションにより求める**順問題**への利用と，もう1つは，複数の異なる条件（設備稼働率が50％，70％，90％の3つの条件）についてそれぞれシミュレーションを行い，生産システムの性能（それぞれの設備稼働率の時に納期遅れが7回，4回，2回発生）を求め，納期遅れ回数が最も少なかった「2回」の時の条件「設備稼働率90％」を求める**逆問題**への利

用である．特定の納期遅れ回数から設備稼働率を直接求めるタイプの問題を解く**ゴールシーク**（goal seeking）機能や，納期遅れ回数を最少化する設備稼働率を探索するタイプの問題を解く**ソルバー**（solver）機能を搭載したシミュレータもある．

ところで，一見するとシミュレーションは万能と思われがちだが，シミュレーションは使用するデータによって結果が左右される欠点があり，得られた解は数学的に厳密なものではない．そのため，使用するデータによる結果の偏りを除くために，使用するデータをいろいろと変更して繰り返し実験を行なうことが望ましい．

生産システムシミュレーションに代表される離散系シミュレーションの分野では，多くのシミュレーション言語やシミュレーションパッケージが開発されており，使いやすい**GUI**（Graphical User Interface）を搭載したソフトウェアが普及している．例えば，画面上に用意した生産システムのオブジェクト（作業者，コンベヤ，設備，無人搬送車など）を，マウスのドラッグ＆ドロップ操作により実際の生産システムと同じレイアウトに配置する．次に，配置した各オブジェクトに対してその動作特性を指定する．例えば，設備オブジェクト上でクリックし表示したダイアログボックス内で品目別の不良品の発生状況を再現するための確率分布を，また無人搬送車オブジェクトなら走行ルールを，それぞれラジオボタンで選択する．このように手間のかかるプログラム開発は基本的には不要である．

完成したシミュレータを実行させると，画面上のオブジェクトが３Ｄアニメーションとして動くので，生産システムの稼働状況を直感的に把握できる．気になる現象については，その部分をスロー再生や逆転再生すれば発生過程を詳細に観察できるため原因の究明も容易である．各オブジェクトの稼動状況については，時間軸に沿って作業時間を帯グラフ様に表示するガントチャート（Gantt chart）をはじめ各種グラフを表示するので，上記のアニメーションと対応させることにより多角的かつ定量的に結果を把握できる．納期遅れ回数や総在庫量そして設備故障回数などのシミュ

レーション全体に関わる総合的なグラフも表示する。このように高い操作性とともに多角的な分析能力が特徴であり，スタンドアロンで利用するタイプとクラウド環境で利用するタイプがある（図表4－8）。

図表4－8　生産システムシミュレータ「Simul 8」の画面表示例

シミュレーションウィンドウ（上），タイムビューウィンドウ（左下）とオプティマイズウィンドウ（右下）

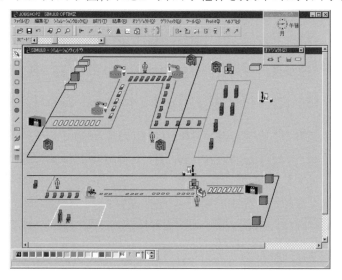
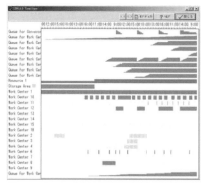
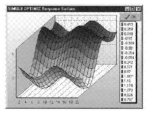

（写真提供：㈱デザインテクノロジーズ）

5・4・3 SCPとERP

 第3章でも触れたように，原材料業者，部品メーカ，組立メーカ，問屋・卸業者，小売店，これらは別々の企業だが，商品・お金・情報の流れで繋がりを持った**サプライチェーン**である。製造メーカでもこれを強く意識し，運命共同体の他メンバー企業と情報共有を行い，需要の変化に即応した製品の供給体制を実現する経営管理システムを構築している。このような経営管理を**サプライチェーンマネジメント**（Supply Chain Management：**SCM**）という。

 メーカによるSCMを意識した取り組みはメーカ内部でも行っている。すなわち，原材料の購買から始まり加工や組立そして出荷までの生産システム内の工程間さらに設備間の関係についても，SCMの考え方に沿って物や情報の流れに着目した企業内SCMシステムを構築している。この企業内SCMシステムは，CIMの計画機能を担当するCAPをベースにした需要予測，生産計画，生産スケジューリングなどの各種計画機能を担当する**SCMソフトウェア**（Supply Chain Planning：**SCP**）と，SCPの計画を実施した成果を管理する購買管理，生産統制，在庫管理，販売管理，などの**統合業務パッケージソフトウェア**（Enterprise Resource Planning：**ERP**）で構成する。

 特にERPは1960年代末に開発された**資材所要量計画**（Material Requirement Planning：**MRP**）と呼ばれる，月単位や週単位での製品や部品の所要量を算出するための生産計画システムの流れを受け継いだもので，情報共有のためのデータベースを中心に各部門を統合化した情報システムパッケージとして販売されている。代表的な製品としてドイツSAP社のSAP S/4 HANAやアメリカOracle社のOracle NetSuiteがあり他にもIntuit社やMicrosoft社など多くの企業が参入している。

 これらパッケージの特徴は，①クライアントサーバシステム（client server system）環境あるいはクラウドコンピューティング（cloud computing）環境で利用する，②ソフトウェアの購入資金や開発力が乏し

い中小企業等でも導入できるようにユニット単位で購入し利用できる，③実績ある企業での最適な業務手順をシステム化したものなので，これを導入すると全社的な業務内容や情報システムそして経営管理の仕組みを見直す**リエンジニアリング**（re-engineering）活動が実現できる，④標準のERPパッケージで不足する機能はオプションで提供している，等がある。オプションの例としては，CIMの製造機能（CAM）に含まれるFMSなどの自動設備群の制御システムとERPとの間での情報交換や生産指示をスムーズに行なう**製造実行システム**（Manufacturing Execution System：**MES**）や，日々の業務で蓄積したデータ群からデータの特徴を掴む**DWH**（Data WareHouse）などがある。

　ERPは近年になり高性能なアプリケーションソフトウェアを追加した。例えば，複雑な生産計画の作成では多くの制約条件を同時に考慮しなければならず，それらを満たす解を求める作業は複雑で手間がかかる。前述のMRPの基本アルゴリズム（計算の仕組み）では1960年代末の旧型コンピュータの処理能力を前提としており，この手の難解な問題を解くには制約条件を少しずつ加えながら数段階のプロセスを経て解を求めなければならない。最初から全ての制約条件を考慮していないので得られた生産計画は大雑把になる。そこで現在では，高性能なコンピュータの利用を背景に，すべての制約条件を同時に考慮しながら詳細かつ現実的な生産計画を作成するだけでなく，その先の生産スケジュールまで一気に作成する**先進的スケジューリング**（Advanced Planning and Scheduling：**APS**）が組み込まれている。

　このようにCAPの情報システム群は，サプライチェーンマネジメントをベースにした全体最適化と高性能コンピュータを活用した強力なアルゴリズムにより進化を続けている。

5・5　CIMを支える周辺技術

　CIMが多くのメーカに浸透した現在，メーカ各社では自社のCIMの基

盤を固めさらに CIM を有効活用するために，様々な技術や方法を開発し導入している。そのいくつかを紹介する。

まず CIM の基盤を支える技術として**全社的生産保全**（Total Productive Maintenance：**TPM**）活動がある。これは標準作業，自主保全，個別改善，計画保全，品質保全，安全衛生などのキーワードで表現される，設備，物，作業者そして情報システムを対象とした全社的な改善活動のことである。一見すると情報システムとは無関係に思えるが，情報システムの利用に TPM は欠かせない。

例えば，ある設備で加工時間が変動する場合，その加工時間の平均値を生産計画システムへ入力し生産スケジュールを求めても，その設備では加工時間が変動しているので生産スケジュール通りに生産は行えない。このような CIM への入力情報と実際とのズレはその後の計算処理でも大きな誤差を生ずる。そのためこの例で言えば，全社的な改善活動により設備の加工時間が変動する原因を突き止めそれを取り除き加工時間を安定させることが CIM を活用する上で重要である。

次は CIM のハードウェアを支える技術である。これまで中心的だった大規模な設備投資を伴う自動化やロボット化の流れだけでなく，作業現場の創意工夫と**情報通信技術**（Information and Communication Technology：ICT）を活用した**セル生産方式**（cell production system）の導入が進んでいる。

この生産方式は，情報通信技術と**からくり**（作業を効率化する手作りの仕掛けのこと）を駆使して手作りした作業台（これを屋台という）を活用して，習熟するまでに多くの時間を要する複雑な作業や，本来ならば複数の作業者で分担する作業を，作業者一人で効率的に行えるようにした生産のやり方である。加工用プログラムの開発が必要な自動設備ではライフサイクルが短い品目群だと経済的に引き合わない。そんな時セル生産方式なら，生産品目に合わせて手軽に作業台を変更できる柔軟性と，繊細で柔軟な手作業を得意とする人間の活用で，コストを抑えて経済的に生産できる。

またメーカでは，作業の一部を外注先に委託する製造方法を古くから採用しているが，これと同様に，自社で行うと保守管理やセキュリティ対策等に莫大な資金と労力が必要となる生産情報システムの管理を，情報システム専門業者に委託する**アウトソーシング**（out sourcing）を利用している。これによりメーカは本来の製造活動に傾注できる。

次はCIMのソフトウェアを支える技術である。大企業のCIMは既に完熟期を迎えたが，資金力や開発力の乏しい中小企業でもCAD，CAM，CAPの標準的な機能を搭載した情報システムの導入が進んでいる。

それを支えているのがSaaS（**Software as a Service**）**プロバイダー**である。SaaSプロバイダーはインターネット経由で第三者にソフトウェアを利用させる業者であり，SaaSプロバイダーが提供するソフトウェアを利用してCIMを安価に構築できる。この他，ソースコード（source code）を公開したソフトウェア（**オープンソース**：open source）を利用して，低コストでCIMを開発する方法もある。

最後にCIMの骨格構造を支える技術である。これまでメーカでは一般的だった親企業と下請け・孫請け企業という昔ながらの固定的な協力関係では，厳しい市場競争に立ち向かえなくなってきた。そこで親企業は，次期の新製品に使う部品の関連情報（仕様，納入数量，契約期間，製造単価など）をインターネット上に公開し，世界中の企業がこの部品の製造パートナーになるために，逆オークション形式で競い合う**ネット入札**を採用している。これにより，公平な価格競争を通じて合理的に下請け企業を世界中から探すことが可能になり，下請け企業が地球規模で随時入れ替わる21世紀に相応しい柔軟な構造をもったCIMが実現している。

5·6　ICTとAIで新世代のCIMへ

高水準・高品質の製品を求め続ける現代社会は，CIMに対してさらに高いレベルのものづくりを求めている。そこで，これまでCIMでは扱われず見えていなかった部分に対して，生産現場に長年携わってきた作業者

の鋭い観察力と洞察力により問題を顕在化してもらい，これをICT（情報通信技術）とAI（人工知能）で「見える化」を行い問題解決するシステムの導入が進んでいる。

　例えば，作業の中の細かな動作に潜む僅かなミスが不良率を高めているという問題点や，加工のし忘れ・部品の取付け忘れ・不均一な塗装などの加工の不備が不良率を高めているという問題点，のように現場の作業者だから気付けたり思いついた問題点に対して，前者については正しい作業動作を録画し，後者については合格品を撮影して，予めこれらを教師信号としてAIに学習させておく。その後，工場内ネットワークに接続したカメラやセンサーなどのIoT（モノのインターネット）機器を使い，実際の作業動作や加工部位・加工面の様子を収集して，このAIで解析すると，これまで見えてなかった作業ミスや加工不備を検出でき「見える化」が実現する。

　地球規模でニーズの多様化が進み市場競争が激化する中，CIMはICTとAIを活用して「見える化」を推進し，**スマート・ファクトリー**（Smart Factory）と呼ばれる新しい時代のCIMへと進化している。

第5章

社会の情報システム

> 📖 **この章で学ぶこと**
>
> インターネット社会，モノのインターネット，サーバ，ロボット，電子マネー，仮想通貨，仮想現実感，IP電話，遠隔学習，テレワーク，情報セキュリティ，人工知能

今日の社会は高度情報社会である。インターネットが社会の最も基本的で重要な基盤になり，この上で様々なサービスやシステムが実現されている。本章では，社会の情報化とこれにより実現された社会環境，そして生活の情報化およびこれらを実現する情報技術について概観する。これらのサービスの背後には，多様な情報システムがあることを意識してほしい。

1 高度情報社会

1·1 インターネット社会

今日，社会は**高度情報社会**（information society）になった。これは**インターネット**（Internet）社会とも呼ばれ，インターネットが社会のもっとも基本的で重要な基盤になり，この上で様々なシステムやサービスが実現されている。インターネットは様々な有線ケーブルまたは無線で広く張り巡らされ，ほぼどこでもコンピュータをインターネットに接続できる。これを**ユビキタス・コンピューティング**（ubiquitous computing）という。

コンピュータも従来のデスクトップ・ノートブック型やタワー型だけでなく，個人用はより小型軽量な，いわゆる「**スマホ**」（**スマートフォン**；

smart phone）が携帯電話の機能を含む．携帯型パソコンに加えて**タブレット**（tablet）が，個人の標準的なデータ通信機器として普及した．

1・2 インターネットとサーバ

高度情報社会では，上記の社会・個人環境を前提として，様々なサービスが提供されており，その背後には様々な情報システムが連携して動いている．スマホ等に「**アプリ**」（アプリケーション；application）ソフトウェアをダウンロードさせたり，ウェブページのコンテンツを提供したりするのは，インターネットにつながっている**ファイルサーバ**（file server）や**ウェブサーバ**（web server）である．多くの利用者はこれらのサーバを意識せずにインターネット上のサービスを利用している．

ファイルサーバはユーザにファイルをアップロードさせたり，ユーザにファイルをダウンロードさせたりする．スマホではOS毎にアプリが異なり，Google社のAndroidではGoogle Play Store，Apple社のiosではApp Store，Microsoft社のWindowsではMicrosoft Storeが専用のアプリを提供する．

ブラウザ（browser）に**ウェブページ**（web page）を提供するのは**ウェブサーバ**（web server）である．通常その背後には**データベースサーバ**（database server）があり，ユーザが入力するデータを保存したり，これに応じたデータをウェブサーバに提供したりして，ウェブサーバが個別コンテンツを提供している．

2 社会の情報化

2・1 ユビキタス・コンピューティング

ユビキタス・コンピューティング環境では，人がスマホ等を使って相互にコミュニケーションするだけでなく，マイコン組込で自律的に動く様々な制御機器同士が相互にデータを通信しあって，協調的に動く．これを**モ

ノのインターネット（Internet of Things：IoT）という．例えば自動車に組み込まれたコンピュータが乗客に指示された目的地まで，周辺の障害物や人を認識して事故を起こさずに辿り着く**無人運転**自動車が，社会的に導入されつつある．

　タクシーを使う場合，従来は空車に出会うかタクシー会社に電話して配車してもらう必要があった．このため，乗車するまで待ち時間が長かった．しかし今日では，GPS で客に近い空車を自動的に割り当て，行先指定も GPS で，運賃決済を電子マネーで行う Uber のような仕組みもある．

　我々は Google や Yahoo のような**検索エンジン**（search engine）によって，世界中の情報やデータを容易に検索できる．検索エンジン運用会社がインターネット上に流す**インターネットボット**（**ボット**（bot），**スパイダー**（spider）または**クローラ**（crawler）ともいう）がインターネット上を渡り歩き，見つけたデータを URL とともに検索エンジンに送り返し，これを自動的にデータベース化して検索エンジンで検索できるようにして，ユーザの検索要求に応えている．

　インターネット上のデータだけでなく，今日では全ての地理情報も**地理情報システム**（Geographic Information System：**GIS**）としてデータベース化されている．さらに GPS（**全地球測位システム**；Global Positioning System）等の**衛星測位システム**によって，我々は現在位置を正確に知ることができる．地理情報をこれと組み合わせて，我々は多様なナビゲーションシステムを利用して経路探索をすることができる．

2・2　ロボットと人工知能

　従来は工場等の限定された施設内で，塗装や溶接等の限られた目的のために使われていた**ロボット**（robot）が多機能化し，来客の案内や高齢者の見守り等，より柔軟性と信頼性を求められる用途にも普及しつつある．

　このようなロボットの進歩は，**人工知能**（Artificial Intelligence：AI）の技術革新に基づいて実現した．ロボットは AI を活用して，人間の話し

言葉も理解し対応できるようになった。今日の人工知能は**深層学習**（deep learning）等の自己学習技術により，人間よりも早く学習を行う。この結果，囲碁や将棋のような複雑なゲームでも，人間の上級者に勝つようになった。さらに，大規模言語モデル（Large Language Model：LLM）を応用したチャットボット（chatbot）が，様々な問い合わせに答えるようになった。

3　経済や行政での応用

　世界中の政治・経済・社会情報がインターネットを経由して瞬時に伝わるので，世の中の変化も早くなっている。良いニュースも悪いニュースも瞬時に伝わるので，商品需要や市場の動きも急速である。これに対応するために，企業等の組織は迅速な意思決定・行動をしなければならない。

3・1　経済での応用

　経済社会でもコンピュータとユビキタス・コンピューティング環境が活用されている。金融機関のコンピュータ同士が自動的に**電子決済**（Electronic Fund Transfer：EFT）を行う。個人も**クレジットカード**（credit card）や**プリペイドカード**（prepaid card）等の**電子マネー**（electronic money）や**ビットコイン**（bitcoin）等の**仮想通貨**（virtual money）を決済に利用する割合が増加しつつある。電子マネーはICカードに記録する他に，スマホのアプリに記録しても利用できる。

　今日では，決済だけでなく企業間の様々な商取引が**電子商取引**（Electronic Commerce：**EC**）になっている。これに含まれる取引データ交換も**電子データ交換**（Electronic Data Interchange：**EDI**）である。

　さらには財務諸表の公開等も，**XBRL**（eXtensible Business Reporting Language）等の専用コンピュータ言語によりインターネットで行われる。

3・2　行政での応用

　平成28年1月より，**社会保障・税番号制度**（**マイナンバー**制度）が施行された。これは「行政の効率化，国民の利便性の向上，公平・公正な社会の実現のための社会基盤」（総務省）であり，複数の機関に分散する特定個人の情報を，インターネットを介して本人確認するための基盤である。今日では，全ての国民が自分のマイナンバーを持った。

　さらに，マイナンバーは公的個人認証サービスにも使われる。これはインターネットからサーバにアクセスする時に，他人による「なりすまし」やデータの改ざんを防ぐために用いられる本人確認の手段で，**公開鍵暗号**方式を利用している。これには，**電子署名**に利用する署名用電子証明書と，本人確認に利用する利用者証明用電子証明書が含まれている（図表5－1）。署名用電子証明書には，公開鍵の他に個人の**基本4情報**（氏名，性別，住所，生年月日），発行年月日，有効期間満了日，発行者等の情報が含まれている。利用者証明用電子証明書には，公開鍵の他に主体者，電子証明書の発行年月日，有効期間の満了日，電子証明書の発行者等の情報が含まれている。本人確認には利用者証明用電子証明書を使うことで，個人の基本4情報を提示せずに本人確認を行うことができる。マイナンバー

図表5－1　マイナンバーカードに含まれる情報

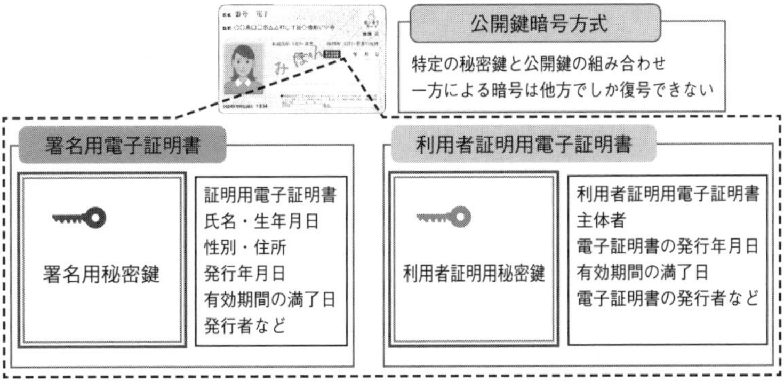

公開鍵暗号方式
特定の秘密鍵と公開鍵の組み合わせ
一方による暗号は他方でしか復号できない

署名用電子証明書
- 署名用秘密鍵
- 証明用電子証明書
  氏名・生年月日
  性別・住所
  発行年月日
  有効期間の満了日
  発行者など

利用者証明用電子証明書
- 利用者証明用秘密鍵
- 利用者証明用電子証明書
  主体者
  電子証明書の発行年月日
  有効期間の満了日
  電子証明書の発行者など

出所：総務省「マイナンバー制度とマイナンバーカード」から改変

カードを利用することで，改ざんやなりすましを防ぐとともに，個人情報の漏洩を防ぐことを期待している。

　各種申請を受け付けた受付行政機関は，**政府共通プラットフォーム**と**総合行政ネットワーク**（**LGWAN**）を含む国の情報提供ネットワークシステムを介して関係機関に照会し，申請内容の照合を行う。

4　生活の情報化

4・1　コミュニケーションシステム

　従来は多様な通信ネットワークが利用されていたが，今日ではこれらは全てインターネットに統合されている。例えば，電話は従来の回線交換方式の公衆電話回線網から，**IP 電話**（IP telephone）に移行した。IP 電話はインターネット（**IP プロトコル**）の**パケット**（packet）に音声データを乗せ，インターネットで送受信する仕組みである。従来の電話は**回線交換方式**であり，送信者と受信者の間の回線を占有する仕組みなので，通話時間だけでなく距離により課金された。他方，インターネットのパケット通信では，課金金額は距離に無関係である。パケット通信には伝送遅れがあり，これが IP 電話の欠点であるが，通信回線と交換サーバの高速化で受信遅れは小さくなった。

　人々はこれだけでなく，**電子メール**（e-mail）や **SNS**（Social Network Service）をコミュニケーションツールとして活用している。電子メールはメーラ（メールクライアントまたはメールソフト）からインターネットに接続された **SMTP**（Simple Mail Transfer Protocol）**メールサーバ**にメールを送信し，SMTP サーバはこれを受信者のサーバに転送する（図表 5 - 2）。受信メールサーバは受信者がサーバにアクセスした時点でメールをダウンロードさせる。ダウンロードさせた後でサーバ側のメールを消去しメールの処理と保管を受信者のパソコンのメーラに任せる **POP3** プロトコルと，受信したメールをサーバ側で処理・保管する

図表5-2　電子メールの仕組み

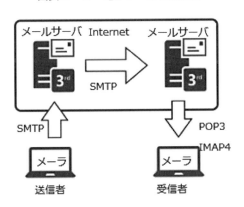

IMAP4プロトコルの2通りがある。これらのプロトコルによりメールサーバも異なり，前者をPOP3サーバ，後者をIMAP4サーバと呼ぶ。

インターネットでは，静止画像は画像ファイルとして**ファイル転送**を行う。しかし，動画はサイズが大きくダウンロード完了までに時間がかかる。先頭部分だけ読み込んだら後は再生しながらダウンロードするように，また，著作権上の理由で受信者のパソコンに蓄積させないために，**ストリーミング**（streaming）技術が利用される。

コンピュータの画像処理技術の進歩により，**4Kテレビ**や**8Kテレビ**のような高画質録画・高画質再生が可能になった。これを利用して仮想現実感（Virtual Reality：VR），すなわち，高品質の画像を音声と組み合わせて非現実を体験することも可能になった。これによって，遠隔にいる人をあたかも現地にいるかのように見せる**遠隔存在感**や，逆に居ながらにして遠隔地を体験できる**遠隔臨場感**（ともにteleexistence）も楽しめるようになった。

4・2　移動の代替としての情報交換

ユビキタス・コンピューティングにより，我々は移動しなくても情報や知識の交換ができるようになった。どこでもインターネット経由でコミュ

ニケーションできるようになったので，学校に行かなくても自宅で学習できる**遠隔学習**（distance learning, e-learning）が可能になった。遠隔学習では教材を**学習管理システム**（Learning Management System：**LMS**）で管理・配給し，教員や学生相互のコミュニケーションをLMSや**電子会議システム**で行う。この遠隔学習だけで学位を取得できる大学等もあるが，欧米の多くの大学では面接授業（スクーリング；schooling）と遠隔授業を組み合わせる場合が多い。

仕事についても，ユビキタス・コンピューティングを活用して，**テレワーク**（telework）が一部で利用されている。従来のように都心のオフィスに行かずに，自宅で**在宅勤務**（telecommuting）したり，家や家の近くで仕事をしたり（Small Office Home Office：**SOHO**），都心のオフィスと自宅の中間にある小規模な**サテライト・オフィス**（satellite office）に通勤して仕事をする，さらには客先等に移動中に仕事をする**モバイル・オフィス**（mobile office）が少しずつ普及している。テレワークには図表5－3のような効果がある。

図表5－3　テレワークの効果

1. 事業継続性の確保
2. 環境負荷の軽減
3. 生産性の向上
4. ワーク・ライフ・バランス実現
5. 優秀な社員の確保
6. オフィスコストの削減
7. 雇用創出と労働力創造

これらにより，働く場所の自由が拡大している。これを働く時間の自由拡大である**フレックスタイム**（flex time）に対応させて，**フレックスプレイス**（flex place）という。このような働き方は大規模災害への耐性が高く省資源であり，通勤負担の削減効果もあるので，政府も推奨している。

5　情報セキュリティ

5・1　情報セキュリティへの脅威

　以上で見てきたように，高度情報社会はインターネットやユビキタス・コンピューティング環境を前提に各種サービスが構築されている。しかしインターネットは**情報セキュリティ**（安心・安全；security）を考慮して設計開発されていないので，不法侵入や犯罪でも利用されやすい。実際，各種サーバ等への不正侵入等による情報漏洩とこれを利用した詐欺，サーバやデータベースの破壊やサービスの妨害等の**サイバー攻撃**（cyber-attack）や**サイバー犯罪**（cybercrime）が，社会に大きな損失をもたらしている。サイバー攻撃は敵対的国家間の攻撃ツールにもなっている。

5・2　暗号化

　インターネットは回線上のデータに誰でもアクセスできるので，データをそのまま**平文**（plain text）で送信すると受信者以外にも読まれてしまう。そこで，秘密にしたいデータは暗号化鍵で**暗号化**してから送信する（図表5－4）。暗号化してあれば，途中で盗聴されてもデータの内容は漏

図表5－4　暗号化と復号化

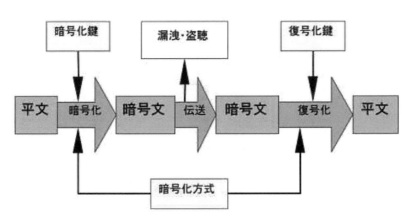

れない。受信者は復号化鍵で**復号化**して平文に戻して読む。これには，送信者がファイルを暗号化してから送信する方式と，**暗号化通信プロトコル**を使って通信する方式の2つがある。

利用される暗号化方式には，共通鍵暗号方式と公開鍵暗号方式がある。**共通鍵暗号方式**（common key cryptosystem）では送受信者が事前に共通の鍵を持ち，送信者はこれと事前に合意した暗号化方式によりデータを暗号化する。アクセスを限定されているウェブサイトやパソコンにログインするには，事前に**パスワード**（password）を設定する必要がある。これらは，典型的な共通鍵暗号である。この方式は処理が高速であるが，事前に共通鍵を秘密裏に配布（設定）しておく必要があること（**鍵配送問題**，図表5－5）と，送信（アクセス）先毎に異なる鍵（パスワード）を持つ必要があるのが欠点である。

公開鍵暗号方式（public-key cryptography）では，各自が事前に**公開鍵**と秘密鍵のセットを持ち，公開鍵は公開・配布する。送信者は受信者の公開鍵でデータを暗号化して受信者に送信する。誰かにこのファイルを受信される可能性はあるが，対応する秘密鍵を持つ受信者本人しか復号化できないので，データの内容を秘密にできる。

図表5－5　鍵配送問題

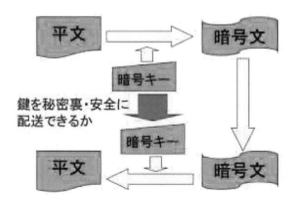

公開鍵暗号方式で，ファイルを自分の秘密鍵で暗号化して送信すれば，受信者は送信者の公開鍵で復号することにより，暗号化ファイルの作成者が送信者本人であり，途中で改ざんされていないことを認証（authentication）できる。この技術は，前記の公的個人認証サービスでも利用されている。公開鍵暗号方式では，事前に鍵配布を行う必要がない上に，送信先の数に関わりなく，1つの鍵セット（公開鍵と秘密鍵）を持てばよいことが利点であるが，計算処理が遅いことが欠点である。

　暗号化通信プロトコルには，様々なものがある。もっとも普及しているのはHTTPS（Hypertext Transfer Protocol Secure）であり，ブラウザがウェブサイトと秘密通信をする場合に使われる。これでは，公開鍵暗号方式と共通鍵暗号方式が組み合わせで使われている。まず，公開鍵暗号方式でブラウザとウェブサーバ間の共通鍵交換を行い，交換確認後はその共通鍵で共通鍵暗号方式を使う。

5·3　社会的対応

　サイバー犯罪は組織的に行われるので，警察庁が**サイバーポリス**（cyber police）を組織して監視・対策する他に，内閣府でも**サイバーセキュリティセンター**を開設して国内のセキュリティ監視を行っている。インターネット経由の不正侵入や情報漏洩を防止するために，以上のような社会的な防御の仕組みも整備されつつある。しかし情報セキュリティの基本は個人の対策である。個人も第9章で述べるセキュリティ対策を行う必要がある。

第6章

情報倫理

> **📖 この章で学ぶこと**
>
> 企業倫理，コンプライアンス，表現の自由，公共の福祉，取引の安全，不正競争，商標権，人格的利益，名誉，プライバシー，個人情報，知的財産，特許権，著作権，情報セキュリティ，情報倫理

1 情報の利用に関する規範の必要性

　情報の利用は社会生活を営む上で重要な要素の1つである。それ故に，かねてより，情報を利用する基盤となる種々の情報システムが構築されてきた。とりわけ，コンピュータの発達に伴い，情報処理・通信技術が飛躍的に向上したため，情報システムが高度化し，利用可能な情報の質・量が大幅に拡大した。その結果，現在，情報の価値に対する認識が社会一般に広く定着し，日常生活や企業活動をはじめとする社会生活の様々な場面で情報がより意識的・積極的に利用されている。現代社会が「情報社会」と称されている所以はこの特徴にあると言える。

　さらに，いわゆる「インターネット」に代表される情報通信網が整備されたことと相俟って，パーソナルコンピュータ（パソコン）やスマートフォン等の情報処理・通信機器が普及し，それ等が日常的に利用される等，情報社会としての色彩が強まるとともに，それを支える情報システムが社会基盤としての地位を取得し，人々の生活に不可欠な存在となっている。現在の情報処理・通信技術の発展は，社会が情報社会としての性質を今後も一層強くしていくであろうことを窺わせる。

このように，誰もが情報を積極的に利用できる環境が醸成され，情報社会へ進展してきたことにより，人々は情報の利用を通じて様々な利益を享受できるようになった一方，少なくない不利益も被るようにもなった。これらの不利益は他者の利益と表裏の関係にある場合が少なくないため，人々の間に利害対立を生じさせ，紛争へ至る原因となっている。そして，利害の対立や紛争の発生は現在の社会問題と化していることから，対応を検討する必要が生じている。

もとより，人々の間の利害対立に起因する問題の発生は情報社会に固有の事柄ではなく，社会が形成されて以来，その解決が模索されてきた事柄である。そして，この問題への対応の1つとして，利害対立を適切に調整するための「社会が遵守すべき規範」を鼎立し，社会構成員がこれを遵守するという考え方が採られてきた。この考え方が現代社会においても重視され，また，これを実践することが社会構成員の果たすべき責任とされている。例えば，利潤の追求を主たる目的とする企業も，手段を問わずこの目的を追求することを許容されているとは考えられておらず，「**企業倫理**」の遵守や「**コンプライアンス**」を前提に企業活動を遂行する必要があるとされる。

したがって，情報の利用についても，それに関する「社会が遵守すべき規範」を確立すべきとの理解が導かれる。そして，このような情報の利用に関する規範を，一般に，「情報倫理」と称している。

もっとも，規範は価値観に基礎付けられていることから，「社会が遵守すべき規範」を一意に定めることには少なからず困難がある。社会の発展に価値観の多様化が不可欠であること，また，現代社会では，この認識にもとづいて価値観の多様化が図られていることに照らすと，上記の困難は一層増大していくものと言える。そのため，どのように情報倫理の具体的内容を把握するかが新たな課題として認識される。

この問題に対し，人々は，規範とされるものが様々ある中から，「社会が遵守すべき規範」として広く一般に受容されているものを把握し，それ

を改善することにより「社会が遵守すべき規範」を構築してきた。現在，我が国では，国家権力を背景とした大きな強制力を有する法令が「社会が遵守すべき規範」とされていることに着目すると，法令を手がかりとして情報倫理の具体的内容を把握することが素直であると言える。

本章では，このような観点から，情報の利用に関する法制度を概観していくこととする。

2　情報の利用に関する規範の基本的枠組 ―表現の自由―

現代社会は積極的かつ日常的に情報が利用される情報社会であるため，情報倫理と呼ばれる情報の利用に関する規範を遵守することが求められている。それ故に，情報倫理の具体的内容を把握する必要が生じるところ，前述のように，法令を手がかりとしてこれを把握することが素直である。

我が国の法令は，憲法を最高法規（憲法98条）とし，これを基軸として整備されている。そして，憲法は情報の利用に関する規定を設けており，そこでは，「集会，結社及び言論，出版その他一切の表現の自由は，これを保障する」と定めている（憲法21条1項）。

一般に，本規定は「**表現の自由**」を保障する規定として理解されている。本規定が設けられるまでの歴史的経緯から，その出発点が，公権力のあり方を批判するという政治的活動の自由を保障し，適切な政治の実現を目指すところにあることがわかる。このことは，憲法の第一義的役割が国民と国家との関係を定めるものであること，本規定が「言論，出版その他一切の表現の自由」とともに「集会，結社」の自由も保障していること，併せて，「検閲は，これをしてはならない。通信の秘密は，これを侵してはならない」と規定し（憲法21条2項），公権力に対する批判を著しく阻害する行為を明示的に禁止していること等からも読み取れる。

これらの点に着目すると，本規定で述べられている「表現」とは，意見表明等の典型的な表現に止まるものではなく，政治的な情報の発信一般を

指すとの理解が導かれてくる。

　また，我が国は国民主権を基礎とした民主主義を採用し（憲法前文），一般市民が政治的な意思決定を主体的に行うことが求められることから，意思決定に必要な情報を適切に取得できる環境を整備することが不可欠である。そもそも，情報の発信は情報を受信する者が存在してはじめて意味を有する。したがって，「表現の自由」は情報の発信の自由のみならず，情報の受信の自由をも包含していると理解されることとなる。とりわけ，情報を社会全体へ発信できる主体がマスメディア等の一部の組織に事実上限定されていた時代には，一般市民が専ら情報を一方的に受信するだけの立場に置かれていたため，この理解は一層強調された。

　さらに，政治的な意思決定に必要となる情報は，主として，公的機関が保有・管理しており，それらを取得するには，基本的に，公的機関による自発的発信を待たざるを得ず，情報の取得という点において，一般市民は受動的立場にある。しかし，前述のように，民主主義を機能させるには，一般市民がこれらを適切に取得できる環境を整備することが不可欠であることに照らすと，これらの情報を一般市民が能動的に取得できる法的枠組を整える必要性が認識される。この要請に応えるために，現在では，**情報公開制度**が用意されている。

　そして，情報の発信・受信は，政治的活動の一環として行われるだけでなく，取引をはじめとする経済活動を営む場合，自身の人格を発展させるために研究・学習活動行う場合等，社会生活全般で不可欠な事柄である。これを念頭に置くと，自由に発信・受信させる対象を政治的な情報に限定する必然はなく，むしろ，政治的な情報以外も含めた情報一般とすることが望ましい。それ故に，現在，「表現の自由」は情報一般の発信・受信の自由を意味するものと捉えられている。

　以上のように，憲法は「表現の自由」を規定し，情報一般の発信・受信の自由を保障するところ，情報の発信・受信が情報の利用と密接不可分であることに鑑みると，憲法が情報を自由に利用できる環境を整備しようと

する姿勢にあると言える。むしろ，憲法が我が国の最高法規とされていること（憲法98条）から，情報の利用に関する我が国の法制度はこの姿勢を基礎としていると理解する必要がある。

既に述べたように，情報社会と称される現代社会では，日常生活や企業活動においてなされる意思決定，その前提となる情報処理等，社会生活の様々な場面で情報が利用されており，これを円滑に行うための高度な情報システムが整備され，社会基盤として人々の生活に不可欠な存在となっている。これは，情報の自由な利用が可能となってはじめて現代社会が成立できることを意味しており，憲法の上記姿勢は現代社会の今後の発展を支えるものとして，尊重されるべきと言える。

しかし，情報の利用は，人々に様々な利益をもたらすものの，不利益を被らせる場合もあることは否定できない。このことは，「表現の自由」の保障により損なわれる利益が存在することを認識し，その上で，それらの利益と「表現の自由」という利益とを調整する必要があることを意味しており，我が国においても各種法令を通じて双方の利益の調整が企図されている。そこで，以下では，その代表的場面を概観していくこととする。

3　人格的利益を保護するための法的枠組

憲法が「表現の自由」を保障することから読み取れるように，我が国の法制度は，人々が情報を自由に利用できる環境を整備しようとする姿勢にある。しかし，情報の利用が他者の利益を損なう場合もあり，このような利益の代表例が**人格的利益**である。そこで，人格的利益の代表的な類型を確認しつつ，我が国の法令がそれらと「表現の自由」とをどのように調整しているか見ていくこととする。

3・1　名誉

情報の利用を通じて損なわれるおそれのある利益の1つに人格的利益が

挙げられ，その類型の1つが「**名誉**」である。他者に関する情報の発信を通じて当該人物の「名誉」を毀損することは，古くから違法な行為と位置付けられてきており，この考え方は現在も維持されている。我が国の法令の下でも，他者の「名誉」を毀損した者に対し，それにより発生した損害の賠償（民法710条）や，毀損した「名誉」の回復（民法723条），当該情報の発信の差止（最判昭和61年6月11日民集40巻4号872頁）等の請求が許容されるとともに，刑事的制裁（刑法230条）の対象とされることが明確にされている。

　もっとも，「名誉」という言葉は，人格に対する自身の評価（名誉感情）や，それに対する第三者的視点からの評価（社会的評価）等，様々な意味に捉えられる。法的措置の対象としての「名誉」の意味の多様性は，社会に混乱を与えることから，これを予防し，法的安定性を確保するために，法令が規定する「名誉」をいかなる意味に理解すべきかを検討することが求められる。

　この問題に対し，最高裁は，「名誉とは，人がその品性，徳行，名声，信用等の人格的価値について社会から受ける客観的な評価……を指すものであつて，人が自己自身の人格的価値について有する主観的な評価，すなわち名誉感情は含まないものと解するのが相当」と述べた（最判昭和45年12月18日民集24巻13号2151頁）。この考え方は規制対象の明確化につながるとして支持されており，我が国では，法的保護の対象となる「名誉」を**社会的評価**として捉え，他者の社会的評価を低下させる情報の発信を「名誉の毀損」と理解することが一般的である。

　社会的評価は社会構成員の関係を決定する主な要素の1つであるから，社会的評価の低下により，その対象とされた者の生活に支障を来すおそれがある。それ故に，安定した生活を実現するには社会的評価を法的に保護する制度を整備する必要性が認識される。「名誉」の毀損に対する規制はこのような理解にもとづいていると考えられる。

3·2 プライバシー

人格的利益に関する議論は「名誉」を中心に展開されてきた。しかし，社会の情報化が進展していく中で，新たな人格的利益を認識する必要性が説かれるようになる。その1つが「**プライバシー**」であり，我が国では，下級審裁判例を通じて導入が図られた（東京地判昭和39年9月28日判時385号12頁）。

同判決は，「プライバシー」を「私生活をみだりに公開されない利益」と定義し，人格権に包摂される利益と位置付けるとともに，その法的保護を図る必要性を指摘した。その上で，プライバシーの侵害の要件として，公開された内容が，(1) 私生活上の事実または私生活上の事実らしく受け取られるおそれのある事柄であること，(2) 一般人の感受性を基準にして当該私人の立場に立つた場合公開を欲しないであろうと認められる事柄（一般人の感覚を基準として公開されることにより心理的な負担，不安を覚えるであろうと認められる事柄）であること，(3) 一般の人々に未だ知られていない事柄であること，ならびに，このような事柄の公開により当該私人が実際に不快，不安の念を覚えたことを掲げた。

「プライバシー」の侵害と前述の「名誉」の毀損とを比較すると，両者の共通点として，他者に関する情報の発信が成立要件を構成していることを挙げられる。しかし，後者が「社会的評価の低下」の発生を要件とするのに対し，前者はこれを要件としない点で異なることを指摘できる。このことから，「名誉」と「プライバシー」とは，後者の保護が前者の毀損の予防につながるという側面を有する点で深く結び付いているものの，異なる人格的利益として位置付けられてることがわかる。

「プライバシー」という人格的利益を保護すべきとの基本的方針は支持を集めており，「プライバシー」の保護を直接定める法令が設けられるに至っていないものの，現在では，その保護は当然視されている。むしろ，「プライバシー」の侵害とされる行為の範囲を拡大する傾向にあることが認められる。

例えば，上記判決以降，他者の私生活の公開ではなく，それに接触する行為を「プライバシー」の侵害と位置付け，法的規制の対象とする姿勢が示された（大阪高決昭和52年9月12日判時868号8頁等）。既存の法令では，他者の私生活へ接触する行為については，「のぞき見」（軽犯罪法1条1項23号）や「信書の開封」（刑法133条）等が断片的に規制されるに止まっていたことに目を向けると，これらの行為を「プライバシー」の侵害とすることで，包括的に規制しようとする方向性にあると理解できる。

さらに，他者の氏名・住所・電話番号をはじめとする個人情報を第三者に開示する行為も「プライバシー」の侵害とする判決が示され（東京地判平成2年8月29日判例時報1382号92頁等），この理解は現在も踏襲されている（最判平成15年9月12日民集57巻8号973頁。もっとも，このような理解の兆しは，同判決以前に示された，最判昭和44年12月24日刑集23巻12号1625頁や，最判平成元年12月21日民集43巻12号2252頁にも認められる）。

ここで，私生活への接触が私生活の公開の前提となること，個人情報が私生活への接触の手がかりとなることに着目すると，「プライバシー」の意義を拡大させることにより，私生活の保護の実効性を確保しようとする方向性にあることを見て取ることができる。私生活の保護が人々の社会的評価はもとより，生命・身体の安全の保障につながることに鑑みると，このような方向性は妥当性を有すると言える。

3・3 個人情報

現在，「プライバシー」を法的保護の対象となる人格的利益とする考え方が定着するとともに，「自身の**個人情報**を開示されない利益」を含むものと理解されている。しかし，社会は他者との相互扶助により成立しているから，自身の個人情報を他者に開示し，その者に利用させること，開示を受けた者が当該個人情報を利用する過程で，第三者にそれを開示することは不可欠な事柄となっている。そのため，「自身の個人情報を開示されない利益」の保障には限界があると言わざるを得ない。

そこで，個人情報の開示を全面的に規制するのではなく，一定程度これを許容しつつ，上記の問題の発生を予防できる法的環境を整備することが現実的となる。とりわけ，「プライバシー」の保護に対する意識が高まる一方，各種の情報システムによる情報処理が一般化し，情報の円滑な利用が求められていることから，このような視点がより重要となる。

この点は，企業活動とそこでなされる情報の流通が国際化したことから注目され，国際問題として検討された。最も大きな成果として位置付けられるものが，経済協力開発機構（Organization for Economic Co-operation and Development：OECD）の理事会勧告として提示された「Guidelines on the Protection of Privacy and Transborder Flows of Personal Data」**（プライバシーの保護と個人情報の国際流通についてのガイドライン）**である。

そこでは，他者の個人情報を取扱う者の責務を中心に，①収集制限の原則，②データ内容の原則，③目的明確化の原則，④利用制限の原則，⑤安全保護の原則，⑥公開の原則，⑦個人参加の原則，⑧責任の原則の8つの原則が定められている。そして，この枠組は，我が国においても個人情報の保護に関する法制度の基軸とされている。

3・4　人格的利益と「表現の自由」との調整

人格的利益とされる「名誉」や「プライバシー」等の保護を図るため，個人情報をはじめとする情報の利用に関する法的枠組が整備されている。しかし，このような法的枠組は情報を利用する自由を制約することから，憲法が保障する「表現の自由」（憲法21条1項）と抵触するという問題を生じさせる。そのため，両者の利益をどのように調整すべきかの検討が求められることとなり，主に「名誉」の保護の場面で議論が重ねられてきた。

前述のように，安定した生活を実現するには，社会的評価を法的に保護する制度を整備する必要性があり，「名誉」の毀損に対する規制はこのような要請に応えるものと理解することができる。しかし，社会的評価の保

護が全ての場面で正当化され得るかについては議論の余地がある。

　例えば，ある人物に関する虚偽の情報が発信され，その者が本来受けるべき社会的評価が歪められている場合，その歪みの解消へ向けた法的手当を求めることは正当化され得ると考えられる。しかし，真実の情報が発信されることにより，実態と乖離した社会的評価が是正され，実態に即した社会的評価が形成される場合，それを不服として法的手当を求めることが正当化されるかには疑問が生じる。むしろ，そのような社会的評価は受け入れられるべきであるから，当該情報の発信を法的に規制することは妥当性を欠くとの考え方は成り立ち得る。

　さらに，実態に即した社会的評価を信頼できる場合，それにもとづいて適切な意思決定を迅速に行うことが可能となるから，安定した社会を形成することにつながる。それ故に，安定した社会の形成を目指すべきとの観点からは，実態に即した信頼できる社会的評価の形成を促す法的環境を整備すべきとの考え方が導かれる。そして，前述のように，適切な意思決定を可能とする法的環境を整えることが「表現の自由」を保障する主たる目的であることに照らすと，このような方向に思考が一層傾斜してくる。

　もっとも，実態と乖離した社会的評価であっても，それが他者の不利益とならない場合，真実の情報の発信は単に人々の好奇心を満足させるだけであるから，その情報発信を「表現の自由」の下に保障する必然はない。むしろ，時間経過とともに実態に則した評価となり得る可能性もあること，そのような可能性を尊重して何ら差し支えないこと等を考慮に入れると，人格的利益の保護を優先し，私生活の安全を確保すべきと言える。

　我が国では，これらの諸点を考慮しつつ，「表現の自由」と「名誉」との調整をすることとし，刑法においてその方向性を明確にしている。そこでは，発信された情報が公共の利害に関する事実に係ること，発信の目的が専ら公益を図ることにあったと認められること，情報の内容が真実であると証明されることの3つの要件を充足する場合，「名誉」の毀損に該当しない旨を規定している（刑法230条の2第1項）。

さらに，現実には時間的制約等が存在しており，真実の情報を常に提供できるとは限らないことに着目すると，上記規定の実効性に疑問が生じてくる。そこで，憲法が「表現の自由」を保障する趣旨をふまえ，表現活動を萎縮させないように，最高裁は，真実であることが証明されない場合であっても，情報の発信者がその事実を真実と信じたことにつき相当の理由があるときは，「名誉」の毀損に該当しないと判示し，上記規定の適用を受ける要件を緩和して（最判昭和41年6月23日民集20巻5号1118頁，最判昭和44年6月25日刑集23巻7号975頁），現在この考え方が一般に受け入れられている。

4　取引の安全確保のための法的枠組

　「表現の自由」を保障する必要性の1つは，人々による適切な意思決定を可能とする法的環境の整備に求められ，前述のように，人格的利益との調整に関する議論においても強調されている。しかし，「表現の自由」を保障することがかえって意思決定の適切さを害する場合もある。その典型的場面の1つが取引（契約）であり，このことは「表現の自由」と「**取引の安全**」という利益の調整の必要性を認識させる。そこで，以下では，取引に関わる情報に対する法制度を概観していくこととする。

4・1　意思表示

　一般に，取引において，保有する情報を信頼するか否かは，当該情報を利用する者の意思に委ねられていることから，利用者の責任においてその正確性を検証することが求められる。これを前提とすると，情報が不正確であることに由来する不利益は，保有する情報を信頼した者が甘受すべきと考えることが素直である。

　しかし，取引に関する情報は検証できるものばかりでなく，それらの中には事実上検証できないものも存在しており，その典型例が相手方の真意

である。取引の相手方から真意と異なる意思表示がなされた場合に，その不正確さに由来する不利益を，情報（意思）を受信し，利用した者に負担させることは，真意と異なる不正確な情報を発信し，他者の信頼を損なう行為を是認し，徒に取引の安全を損なうことにつながるであろうことは想像に難くない。持続可能な社会生活が構成員相互の信頼の下にはじめて成立することを念頭に置くと，上記の考え方を一律に肯定することには自ずと疑問が生じる。

　もっとも，発信者の真意と異なるという情報の不正確さを情報の受信者が受け入れる場合，情報の不正確さによる不利益が生じないと理解できるため，法的に規制する必然はないと言える。むしろ，意思表示がなされた時点では発信された情報が真意であったものの，その後の表意者をめぐる環境の変化等により，真意と異なるものとなる場合もあることから，このような環境の変化等に応じて取引内容を変更できる余地を残しておくことが，取引の当事者双方にとっても，「表現の自由」が保障されている趣旨に照らしても望ましいと考えられる。

　そこで，真意と異なるという，情報の不正確さ自体を法的規制の対象とするのではなく，情報の不正確さに由来する不利益が発生した場合，その不利益を表意者に負担させることにより，不利益から生じた問題の解消を図る途筋を用意するとともに，真意と異なる意思表示が意図的になされないよう予防する法的枠組を採用すべきとの考え方が導き出される。そして，このような視点から，我が国では，契約の交渉過程においてなされる詐欺行為（刑法246条，民法96条）や，**虚偽の意思表示**，**錯誤**，**詐欺**（民法93条〜95条）等を規律する規定が設けられ，「表現の自由」と「取引の安全」との調整が図られている。

4・2　商品等に関する表示

　取引においては，当事者の意思とともに，その対象となる商品・サービスに関する情報も重要となる。もっとも，商品・サービスに関する情報

は，当事者の意思と異なり，商品・サービスを事前に確認することにより
その正確性を検証できることから，情報の正確性の検証が利用者に求めら
れているとの理解も成り立ち得る。

　しかし，前述の意思表示についてと同様，商品・サービスについても，
不正確な情報を発信することは，他者の信頼を損なう行為を是認すること
につながる。したがって，持続可能な社会の形成を目指す上では，不正確
な情報の発信を規制し，取引の安全を確保すべきと言える。

　また，商品・サービスに関する情報の中には，理解に専門技術的な知識
を必要とし，正確性を検証するために物的・時間的なコストを少なからず
要する場合もある。現代社会においては，多数の取引が日常的に行われて
いること，取引の迅速性が要求されていることを考慮に入れると，情報の
利用者に対し，商品・サービスに関する情報全てについて正確性の検証を
要求することには疑問が生じる。むしろ，経済を発展させるには，検証に
要するコストを減らすことが望ましく，商品・サービスに関する正確性を
欠く情報の発信自体を規制することが有効・適切である。

　そこで，我が国では，「**不公正な取引方法**」（独占禁止法2条9項）の1
つとして「欺瞞的顧客誘因」が掲げられるとともに（不公正な取引方法・
一般指定8項），「優良誤認」や「有利誤認」が「**不当表示**」と位置付けら
れ（景品表示法4条1項），商品・サービスに関する正確性を欠く情報の
発信を行政規制の対象としている。

　とりわけ，商品の品質に関する表示については，種々の法律で適正化を
図ろうとしており，品質を誤認させる広告等の情報発信が行政規制の対象
とされる（食品衛生法19条，JAS法19条の13等）とともに，「**不正競争**」
に該当するとして利害関係者による規制の途も用意されている（不正競争
防止法2条1項14号）。さらに，医薬品等の品質が人々の生命・身体に直
接影響するものについては，品質に関する情報の正確性を検証し，公的機
関の承認を得ない限り，市場に提供すること自体が許されていない（医薬
品医療機器法14条等）。

また，商品・サービスの品質に対する判断が，それを提供する主体に対する信用にもとづいて行われる傾向がある。そのため，商品・役務の提供主体（出所）を示す標章の使用も規律されている。具体的には，他者の表示として需要者の間で著名・周知な標章を無断で利用することが「不正競争」に該当するとして，民事・刑事規制の対象とされている（不正競争防止法2条1項1号・2号）。これに加え，著名・周知な標章でなくとも，商標登録（商標法18条）を受けることにより，その使用に関する独占・排他的権利である**商標権**（商標法25条）を取得する途が商標法を通じて用意され，商品・役務の出所を需要者が適切に判断できる環境を標章の使用者自らが主体的に構築することが可能となっている。

5　知的財産政策にもとづく法的枠組

　情報はその有用性故に財産的価値を有することから，情報の財産的価値をめぐる利害対立が生じる。とりわけ，情報社会と称され，情報の積極的利用が一般化している現代社会では，情報の財産的価値が強く意識されていることから，上記利害対立が先鋭化し，社会問題となっている。

　この問題に対し，我が国では，財産的価値ある情報を円滑に利用できるよう，利害対立を調整するための法制度が整備されている。一般に，財産的価値ある情報を「**知的財産**」と称し，それを規律する法制度であることから，「知的財産法」と呼ばれている。もっとも，知的財産は財産の価値を有するという点で共通するものの，社会的機能等に目を向けると大きく相違していることに気付く。そのため，知的財産を類型化し，その性質に合わせた法制度が用意されている。

5・1　技術情報

　技術情報は，その利用を通じて，社会生活における負担の軽減を可能とする等，人々に種々の利益をもたらす。このことは，優れた技術に関する

情報を企業が競業他者に先駆けて保有することは，自己の提供する商品・サービスの機能・品質，生産性等の向上等を図り，企業活動における競争優位を得ることにつながる。そのため，企業は，研究・開発を行う等，技術情報の取得へ向けた努力を払っている。

また，企業が優れた技術情報を取得し，利用することは，その国の産業を発展させるとともに，技術水準を向上させ，国際的産業競争力を高めるとの期待を生じさせる。それ故に，技術情報の取得へ向けた企業活動を促すことは国家の産業政策にも適うものとなる。

我が国では，この点に着目して技術情報の利用を規律する種々の法令が設けられており，その代表的なものが特許法である。

特許法は，「**産業の発達**」を目的として掲げ（特許法1条），その実現へ向けて，技術情報の利用を規律することとしている。

具体的に見ていくと，まず，産業の発達には，その実現に寄与する技術情報（発明）の創作が不可欠となるから，それらの創作を奨励するため，いわゆる「新規性」や「進歩性」等の「**特許要件**」を充足する発明を創作した者（発明者）に対して**特許権**（特許法68条）を付与すること（特許法29条1項）により，当該発明の実施を通じて得られる経済的利益を独占する機会を法的に保障している（**発明者主義**）。

さらに，この法的枠組を通じて，単に優れた発明の創作を奨励するのみならず，実際に企業活動の中で発明を実施することに対する意欲の向上を図るとともに，企業間で日常的に展開されている技術開発競争の秩序を確保することも目指している。

もっとも，発明の性質上，一般に，企業はそれを秘匿しようとする傾向がある。産業の発達を目指すには，社会全体の技術水準の向上を図る必要もあることを視野に入れると，発明の創作とともに，その公開を促す制度を用意することが不可欠であることに気付く。そこで，次に，特許法は発明の公開の代償として特許権を付与することとし，発明の公開を確実に行うため，公的機関である特許庁への「出願」を端緒とする一連の法的手続

を経た後に特許権を付与するという「**出願制度**」を採用し（特許法36条），特許権付与の際に特許庁の責任において「特許公報」を通じて発明を公開する（特許法66条3項）こととしている。

また，発明の公開をより一層促進するため，特許法は，特許法は最先の出願人のみに特許権を付与する「**先願主義**」を採用し（特許法39条），併せて，特許権の独占・排他的効力が及ぶ発明の「実施」（特許法68条）を発明の利用行為全般を網羅する概念として定めることにより（特許法2条3項），出願を通じて発明を公開することに対して積極的な姿勢を有する者を優先的に保護する一方，消極的な姿勢にある者に対しては一定の不利益が及ぶものとしている。

もとより，このような絶対的な独占・排他的効力性質を特許権に与えることは，社会における発明の自由な利用を阻害することにつながるであろうことは想像に難くない。この点に着目すると，1つの発明について特許権を永久に存続させることは，かえって産業を停滞させ，新たな発明を創作することに対する意欲も減殺させるとの懸念を生じさせる。このような問題の発生を予防するため，特許法は，特許権に**存続期間**を定め（特許法67条1項），特許権にもとづく発明の実施の独占を一定期間に限定し，自由に利用可能な発明を拡大していくこととしている。

5・2 著作物

小説や絵画，音楽，映画等の「著作物」の利用を通じて，人々は精神的な豊かさを享受できるため，人々は著作物の自由な利用を欲するとともに，その財産的価値を認識する。その結果，著作物を創作した者（著作者），とりわけ，著作物の創作を通じて経済的利益を得ている者と，他者の創作に係る著作物を利用しようとする者との間に利害対立が生じる。

著作物が創作されない限りそれを利用することはできないこと，また，著作物の多様化による社会の文化的水準の向上が人々の精神的な豊かさにつながることを念頭に置くと，著作者の利益を保護し，著作物の創作活動

を促すべきとの結論が導かれる。このような視点から，著作物の利用を規律する著作権法では，その目的として「**文化の発展**」が掲げられる（著作権法1条）とともに，著作物の利用に関する独占・排他的権利である**著作権**を創設し（著作権法21条～27条），これらの権利を著作者が享有する旨を定めることにより（著作権法17条），著作者が著作物を通じて得られる経済的利益を独占できる環境を整備している。

しかし，著作物の創作が日常的に行われる事柄であることに鑑みると，著作物の創作活動が著作権により阻害されないよう配慮する必要性が認識される。また，自己の創作に係る著作物か他者の創作に係る著作物かを問わず，著作物の利用は社会生活を支えるものであり，著作物の創作自体が他の著作物の利用の上に成立しているという側面を有する。さらに，憲法が表現の自由を保障している趣旨も考慮に入れると，著作権にもとづく著作物の利用の独占に一定の制約を課すことが必要となる。

このような観点から，著作権法は，著作権の効力が及ぶ行為を，複製や複製物の流通等，他者の創作に係る著作物への依拠を前提とする利用に限定するとともに（著作権法21条～27条，113条1項～3項・5項），著作権に存続期間を設け，同期間経過後には，著作物を自由に利用できるようにしている（著作権法51条～54条）。さらに，社会生活を営む上で必要不可欠な著作物の利用であるにもかかわらず，それが著作権の存在により妨げられるおそれがある場合については，個別的に著作権を制限することとしている（著作権法30条～50条）。

また，著作物の利用に関する利害対立は，その財産的価値に起因するものだけではない。著作権法が著作物を著作者の「思想又は感情を創作的に表現したもの」と定義するところ（著作権法2条1項1号）から窺えるように，一般に，著作物は著作者の人格と深い結び付きがあるものとして認識されているおそれがある。そこで，これらの行為を規制するため，著作権法は**著作者人格権**を創設している（著作権法18条～20条，113条6項）。

5・3 標章

　発明や著作物と同様，知的財産の1つに挙げられているものとして，標章がある。標章は，企業活動において，需要者をして自己の商品・役務と他者のそれとを区別させるために使用されていることからわかるように，自分を他者から識別させる機能を有する。これらの標章の機能に鑑みると，発明や著作物と異なり，標章一般に財産的価値が内在するとは言い難い。しかし，標章の使用者が社会において信用を取得し，その使用者の信用が標章に化体することとなる。この場合，企業活動においては，その標章の付された商品・役務の品質を保証する機能を備えるようになり，当該標章自体に価値が見出されることとなる。このような標章の使用は経済的利益と直結するため，ここに財産的価値が認識される。

　標章の財産的価値に由来する利害対立は，そこに信用を化体させた使用者および標章が示す出所を信頼する需要者と，他者の信用へのただ乗りを企図する者との間に生じる。前述のように，現代社会では，取引の安全の確保と，健全な取引秩序の形成が目指されており，このような観点から，後者が専ら規制する方向での法整備が進められている（本章**4**節参照）。

6　社会秩序維持のための法的枠組 —法制度の限界—

　「表現の自由」との調整の方向性に関して，必ずしも充分な合意が形成されておらず，議論の俎上に載せられているものも存在する。その典型例が「**犯罪の煽動**」や「**性表現**」である。

　まず，前者について見ると，「犯罪の煽動」は，通常，犯罪行為を実行する決意を生じさせる，または，既に生じている決意を助長させる刺激を与える行為と理解される（最判昭和37年2月21日刑集16巻2号107頁）。この理解を前提とすると，犯罪の煽動の規制は犯罪の発生の予防につながることから，その規制に対して一定の合理性を見出すことができる。実際，破壊活動防止法（39条・40条）をはじめ，これを規制する法令が我が国に

は少なくない。

　最高裁もこの方向性を支持しており，現行憲法の施行後に示した判決において，憲法が「国民に保障する自由及び権利……を濫用してはならないのであつて，常に公共の福祉のためにこれを利用する責任を負ふ」と規定していること（憲法12条）を根拠に，犯罪の煽動は公共の福祉を害するもので表現の自由の保護を受けるに値しないと述べた（最判昭和24年5月18日刑集3巻6号839頁）。

　しかし，この方向性に対しては少なくない批判が示されている。それらの見解は，判決が示した基準は「公共の福祉を害する」との広範で曖昧な基準であることから，過去の歴史に照らすと，犯罪行為を生じさせることを目的としない表現や，犯罪行為と直接結び付けられない表現等の，何ら社会に不利益を生じさせない表現も規制を受けるおそれがあることを指摘し，憲法が「表現の自由」を保障する趣旨を潜脱するという問題を生じさせることを懸念する。そして，この問題の発生を予防するため，「犯罪の煽動」として規制の対象とする表現を，その発信により犯罪行為がもたらされることが明白で，かつ，犯罪行為が発生する差し迫った危険が存在する場合に限定するという「明白かつ現在の危険」の原則を基調とした判断基準を導入し，この基準の下に「犯罪の煽動」を規制する規定を適用すべきと提案する。

　ところが，最高裁は，従前の最高裁判例を踏襲することを明らかにするに止まり（最判平成2年9月28日刑集44巻6号463頁），上記の批判に対する回答を未だ示していないという状況にある。

　次に，後者の「性表現」について見ると，安定した社会生活の実現には公序良俗を維持する必要があるとの認識から，「**猥褻**」とされる性表現を法的に規制している（刑法174条・175条）。「猥褻」の意味内容につき，最高裁は，「徒らに性欲を興奮又は刺戟せしめ，且つ普通人の正常な性的羞恥心を害し，善良な性的道義観念に反するもの」としており（最判昭和26年5月10日刑集5巻6号1026頁），現在の一般的な理解とされている。

もっとも，この理解に対しても批判は少なくない。そこでは，最高裁が判断基準とする「普通人の正常な性的羞恥心」や「善良な性的道義観念」は抽象的で，判断基準としておよそ明確と言い難いこと，また，現代社会においては価値観の多様化が進展しており，その内容を明確にすることが少なからず困難であることが主な問題点として指摘されている。さらに，現代社会では，価値観の多様化を受容することが求められることを念頭に置くと，「猥褻」の基準を法的に定めること自体を許容し得ないとして，その範囲をできる限り狭く捉えるべきとの考え方も成り立ち得る。

　しかし，近年，青少年の保護・健全育成という目的の下に，「猥褻」に至らない性表現も「**有害図書**」と位置付け，規制する制度が用意されている。その目的に照らすと，「有害図書」とされる表現に青少年が触れる機会を制限すれば足りるところを，それに止まらず，表現活動自体を規制する制度として整備されているところに特徴がある。この特徴に着目すると，むしろ規制範囲を拡大する方向にあると言える。

　このような「犯罪の煽動」や「性表現」の規制のあり方は，社会秩序の維持という観点から「表現の自由」を規制する種々の法制度が定められているものの，現在のところ必ずしも明確性ある規範が確立されているとは言い難いことを示している。この理由の1つとして，社会秩序のあり方に関して，具体的な方向性を持った社会的合意が形成できておらず，「公共の福祉」や「公序良俗」等の抽象的指針を示すに止まらざるを得ないことが挙げられる。そして，社会的合意が人々価値観に基礎付けられており，現代社会では価値観の多様化が受容されるべきこと，また，少なくとも，時代とともに変化するものであること，さらに，価値観の多様性に対応するために「表現の自由」が保障されていることに鑑みると，「表現の自由」の規制については，恒常的にその妥当性を検討するとともに，規制の目的に必要・充分な手段に止められているか等を精査しつつ，適切に修正を積み重ねていくことこそが自然であり，不可欠なことと認識される。

7　情報倫理・情報セキュリティ

　現代社会が「情報社会」へ進展し，情報の利用により様々な利益を享受できるようになった一方，不利益も被るようになっている。情報の利用が不可欠とされる中，この問題へどのように対応すべきかが検討課題として認識されることとなる。そして，現在では，紛争の背後にある情報の利用をめぐる利害対立を調整する法制度が整備されていることから，上記問題の解決へ向けて，これらに関する知識を習得し，遵守することが求められており，また，そのことが社会の構成員に課されている責任と言える。

　しかし，これまで述べてきたように，法令の中には必ずしも内容が明確と言い難いものも少なくない。そもそも，法令の性質上，内容の明確性に限界があることは否定できない。そのため，一般に，その適用に際しては解釈が必要となる。このことは法令を遵守する場面にも当てはまり，情報の利用に際しては，関連する法令の知識にもとづき，個々の具体的場面に則した適切な「解釈」を導き出せることも求められる。

　さらに，法制度が人の手により整備されるものである以上，その妥当性に疑問が生じることは避け難い。少なくとも，法制度は整備された当時の社会状況を前提とするものであり，必ずしも，以後の社会環境や価値観の変化に対応できない場合もあろうことは想像に難くない。とりわけ，情報の利用について見ると，情報通信技術の飛躍的な発展に伴い，従来予想されることのなかった利用態様が現在では一般的に用いられるようになる等，情報の利用をとりまく環境は著しく変化しており，情報の利用をめぐる価値観も大きく揺らいでいる。そのため，常に法制度のあり方を検討し，既存の法制度を漸次改善していく姿勢も必要となる。

　加えて，法制度の基本的役割は，実際に問題が発生した後，損害を被った者に対して救済を与えるところにある。したがって，意図的に法制度に違反しようとする者，遵法意識を持たない者に対して，法制度は一定の抑止力を保持するに止まり，情報の利用に伴う問題の発生を完全に予防する

ことは困難である．また，情報を利用する多くの場面で情報処理通信機器が使用されるところ，そうした機器の誤動作等により，法制度を遵守する意思の有無とは関係なく，結果的に適切さを欠く情報の利用となる可能性もある．これらの諸点に鑑みると，情報の利用に際して，自ずと法制度を遵守させる仕組みを内在させること，いわゆる「**情報セキュリティ**」の確保の重要性が認識される．とりわけ，情報の利用の前提となる情報システムの構築に際して，利便性の追求のみならず，この点を強く意識することが不可欠となる．

そして，こうした要請に充分応えるには，情報の利用を規律する法制度の知識だけでなく，その趣旨を充分に理解した上で，「遵守すべき規範」を見通し，その実効性を確保するに充分な情報技術に関する知識・技能を身につけることが情報リテラシーの習得の一環として不可欠であり，それを自覚し，実践することが情報社会で必要とされる「**情報倫理**」と考える．

第2部

情報リテラシー

応用

- 第7章　コンピュータの仕組み―ハードウェア―
- 第8章　ソフトウェアの基礎知識
- 第9章　通信ネットワーク
- 第10章　より高度の情報リテラシー
- 第11章　計測と制御の基礎

第7章

コンピュータの仕組み —ハードウェア—

> 📖 **この章で学ぶこと**
>
> 入力装置，出力装置，記憶装置，ネットワーク関連機器，その他の周辺装置，インターフェース，論理演算，論理回路

1 コンピュータとは

1・1 情報システムにおけるコンピュータの役割

　現代社会が「情報社会」と称されていることからわかるように，現在，情報は社会の様々な場面において利用されている。とりわけ，企業活動では情報を積極的に利用することが当然視されるのみならず，有用な情報を見出すことの重要性が認識されている。それ故に，情報を利用する一環として，データの収集，加工，分析をはじめとする**データ処理（情報処理）**が行われており，さらに，これらのデータ処理の効率化を図るための各種情報システムが構築されている。

　情報システムには，その性質上，大量のデータを迅速・正確に処理することが求められることから，人的過誤の影響を回避することがその構築における課題の1つとなる。そこで，かねてより，データ処理を可能な限りコンピュータに委ねることが企図されており，現在は，コンピュータ関連技術が発達し，コンピュータの処理能力と信頼性が飛躍的に向上したことから，コンピュータが情報システムの中心的役割を担うに至っている。

　例えば，小売業では，販売した商品の種類と数量，売上高や顧客データを収集・分析し，品揃えや発注に関する意思決定に必要な情報を得ること

が必要となるところ，既に見てきたように，コンピュータの採用により，レジスター（POS端末）で商品に印刷されているバーコードを読み取り，直ちに販売した商品の種類，数量と売上高を把握する「POSシステム」を構築することが可能となっている（第3章参照）。

　また，製造業では，製品の設計や製造装置の制御，製造に関わる物品の流通や生産計画の管理等もコンピュータ化され，それらの活動を有機的に統合したコンピュータ統合生産システム（CIMシステム）の構築を可能とし，市場の変化に柔軟に対応できるようになっている。

　もとより，コンピュータを活用するには，その仕組みを正しく理解し，コンピュータに委ねるべきデータ処理を定めることが不可欠となる。そこで，本章では，コンピュータの仕組みを概観していくこととする。

1・2　コンピュータ（データ処理システム）の基本構造

　一般に，コンピュータを使用してデータの収集，記録，蓄積，加工等を行うことを「**データ処理**（data processing）」と称しており，そのためのシステムを「**データ処理システム**」と呼ぶ。コンピュータが発達した現在では，コンピュータ自体がデータ処理システムに該当すると理解できる。データ処理システムの性質上，「**入力**」，「**処理**」，「**記憶**」，「**出力**」，「**制御**」の5つの機能が不可欠となる。これらの5つの機能は，しばしば，人体の機能と比較される。両者の異同は，次の通りとなる。

(1) 入力

　データ処理の対象となるデータや，データ処理に必要となるプログラムをコンピュータに読み込ませることを指す。人体に例えると，目，耳，鼻，口，手等の感覚器官を通じて刺激（データ）を認識することに相当する。もっとも人体の場合，無意識に認識される場合もある一方で，データ処理システムの場合，明確な目的の下にデータやプログラムを入力しなければならず，この点に違いがある。

(2) 処理

　入力されたデータに対してコンピュータが計算等を行うことをいう。人体では，刺激データに基づき計算や判断や思考を行うことに相当する。コンピュータはプログラムにもとづいて大量のデータを画一的に処理することに優れる一方，人間の場合はあいまいな処理が可能である。

(3) 記憶

　入力されたデータや処理が行われた結果を，読み出しが可能な状態に格納，保持することをいう。人体では，脳で数値，文字，色彩等を記憶することに相当する。人間は，時間経過とともに記憶を喪失したり，正確性を欠いたりする傾向が認められるのに対し，データ処理システムの場合は正確に保持し続けることが可能である。

(4) 出力

　処理されたデータを，文字や音，映像等の人間が判読可能な形で提示することを指す。人体の場合，言語や表情，身振り等を通じて表現することに該当する。データ処理システムの場合は，明示的に出力させる必要があるのに対して，人体では無意識のうちになされることも少なくない。

(5) 制御

　データの入力，処理，記憶，出力の4つの機能が円滑に遂行されるように調整，管理することをいう。人体の場合，脳や中枢神経が神経網を使用したり，ホルモンを分泌したりして，身体機能の調整や管理がなされていることに当たる。しかし，データ処理システムと異なり，人体の場合は無意識のうちに行われていることが多い。

　コンピュータもデータ処理システムであることから，これらの機能を有する装置を備えており，それぞれ，「入力装置」，「演算装置」，「記憶装置」，「制御装置」と呼ばれている。以下では，これらの各装置の仕組みについて，日常生活において「コンピュータ」として広く一般に認知されている「パーソナルコンピュータ（パソコン）」を軸に見ていくこととする。

2 演算装置・制御装置

2・1 2進数・10進数・16進数

　コンピュータ（computer）は，「計算する（compute）」と「行う者（er）」という語を組み合わせた言葉であることから窺えるように，数値計算を行うための道具として位置付けることができる。このことは，「世界最初のコンピュータ」としての地位をめぐる争いがなされたことで著名な，「ABC：Atanasoff-Berry Computer」と「ENIAC：Electronic Numerical Integrator and Computer」がいずれも数値計算を目的として開発された点で共通していること，日本語訳として「電子計算機」の用語が使用されることにも見て取ることができる。

　もっとも，計算を行うための道具は，コンピュータ以外にも，そろばんや計算尺等，様々あることから，何をもって「コンピュータ」とするかが問題となる。そこで，現在「コンピュータ」とされているものを見ると，それらは「**デジタル計算機**」と呼ばれ，**2進数**を用いた計算を行う点に特徴がある。もとより，コンピュータによる計算において2進数を前提とする必然性はないものの，コンピュータは電気的に稼働することから，「ON」と「OFF」で「1」と「0」を表現できる等，2進数による計算に馴染みやすいことが理由と考えられる。

　2進数は，現代社会で人々が一般的に使用する0～9の10個の数字を用いて数値を表記する10進数と異なり，0と1の2つの数字のみを用いて数値を表記する方法である。具体的には，10進数の正の整数を見ていくと，次のように，小さい方から0から9までの1桁の数字で表記し，次に桁を上げていくことで，より大きな数値を表現する。

　　　0，1，2，3，4，5…9，10，11，12，13…99，100，101…

　2進数では，基本的にこれと同様の考え方を採りつつも，0と1の2つの数字のみを用いて数値を表記する。したがって，正の整数を順に見ていくと次のようになる。

0, 1, 10, 11, 100, 101, 110, 111, 1000, 1001, 1010, 1011…

もっとも，2進数の性質上，桁数が大きくなりやすいため，数値表記に困難が生じることが予想される。そのため，2進数に代え，これと桁が繰上がる時期を同じくする16進数を使用して表記することが多い。この場合，使用する数字は0～9にA～Fを加えた16文字を使用することが一般的である。

2・2　論理演算と計算・制御・データ処理

コンピュータによる計算において2進数を前提とする必然はないものの，コンピュータが電気で稼働することを念頭に置くと，電気の「ON」と「OFF」を「1」と「0」と見立てることにより，2進数を用いた計算を想定しやすいことが理由にあると考えられる。このことは計算を行う回路の設計にも当てはまり，実際，2進数の4則演算等は単純な**論理演算**を組み合わせることで実現できる。

例えば，代表的な論理演算である論理積（AND）および論理和（OR），否定（NOT），排他的論理和（XOR）の真理値表と回路図を示すと，図表7－1，7－2の通りである。

これらを組み合わせ，「半加算回路（half adder）」を作成することで，一桁の足し算を実現することができる（図表7－3参照）。

そして，桁の繰上がりへ対応するため，半加算回路を基礎とし，「全加算回路（full adder）」を組むことにより，複数桁の数値計算に対応するこ

図表7－1　真理値表

A	B	AND(A,B)	OR(A,B)	NOT(A)	NOT(B)	XOR(A,B)
0	0	0	0	1	1	0
0	1	0	1	1	0	1
1	0	0	1	0	1	1
1	1	1	1	0	0	0

図表7-2　基本回路図

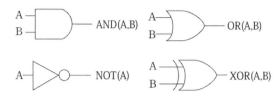

図表7-3　半加算回路

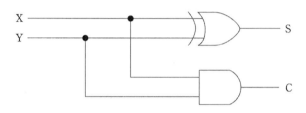

図表7-4　全加算回路

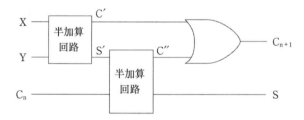

とができる（図表7-4参照）。

　さらに，上記のように論理演算回路によりコンピュータが構成されていることは，コンピュータが「計算」以外に，何かしらの「判断」を行えることを意味する。そのため，適切な回路を作成することにより，数値計算を行う「演算装置」だけでなく，各種装置の制御を行う「制御装置」の実現も可能となる。前述した生産システムのコンピュータ化は，これを応用したものといえる（第4章参照）。

　また，数値以外の文字や音声等のデータについても，数値化すること

で，コンピュータに処理を委ねることができる。このことがコンピュータをしてデータ処理システムと称される所以である。実際，文字は「文字コード」として，商品の分類は「商品コード（バーコード）」として数値化されている。特に，後者を基礎として流通情報システムが構築されていることは既に述べたところである（第3章参照）。

2・3　半導体集積回路

　コンピュータによる計算は，2進数を前提としつつ，論理演算を組み合わせることで実現している。また，これにより演算装置だけではなく，制御装置も作成することができる。そうすると，次に，論理演算回路としてどのようなものを作成すればよいかが問題となる。この解決のため，従前，様々な電気回路が設計され，作成されてきたが，現在のコンピュータでは，半導体を使用した電子回路を用いることが一般的である。

　半導体とは，銀や銅等の電気を通す「**導体**（良導体）」と，ゴムや紙等の電気を通さない「**絶縁体**」との中間的な性質を有すると位置付けられているものであり，珪素（Si：silicon シリコン）がその代表例である。半導体の特徴は，「ドーピング」と呼ばれる加工（具体的には，極めて高純度に精製された半導体にごく微量の不純物（ドーパント）を混入させる処理）を施すことにより，電気の流れ方を異にする「p型半導体」と「n型半導体」とのいずれかに変化させられる点にある。これらを適切に組み合わせることで電気の流れを制御できる部品（**半導体素子**）を作成できるため，論理演算回路の作成が容易に可能となる。

　例えば，「p型半導体」と「n型半導体」とを組み合わせることで，代表的な半導体素子の1つである「ダイオード」を作成できる（図表7－5参照）。

図表7−5　PN接合ダイオード

・PN接合ダイオードの構造

・ダイオードの回路図

図表7−6　AND回路

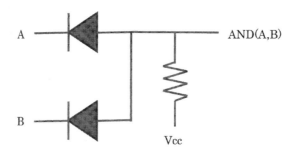

　そして,「p型半導体」から「n型半導体」への方向には電気が流れやすく,その反対方向へはほとんど流れないという性質となることを利用して回路を組むことによりAND回路とすることができる（図表7−6参照）。

　現在,日常的に使用されている論理演算回路は,このように半導体素子を使用して作成されており,一般に,これらを「プロセッサ（processor）」と呼ぶ。

もっとも，半導体素子をはじめとする回路の作成に必要な部品を1つずつ調達し，組み立てることは，コンピュータの機能を向上させようとする際，大きさや費用の増大を招くおそれがある。また，処理効率や稼働率を悪化させることにつながることから，コンピュータの信頼性の確保という点で好ましいとは言い難い。そこで，こうした問題を解決する手段として発展してきたのが集積回路技術である。

　集積回路（Integrated Circuit：**IC**）とはいくつもの半導体素子からなる論理演算回路をひとまとめにして作成した回路であり，数mm^2程度の大きさ（ダイサイズ）の「ICチップ」と呼ばれる小片の形で製品化されている。通常，これ等を「マイクロプロセッサ」という。特に，コンピュータにおいて中心的役割を担っているマイクロプロセッサは「中央処理装置（Central Processing Unit：CPU）」等と呼ばれる。

　集積回路の製造方法の概要は，次の通りである。まず，精製工程を経て作成される直径150～300mm程度の円柱状の半導体単結晶（インゴット）から厚さ1mmほどの円盤状の板（ウェハ）を切り出す。次に，ウェハ表面に光学写真技術を利用して回路を作成した上で，そこから必要な部分を切り出し（ダイシング），ICチップとする。最後に，ICチップが損傷しないように樹脂やセラミックス等で封止されることが一般的である。そのため，通常，ICチップ自体を目にすることは少ない。

　ICチップの製造方法の性質上，1枚のウェハから切り出せるICチップ数の多寡がその単価を決定する主たる要素となる。そのため，集積回路の設計に際しては，いかに集積度を上げるかが重要な事柄となり，集積回路の配置の工夫や，回路の配線の幅（プロセスルール）を微細化する技術開発が進められている。例えば，現在，製品化されている集積回路のプロセスルールは数nm程度である。

　なお，伝統的に，回路の集積度に応じて，大規模集積回路（Large Scale Integration；LSI）等に分類されている（図表7－7参照）。

図表7－7　集積回路分類表

集積回路の名称	回路素子数	開発時期	用途や製品
小規模集積回路（SSI）	～50	1960年代前半	CPUの基本論理回路
中規模集積回路（MSI）	50～1000	1960年代後半	加算器等の演算回路
大規模集積回路（LSI）	1000～1万	1970年代	4・8ビットマイクロプロセッサー　64KDRAM
超大規模集積回路（VLSI）	1万～100万	1980年代	16・32ビットマイクロプロセッサー　253・1MDRAM
超久大規模集積回路（ULSI）	100万～	1990年代	64ビットマイクロプロセッサー　4M・16M・64KDRAM

3　入力装置—データ入力のための周辺機器—

3・1　キーボード

　キーボードとは文字の入力を主な目的とする装置であり，現在も入力装置の中核的な存在として，パソコンの利用に際しては必要不可欠なものと位置付けられている。「**キー**」（鍵）と呼ばれるボタンが設置されており，それらを押すことで，当該ボタンに対応する文字データを入力することができる。数字とそれに関連する文字を入力するキーが特定の箇所にまとめて設置されている専用キーボードも存在する。このように設けられているキーを特に「テンキー」と呼ぶ。

　多くの場合，文字を入力するためのキー以外にも，特定の指示（機能）を入力するためのキーが設けられている。例えば，位置の移動を指示するための「カーソルキー」や。利用者が任意の機能を割り当てることを前提として設けられている「ファンクションキー」がある。

　また，1つの文字・機能に1つのキーを対応させることが基本となるものの，あまりに多くのキーを設置することは現実的ではない。そこで，「修飾キー」と総称される「シフト（Shift）キー」や「オルト（Alt）キー」，「コントロール（Ctrl）キー」等を用意し，特定の文字・機能にはそれらのキーと他のキーとを同時に押すことを要求することで，キーの数を一定数に止めつつ，入力可能な文字・機能の数を増やす工夫がなされている。

3·2 ポインティングデバイス

ポインティングデバイスとは，出力装置であるディスプレイと対応して，ディスプレイ上の位置データを入力する装置である。入力できる位置情報の自由度が高い点で「カーソルキー」と異なる。現在，パソコンで利用されるソフトウェアの数多くがグラフィカルユーザインターフェイス（Graphical User Interface：GUI）を採用していることから，事実上，パソコンの利用に際して必要不可欠な入力装置となっている。

代表的なポインティングデバイスとして「**マウス**」が挙げられる。マウスは，マウス本体下面に発光ダイオード（Light Emitting Diode：LED）等の光源を設置して，マウス本体を動かすことより生じる，そこから出る光の反射の変化を位置変化のデータとして入力する。通常は，本体に数個のボタンが併設されている。

マウスの性質上，その利用にある程度広い空間を必要とするが，常にそうした空間を確保できるわけではない。このような場合にも利用することができるポインティングデバイスとして，球体を上面に設置し，それを直接手で動かし，位置変化のデータとして入力するものがある。これらは，一般に「トラックボール」と呼ばれている。

また，位置データを平面上に置かれたセンサで読み取り，入力する板状のポインティングデバイスもある。「タッチパッド」や「タブレット」がこれに当たる。近年では，出力装置であるディスプレイと一体としていることも少なくない。これらは通常「**タッチパネル**」と呼ばれる。

3·3 スキャナ，デジタルカメラ

画像データを入力するための装置の代表的なものとして，**デジタルカメラ**や**スキャナ**（イメージスキャナ）がある。いずれも，対象物から反射してくる光をCCD（Charge Coupled Device）等をセンサとして読み取り，画像データとする。両者の違いは画像をデータとして読み取る過程にあり，前者は，平面上にセンサを配置し，画像全体を読み取ることを前提と

するのに対して，後者はセンサを用いて画像の一部を点または線のデータとして読み取り，センサを移動させつつそれらを蓄積した上で，1つの画像データとする「走査（scan）」を行うことを前提とする。

　もっとも，対象物を格子状に並べられた点に分解し，各点の位置・色等のデータの集合体として画像データを認識するという基本原理に違いはない。この他にも，映像データ（画像データの集まり）を取り扱う**デジタルビデオカメラ**や，バーコードを読み取る**バーコードリーダ**，マークシートのマークを読み取る **OMR**（Optical Mark Reading）装置，文字を読み取る **OCR**（Optical Character Recognition）装置も同じ原理で動作する。

4　出力装置―データ出力のための周辺機器―

4・1　ディスプレイ・プロジェクタ

　ディスプレイとは，コンピュータが処理したデータを，人間の視覚で捉えられる形で出力（表示）する装置であり，しばしば「モニタ」とも呼ばれている。現在，パソコンの基本的な出力装置といえる。かつては，ブラウン管（Cathode Ray Tube：CRT）を使用したものが主流であったものの，現在では，液晶を使用した液晶ディスプレイ（Liquid Crystal Display：LCD）がパソコン用ディスプレイの大半を占めている。ただし，現在では，携帯電話などを中心に，消費電力を低下させるため，有機物自発光体を使用した「有機 EL（Electro Luminescence）ディスプレイ」が普及しつつあり，液晶ディスプレイに代替する兆しを見せている。

　また，**プロジェクタ**もディスプレイと同様の機能を果たす出力装置であるものの，装置とは別に設置されたスクリーンに投影する点でディスプレイと異なる。

4・2　プリンタ

　プリンタとは，紙にデータを出力（印刷）する装置を指す。パソコンの

周辺機器として現在主に使用されているものを見ると，出力（印刷）する方法の違いにもとづいて，「インクジェットプリンタ」と「レーザープリンタ」とに分類することができる。

　インクジェットプリンタは，文字や画像を格子状に並べられた点の集まりのデータとして受け取った上で，「ヘッド」と呼ばれる部品から微粒子状にしたインクを各点の位置・色等のデータに従って紙に直接吹き付けて印刷することを特徴とする。他方で，レーザープリンタは，帯電させた円筒形の「感光ドラム」に光を照射することにより，原稿1頁分の静電気による画像を作成し，その静電気の像にトナーを吸着させた上で，そのトナーを用紙に転写，高温で定着させて，印刷を完了する。

　両者を比較すると，ヘッドを動かしつつ印刷するインクジェットプリンタは，感光ドラムを使用するレーザープリンタより，印刷できる紙の大きさの制約が少ないという利点を有する。実際に，一般市場でも，インクジェットプリンタであれば，ロール紙といった看板に使用できるほどの大きさの紙への印刷に対応できるものを入手できる状態にある。また，比較的単純な構造となるため，プリンタ本体自体の大きさを小さくしやすいことも利点であり，「ノート型パソコン」等とともに持ち運べることを強調した商品も存在する。

　その反面，インクジェットプリンタは，その構造上，印刷速度を上昇させにくいことや，印刷を継続的に行っていく上で必要となる費用（ランニングコスト）がレーザープリンタのそれと比較して高額になりやすいという欠点も有する。そのため，事務所での利用等，1台のプリンタを複数人で共用し，迅速な印刷が求められる場面では，レーザープリンタが好まれる傾向にある。

5 記憶装置

5・1 記憶階層

記憶装置とは，処理装置（CPU）が処理すべきデータ，もしくは，処理したデータを，その求めに応じて書き込み・保持し，読み出す装置である。その性質上，処理装置が単位時間あたり処理可能なデータの量（処理速度）に見合ったデータの読み書き能力（**アクセス速度**）と保持能力（**記憶容量**）を持つことが理想的である。

しかし，現在のところ，CPU の処理能力に対して充分なアクセス能力と記憶容量とを兼ね備える記憶装置は開発されていない。通常，高いアクセス速度を有する記憶装置は，製造に係る技術的制約や製造費用が高額となる等の理由から，充分な記憶容量を確保することができず，他方，充分な記憶容量を確保できる記憶装置は，CPU の処理能力に応えられる充分なアクセス速度を有していないというのが実情である。

この問題に対して，伝統的に，複数の記憶装置を組み合わせることにより対応してきた。具体的には，CPU が使用する頻度の高いデータはアクセス速度の高い記憶装置に保持させつつ，使用頻度の低いデータはアクセス速度の低い記憶装置に保持させるとの考え方の下に，アクセス速度と記憶容量とが異なる記憶装置を階層的に配置することにより，技術的・経済的制約の中で，できる限り理想的な環境を整備しようとしてきたのである。このような記憶装置の配置を「**記憶階層**」という。

例えば，パソコンについて見ると，CPU が常時使用する記憶装置として最も高いアクセス速度の半導体メモリ（SRAM）を用い，それと比較してアクセス速度の点で劣るものの，大容量化に向く半導体メモリ（DRAM）をより大きな記憶容量を賄うものとして使用する。そして，それほど高い頻度で利用されないデータは，コンピュータの処理能力に対してアクセス速度が高いと言い難いものの，非常に大きな記憶容量を有するハードディスク等の記憶装置に保持することが行われている。もっとも，

図表7-8　アクセス速度と記憶容量との関係

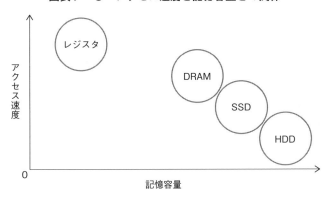

階層間のアクセス速度の差が大きくなり過ぎる場合も少なくないため，「キャッシュ（cache）」を利用してこれに対応している（図表7-8参照）。

5・2　半導体メモリ

半導体メモリは，半導体素子から構成される記憶装置であり，半導体集積回路（IC）の1つである。動作原理によりいくつかに分類できる。

論理回路であるフリップフロップ（flipflop）回路で構成されるものは，通常，「**SRAM（Static Random Access Memory）**」と呼ばれる。アクセス速度が高く低消費電力であるという利点を有する。そのため，CPUが常時直接利用する「レジスタ」等に使用する（通常は，CPUを構成する一部として組み込まれる）。しかし，半導体メモリの中では集積度を向上させにくいという欠点を有する。

コンデンサ（capacitor）を中心に構成される「**DRAM（Dynamic Random Access Memory）**」は，SRAMと比較してアクセス速度は高くないものの，集積度を向上させやすく，SRAMと同じ費用で大容量のものが製造できる。半導体メモリという性質上，他の記憶装置の比較であれば，アクセス速度が高いといえるため，CPUが直接アクセスすることを予定している記憶装置である「**主記憶装置**」に使用されてきている。

また，SRAM や DRAM 等のように，電源を供給し続けない限りデータを保持することができない「**揮発性メモリ**」ではなく，後述のハードディスク等と同じく，データの保持を電源の供給に依存しない「**不揮発性メモリ**」に該当する半導体メモリも存在する。その代表的なものが「フラッシュメモリ（flash memory）」である。特に，近年では，単位容量あたりの価格が大幅に低下しているため，一部用途では，ハードディスクの代わりに使用されることも多く，これらを「**SSD**（Solid State Drive）」と称している。

5・3　ハードディスク（磁気ディスク）

　ハードディスク（ハードディスクドライブ）は，「プラッタ」と呼ばれる磁性体を塗付した平らな円盤（磁気ディスク）にデータを保持する記憶装置である。プラッタ上の磁性体の磁極の向き（S 極と N 極の向き）を変えることでデータを保持している。プラッタ面を同心円状に分割した上で，これに沿ってデータを記録しており，この同心円を「トラック（track）」という。トラックの密度は，現在，数十万 tpi（Track Per Inch）には達していると見積もられるが，ハードディスク関連技術の進歩が著しいため，今後も増大することが予想される。また，1本のトラックを数個に分割したものを「セクタ（sector）」といい，データ管理する基本単位とされる。もっとも，ソフトウェア上では，数個のセクタをひとまとまりにしたものをデータ管理の基本単位としており，これを「クラスタ（cluster）」と呼ぶ。

　データは「（磁気）ヘッド」と呼ばれる部品でプラッタ面を操作することで読み書きされる。ヘッドは「アーム」の先端に取り付けられ，プラッタを回転させつつ，その面に沿ってアームを円弧状に動かすことにより，ヘッドがプラッタの面全体を走査できるようにする。また，プラッタ1枚（裏表）あたり2本のヘッドは同時に移動する構造であるため，各プラッタ面上のトラックでは同時にデータの出し入れが行われることとなり，こ

のトラック群を「シリンダ（cylinder）」という。

　その構造上，ハードディスクのアクセス速度を決定するのは，プラッタの回転速度となる。現在，市販されている標準的製品では，約5,000rpmから10,000rpm程度とされているものの，これ以上の速度を有する製品もある。

　次に，記憶容量を決める要素はプラッタの大きさと枚数とになる。大きさについては，現在，直径1.8inから3.5inのプラッタを使用するものが主流である。上記のプラッタの回転速度とプラッタの強度との関係で定まるものと推測される。プラッタの枚数は1枚から3枚程度を用いたものが数多く見受けられる。

　ハードディスクは，現在，記録装置の中で，記憶容量が大きく，記憶容量に比して安価であり，適度なアクセス速度を有することから，コンピュータシステム上，長時間データを保管する際に使用する記録装置の中心的役割を担っている。それ故に，アクセス速度と記憶容量を増加させること，さらに信頼性を確保する（故障率を低下させる）ことに対する要請が高い。これに対応するため，ハードディスク自体の性能を向上させる努力が払われているとともに，運用上の工夫も模索されている。例えば，複数のハードディスクを仮想的に1つのハードディスクとして取り扱う方法（ディスクアレイ：disk array）があり，その典型例が「**レイド**（Redundant Arrays of Independent / Inexpensive Disks：**RAID**）」といえる。

　RAIDにはいくつかの使用態様が提示されており（RAIDレベル），その中から使用目的に応じて選択されるのが一般的である。代表的なものに，次のようなレベルがある。

　RAID 0は，複数のハードディスクに1つのデータを分散させて保有する方式（ストライピング）である。構成するハードディスクの数を増やすことで，記憶容量とともに，アクセス速度の向上が期待できる。しかし，構成するハードディスクの1つが故障すると，他のハードディスクが故障していない場合でも，データ全体を喪失するという危険を伴う。

RAID 1は，複数のハードディスクのそれぞれに同じデータを保有させる方式（ミラーリング）である。構成するハードディスクの1つが故障した場合であっても，他のハードディスクにそれと同じデータを保有させているため，構成するハードディスクの数を増やすことにより，データを喪失する危険性を低下させる（信頼性を向上させる）ことができる。しかし，ハードディスク数の増加が記憶容量の増加に結びつかないという問題がある。

　この他は，RAID 0とRAID 1の特徴を念頭に置きつつ，アクセス速度と記憶容量，信頼性の調和を図りつつ，全体の性能向上を図ろうとするレベルといえ，現在は主にRAID 5と呼ばれるもの，もしくは，これを基調としたレベルが使用されている。

5・4　CD・DVD

　CD（Compact Disk）は，円形のプラスチック板（ディスク）の表面にレーザー光を反射する膜を塗布した記録媒体である。ディスク表面に設けた凹凸により反射するレーザー光の強さが変化することを利用する。その性質上，CDの作成後，新たにデータを書き込むことは事実上不可能となることから，通常は，データを読み出すだけの記録媒体（Read Only Memory：ROM）と位置付けられる。また，DVD（Digital Versatile Disk）もCDと同様の考え方にもとつく記録媒体であり，記憶容量（記録密度）の向上を図るべく規格化されたものといえる。

　もっとも，現在，ディスク表面に設けた凹凸と同様の効果を，レーザー光により反射膜を変化させることで実現できるようになり，言わば「書き込み可能なCD・DVD」も規格化され，普及している。例えば，データを追加して記録することのみが可能なものに，CD-R（CD-Recordable）やDVD-R（DVD-Recordable），自由に記録・削除できるものとして，CD-RW（CD-ReWritable），DVD-RW（DVD-ReWritable），DVD-RAM（DVD-Random Access Memory）がある。

6 インターフェイス

6·1 インターフェイスとは

　コンピュータ（データ処理システム）は，それを構成する各装置が協働してはじめて機能する。それ故に，各装置は相互にデータの受け渡し（通信）を行えることが不可欠となる。このような装置間の通信が行われる領域を「**インターフェイス**（interface）」という。複数の装置が接続され，相互のデータ通信が行われるため，規格やプロトコル（protocol：規約）が定められている。

6·2 Ethernet

　Ethernet とは，コンピュータネットワークの物理的な側面を中心とした規格である。かねてから，LAN（Local Area Network）に分類される比較的小規模のコンピュータネットワークを構築する際に広く利用されている。現在では，ソフトウェアに関するプロトコルとして TCP/IP を選択し，これと組み合わせて利用することが一般的である。

6·3 USB

　USB（**Universal Serial Bus**）は，コンピュータ（本体）と各種周辺機器とを接続するための規格の1つである。「universal」の名が用いられていることからも窺えるように，様々な周辺機器に対応するために規格化された。現在市販されているパソコンには標準的に備えられており，接続可能な周辺機器も，キーボード，ハードディスク，プリンタ等，多岐にわたっている。

　規格が定められて以来，機能向上のための修正が漸次施されており，規格の仕様の違いにより，「USB 2.0」や「USB 3.0」等と区別される。もっとも，いわゆる下位互換性を有する規格群として定められており，例えば，「USB 2.0」にもとづいて作成された機器を「USB 3.0」に対応する機

器として使用することはできないものの，「USB 3.0」に対応する機器は，「USB 2.0」に対応する機器としても利用することができる。

　現在「USB 4」と呼ばれる仕様の USB が普及しつつある。従来の仕様と比較して機能の向上が図られており，用途の広がりを見せている。また，USB 4 と異なるインターフェイスの規格である後述の Thunderbolt とは，コネクタの形状等を同じくする等，一定の互換性を有しており，インターフェイスの違いを意識することなく周辺機器を利用できるようにもなっている。他方で，インターフェイスの違いを認識しづらいことにも繋がっていることから，その機能を余す所なく利用したい場合には，違いに関する知識を求められる。

6・4　Thunderbolt

　Thunderbolt は，デジタルビデオカメラ等の家庭用電化製品で利用実績のある IEEE1394 を置き換えるインターフェイスとして開発された規格と位置付けられている。USB と同様，機能向上のための修正が漸次施されており，現在普及が進められている仕様は「Thunderbolt 5」となる。また，前述のように，「Thunderbolt 3」以降の仕様では，USB との互換性が意識されている様子が窺われ，コンピューターと各種周辺機器を接続するための規格としての利便性が高くなっている。

6・5　DVI（Digital Visual Interface）

　DVI はディスプレイ等の映像出力装置とコンピュータとを接続するための規格である。デジタル伝送にも対応している点で，従前使用されてきた VGA 規格と大きく異なり，液晶ディスプレイ等と相性がよいため，現在では，ディスプレイ用の規格として広く普及している。

　映像出力装置との接続するための規格として機能するという点で類似する **HDMI**（High Definition Multimedia Interface）規格と部分的に互換性を有する。

また，この規格の後継として，**DisplayPort**（ディスプレイポート）規格が策定され，現在普及しつつある。

6・6 Bluetooth

Bluetooth は，無線による通信を前提として策定された，コンピュータと各種周辺機器を接続するための規格である。使用する電波強度の違いにより「class（クラス）」に細分化されている。その規格において，「ペアリング（ボンディング）」と呼ばれる比較的簡便な方法で機器を接続できるようにされているため，携帯電話や，有線接続が好まれないヘッドセット等で採用され，普及している。

なお，現在普及している無線 LAN の規格の一部と使用する電波の周波数を同じくするため，相互に干渉するという問題が生じるが，既に対応策が盛り込まれた規格に修正されており，新たに市販される機器については問題が解消されていると見てよい。

6・7 PCI・PCI Express

PCI バス（peripheral components interconnect bus）は，コンピュータと各種周辺機器を接続するための規格である。パソコン本体の内部に設ける部品を接続するために使用されている。ただし，現在，パソコンの多機能化が進んだことから，一般家庭でパソコンを使用する限りにおいては，あまり意識されなくなりつつある。

現在，コンピュータが処理するデータ量に対して，PCI 規格にもとづくデータ転送速度が不足してきたことから，この後継に位置付けられる規格として，「**PCI Express**」が策定され，普及が目指されており，パソコン市場では両者が併用されている。

第8章

ソフトウェアの基礎知識

> **この章で学ぶこと**
>
> 基本ソフトウェア,応用ソフトウェア,ファームウェア,OS,言語プロセッサ,プログラム言語,ワープロソフト,表計算ソフト,プレゼンテーションソフト,メールソフト,ブラウザ,セキュリティソフト,ソフトウェア開発,人工知能(AI),機械学習,ディープラーニング

1 ソフトウェアの基本

1・1 ソフトウェアとは

　現代社会は情報技術により作られた基盤(インフラストラクチャー)の上に構築され,我々の生活や産業,公共サービスを支える様々な情報システムの中心にあるのがコンピュータである。

　コンピュータの主要な機能は,ユーザが指示した処理(計算)を迅速かつ正確に,自動で実行することである。そのため,コンピュータや,その関連機器であるハードウェアを実行の目的に応じて動作させる必要があり,この動作のための命令を論理的に記述したものが**プログラム**である。例えば,キーボードから入力したデータを記憶装置のどこに保持し,どのデータを演算装置に取り込んで計算して,その結果をどこに格納するのか,またどのように出力するのかといった一連の処理手順がプログラムには記述される。このようなプログラムやプログラムの集まりを**ソフトウェア**,またはソフトと呼んでいる。我々にとって身近な携帯情報端末のアプ

リ（SNS，ブラウザなど）やパソコンのソフト（文書作成，表計算，スライド作成など）は代表的なソフトウェアである。

1・2　ソフトウェアの働き

　先に述べたように，ソフトウェアはハードウェアを目的に応じて動作させるプログラムである。そのため，ソフトウェアはあらゆる産業で使われ，様々な製品の中に組み込まれている。例えば，一般的なパソコンであれば，電源を入れると起動を開始し，デスクトップ画面が表示されるまでの処理が自動的に進む。そして，文書作成やメールの送受信などの指定したソフトウェアを起動することで，各ソフトウェアを利用できる。これらは，電源投入後から各ソフトウェアの使用までに関する様々なハード的な処理が各種プログラムにより実行されることで実現される。

　ここで，コンピュータは「0」，「1」の情報しか理解できないため，プログラムは「0」，「1」を用いた2進コード（符号）により記述される必要がある。一方で，プログラムの作成者が2進コードの羅列の意味を理解してプログラムを記述するのは難しいため，我々が普段使用する自然言語に近い記述が可能な**プログラム言語**が存在する。このため，これを2進コードのプログラムに変換するプログラムが存在する。

　このようなプログラム，或いはプログラムの集合であるソフトウェアは，コンピュータを利用する様々な目的に応じて作成され，ハードウェアと一体になってコンピュータシステムを支えている。そのため，ソフトウェアの設計上の不備，ミスや動作の不具合は時として社会に大きな影響を及ぼす。よって，ソフトウェアには，必要とされる機能の実現に加えて，障害の発生防止や発生時の被害拡大防止の観点での設計，運用が重要である。

1・3　ソフトウェアの種類

　ソフトウェアはユーザが文書作成やメール送受信など，コンピュータで

特定の目的の処理を行うためのプログラムと，こうしたプログラムの実行に必要な環境を作り，効率的に実行できるようにハードウェアを動かすプログラムとに大別される。前者を**応用ソフトウェア**（application software），または**アプリケーション**といい，携帯情報端末ではアプリともいわれる。一方，後者は**基本ソフトウェア**，または**システムソフトウェア**（system software）といわれる。基本ソフトウェアは各応用ソフトウェアで共通的に利用されるハードウェアを統一的に管理するプログラムであり，コンピュータの基本的な制御を行う。よって，応用ソフトウェアの動作は基本ソフトウェアの存在が前提であり，ハードウェア，基本ソフトウェア，応用ソフトウェアの関係は図表8－1のように表すことができる。ソフトウェアの数としては，応用ソフトウェアの方が圧倒的に多い。

　創成期のコンピュータでは，応用ソフトウェアの中にハードウェアを動かすプログラムが含まれており，コンピュータメーカーによって異なる様々なハードウェアに対応したプログラムが用意されていた。その後，各種応用ソフトウェアで共通して用いるハードウェアを統一的に管理するプログラムと，それを利用して目的とする処理を行うプログラムに分離された。この結果，ハードウェアのメーカーが異なっても基本ソフトウェアが同じであれば，その基本ソフトウェア用に開発された応用ソフトウェアは

図表8－1　ハードウェアとソフトウェアの関係

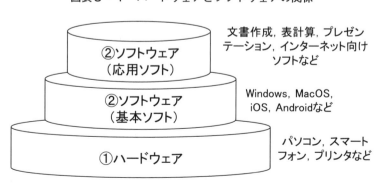

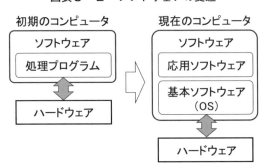

図表8-2　ソフトウェアの変遷

メーカーに関係なく利用できるようになった（図表8-2）。

1・3・1　基本ソフトウェア

　基本ソフトウェアは，各種応用ソフトウェアが共通的に用いるハードウェアを制御してコンピュータシステム全体を効率よく運用するためのものであり，コンピュータを利用して様々なことを実行する際に，文字通りベースとなるソフトウェアである。パソコンや携帯情報端末では，このような基本ソフトウェアを**オペレーティング・システム**（Operating System：**OS**）という。先に述べたように，OS 上で動作する応用ソフトウェアの開発をハードウェアから独立して行うことができるようになった結果，応用ソフトウェアのサイズを縮小できるようになり，また各種応用ソフトウェア間で操作性が統一され，ユーザはハードウェアの違いを意識することなく応用ソフトウェアを利用できるようになった。更に，近年では異なる OS 版の同じアプリケーションでは，画面上での見た目や操作の類似性が高まり，OS の違いを余り意識せずに応用ソフトウェアを利用できることが多い。

　ところで，コンピュータの利用やソフトウェアの開発・導入の際に**プラットフォーム**（platform）という言葉が度々用いられる。このプラットフォームとは，ソフトウェアが動作する環境としてのハードウェアや基本

ソフトウェアのことを指す。例えば，一般的にはWindowsパソコン向けのソフトウェアをMacのパソコンにはインストールできず，またWindowsパソコン向けソフトウェアであっても古いWindowsのパソコンにインストールしても動かないのは，プラットフォームが違うためである。

1·3·2 応用ソフトウェア

例えば，パソコンの**応用ソフトウェア**には，ワープロソフトや表計算ソフト，プレゼンテーションソフト，ウェブブラウザ，電子メールソフト，画像編集ソフトなど，様々なものが存在し，これらは基本ソフトウェア上で動作する。こうしたソフトウェアは，企業，個人，家庭を問わず利用されるが，企業では更にデータベースソフト，財務会計，人事管理，在庫管理などといった業務に関連するソフトウェアや，工場ではCAD，CAM，CAEなどのソフトウェアも応用ソフトウェアとして利用されている。このように，応用ソフトウェアは様々なユーザのニーズ，利用目的に合わせて幅広く開発され，利用されている。

1·3·3 ファームウェア

ソフトウェアの一種に，ハードウェアに予め搭載されている**ファームウェア**（firmware）がある。例えば，コンピュータを動作させるためにはOSが必要であるが，OSを起動するまでのハードウェアの動作については，ファームウェアが担っている。コンピュータに電源を入れてからOSが起動するまでの処理手順をブート（boot）といい，これをプログラム化したソフトウェアを**バイオス**（Basic Input/Output System：**BIOS**）という。BIOSはコンピュータの基板上にあるROMなどに格納されている。近年では，BIOSに高度な機能とセキュリティを備えた**UEFI**（Unified Extensible Firmware Interface）が用いられているが，これは広義の意味でBIOSと呼ばれることもある。BIOSやUEFIはコンピュータに保存さ

れているOSのプログラムを主記憶装置に呼び出し，キーボード，マウス，プリンタ，ハードディスクなどの基本的な周辺装置の初期設定を行い，OSが動作する環境を整える。このように，ファームウェアはハードウェアの一部として本体に組み込まれたソフトウェアであり，ハードウェア寄りのソフトウェアという位置づけを考慮して，英語で「硬い」を表す「firm」という単語が用いられている。ファームウェアは家電製品やプリンタ，カメラなど，制御が必要な様々な製品の組み込みソフトウェアとしても利用されている。

1・3・4　ソフトウェアの供給形態

　ユーザがソフトウェアを利用する場合，市販の汎用ソフトウェア（**パッケージソフトウェア**）と**カスタムソフトウェア**（特別注文のソフトウェア）から選択する。汎用ソフトウェアは，どこの販売店やウェブサイトからも同一製品を規格品として購入できる。一方，カスタムソフトウェアは受注生産品であり，各企業などの個別のオーダーに合わせて生産される。

　従来，パッケージソフトウェアについてはCD-ROMやDVDなどのメディアをユーザが購入し，コンピュータにインストールして利用する形態が多かったが，近年ではインターネットや高速通信の環境が整備されたため，ウェブサーバ上のアプリケーションをダウンロードして利用する形態が増えている。例えば，携帯情報端末で用いるアプリについては，App StoreやGoogle Playといったアプリストアからダウンロードして利用する。また，ウェブブラウザ上で利用できるアプリケーション（**ウェブアプリケーション**）を使う形態もあり，Gmailなどのウェブメールや YouTube，X（旧Twitter）の他，オンラインショップ，オンラインバンキングなどがその例である。最近では，グーグル（Google）社が提供するGoogleドキュメントやGoogleスプレッドシートといったワープロソフトや表計算ソフトでも利用が広がっている。ウェブアプリケーションでは，コンピュータにアプリケーションをインストールする必要がなく，またOSの

種類にも依存しないため，ユーザは手軽に利用できるのに加えて，ハードディスクの空き容量を気にする必要がないというメリットがある。一方，アプリケーションの供給側にとっても，ユーザにアプリケーションを配布する必要がないため，バージョンアップ版を簡単に提供できるなどといった管理上のメリットがある。

2 OS

OSは，コンピュータ上で各種処理を効率よく行えるようにハードウェアを統一的に管理，制御して動作させる基本的なプログラムである。OSはハードウェアに依存するため，パソコンやメインフレーム（汎用コンピュータ），ワークステーションなど，機種に応じて様々なものが存在する。

2・1 OSの目的と働き

OSはハードウェアとユーザ，応用ソフトウェアの間をつなぐのが主な役割である。OSの目的として，次のようなものが挙げられる。

①ハードウェアの有効利用
②多様な処理形態への対応
③応用ソフトウェアの負担の軽減
④コンピュータ操作と運用の支援
⑤ネットワーク接続の簡便化

以下では，これらの各目的について解説する。

2・1・1 ハードウェアの有効利用

コンピュータでの処理を迅速，効率的に進めるためには，コンピュータ本体の処理装置や周辺装置といったハードウェアを有効に利用する必要がある。以下は，そのためにOSが有する機能の例である。

(1) マルチタスク（マルチプログラミング）

　本来，1つのCPU（中央処理装置）は1つの時間単位で1つの命令しか実行できない。一方，プログラムは幾つかの処理（**タスク**：task）に分けられ，タスクにはCPUを使う計算だけでなく，CPUを使わない入出力処理などがあり，プログラムはこれらのタスクがつながったものである。よって，例えば2つのプログラムAとBを実行する場合，Aのタスクが全て終わってからBを実行するのではなく，Aの実行中でCPUを使わないタスクのタイミングにBのCPUを使うタスクを実行すれば，Aの終了を待たずにBの処理を開始できる。つまり，図表8－3に示す例では，プログラムA，Bを順に実行すると（45＋45＝）90ミリ秒を要するのに対し，AのCPUを使わないタスクの実行中にBのCPUを使うタスクを実行するようにタスクを割り付けると，最終的にAとBの処理を50ミリ秒で完了できる。このようなタスク処理のことを**マルチタスク**（マルチプログラミング）という。

　現行のコンピュータのOSは，ほぼ全てマルチタスクに対応している。

図表8－3　マルチタスク

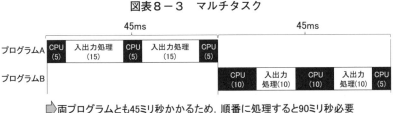

➡両プログラムとも45ミリ秒かかるため，順番に処理すると90ミリ秒必要
　➡プログラムAのCPUの待ち時間をプログラムBの実行に充当すると…

➡プログラムA，Bの処理が50ミリ秒で終了

(2) 仮想記憶方式

　今日のコンピュータの殆どは，プログラムを主記憶装置に読み込んでおき，CPUがこれを読み取りながら命令を逐次実行していくプログラム内蔵方式を用いている。そのため，プログラムの大きさは主記憶装置の大きさ以下であるように制限されるが，より高機能で操作性の高いソフトウェアを作成しようとするとプログラムのサイズが大きくなってしまい，主記憶装置のサイズを超過してしまう。そこで開発されたのが，**仮想記憶方式**である。この方式では，プログラムをページという小さな単位に分解し，OSが補助記憶装置に作成した仮想的な記憶場所（仮想記憶）に保存する。そして，実行に必要なページをその都度，主記憶装置（実記憶）に取り込み，一方で不要になったページは仮想記憶に戻すページング（paging）と呼ばれる方法により，サイズの大きなプログラムでも実行できるようにしている（図表8－4）。

(3) ファイル処理

　ファイル（file）とは，コンピュータにおいてデータやプログラムなどを1つのまとまりとして扱う最小の単位であり，OSによって管理される。ファイル操作には，アプリケーションのインストール，起動，終了や新規ファイルの作成，処理後のファイルの保存，ファイルを開く・閉じるなどがある。ファイルを開く際には，ハードディスクなどに保存されたファイルを主記憶装置へコピーし，閉じる際には主記憶装置にあ

図表8－4　仮想記憶方式

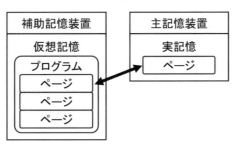

るファイルを消去するなど，記憶装置を使ったファイルの運用をOSは担っている。

また，関連する複数のファイルをまとめた**フォルダ**（folder）でのファイル管理を可能にし，階層構造を利用した記憶装置の運用やフォルダ単位でファイル利用を制限するアクセス権の設定などをOSは実現している。

2・1・2　多様な処理形態への対応

情報システムにおけるコンピュータシステムの処理形態は**バッチ処理**と**リアルタイム処理**に分けられる（図表8－5）。

バッチ（batch）処理は一括処理ともいい，日次，月次処理などのように，処理するデータを一定期間または一定量になるまで蓄積し，適切なタイミングで一括処理する方式である。本方式では，多くのデータをまとめて処理するため，コンピュータ資源の手待ち時間が少なく，コンピュータ

図表8－5　バッチ処理とリアルタイム処理

バッチ処理
（夜間一括処理の例）
① データを処理せず，貯めておく
② 夜間等に一括処理
夜間一括処理
⇒ 処理結果を翌朝に得られる

リアルタイム処理
① データを送信
受信の都度処理
② 処理結果を直ちに返す
⇒ 処理結果をすぐに得られる

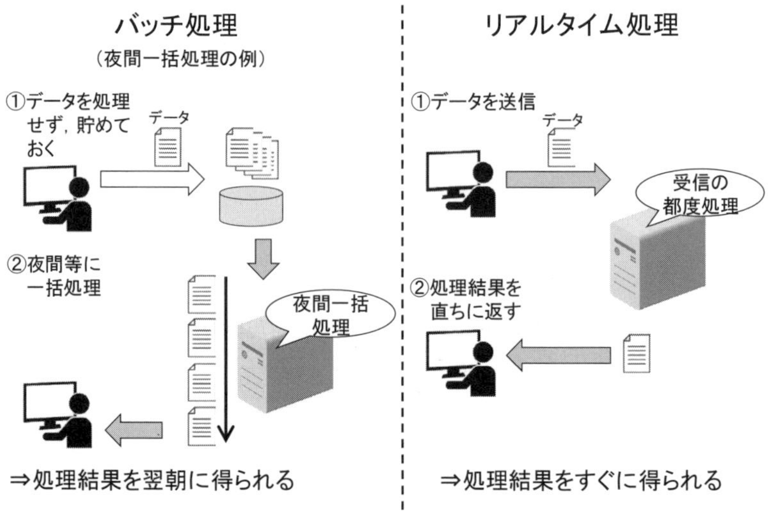

システムに処理の要求をしてから処理結果を受け取るまでのトータルの時間の短縮やシステムの運用効率化が可能であり，特に定型業務の処理に向いている．例えば，昼間に行われる多くの取引実績データを営業所内で一旦まとめて保存しておき，夜間に通信回線を介して中央に設置されているホストコンピュータに蓄積データを送信して一括処理し，処理結果を翌朝に受け取るような使い方がなされ，昼間に通信回線を頻繁に使用して本来業務を支障するような事態を発生させないというメリットがある．本方式は日々大量の仕入れと出荷が行われる倉庫での在庫管理や膨大な取引が行われる銀行などで用いられている．

一方，リアルタイム（real time）処理はコンピュータシステムに処理を要求すると即時に処理が行われる方式であり，通常はオンラインリアルタイム処理という形で行われる．「**オンライン**」とは通信回線につながっているという意味で，通信ネットワークを介してデータがやり取りされる．通信回線に接続された端末がデータと処理要求をホストコンピュータに送信するとデータは即時に処理され，結果が端末に送り返される．この際，処理の途中にトラブルが発生した際に誤ったデータが登録されてしまわないように，オンライントランザクション処理が行われることが一般的である．

このような多様な形態の処理に対応するのも OS の役割である．

2・1・3 応用ソフトウェアの負担の軽減

応用ソフトウェアの実行時には，応用ソフトウェアがハードウェアの各装置の設定や動作を直接行うのではなく，各種応用ソフトウェアで共用する各装置の準備や実行に関する諸々の処理を OS が統一的に行う．これにより，応用ソフトウェアの負担が軽減されると共に，応用ソフトウェアの開発の範囲は限定されるために開発コストを抑えることができる．

2・1・4　コンピュータ操作と運用の支援

　今日のコンピュータはプログラムを簡単に実行できるようにし，また画面上にはユーザが直感的に操作できるデザインを取り入れて，ユーザがコンピュータを容易に操作できるように設計されている。更に，コンピュータ本体に周辺機器（**デバイス**）を接続して容易に拡張できるようにするなど，コンピュータの操作性や運用効率の向上にOSは大きく貢献している。

　パソコンの画面上には，**ウィンドウ**，**アイコン**，**ボタン**などの図柄が表示され，ユーザはその図柄をマウスなどでクリックしたり，タッチパネルで触れたりすることにより操作する。このような操作環境を**グラフィカルユーザインタフェース**（Graphical User Interface：**GUI**）といい，OSが提供している。同様に画面上にはアプリケーション，ファイル，フォルダなどを表すアイコンが表示され，またウィンドウを上下左右に移動させる**スクロールバー**，ユーザに判断や設定を要求する小さなウィンドウである**ダイアログボックス**，処理の時々でどのような作業ができるかを示す**メニュー**などが表示される。この結果，応用ソフトウェアのインターフェースが共通化されるなど，ユーザに使いやすい環境が実現されている。

　一方，パソコンにプリンタなどの周辺機器（デバイス）を接続しただけで，パソコンが周辺機器を自動的に認識する機能（**プラグアンドプレイ**）もOSによるものである。英語で「プラグ」は「差し込み」，「プレイ」は「動作」であるから，ケーブルを差し込んで接続するだけで動作させることができるという意味である。このような動作のためには**デバイスドライバ**（device driver）というプログラムが必要であるが，キーボード，マウスなどの共通化が進んだ周辺機器については，OSに標準ドライバとして用意されている。その他のプリンタなどの周辺機器のドライバについても，多くの場合，開発元のウェブサイトからダウンロードして簡単に入手できる。

　各種周辺機器との接続はケーブルによる接続の他，無線による接続も可能である。キーボード，プリンタといった入出力機器の他，携帯情報端末

とのファイル交換など，コンピュータと他の機器とを簡単に連携させることができるのも OS が提供する機能である．

2・1・5　ネットワーク接続の簡便化

コンピュータをネットワークに接続して通信を行うためには，OS による制御が必要である．例えば，パソコンで使用される OS は，家庭や学校，職場内のネットワークにつながったパソコン間でのファイル共有やプリンタなどの周辺機器の共同利用，LAN（Local Area Network）の構築，インターネットへの接続などの機能を提供している．また，携帯情報端末で使用される OS では，Wi-Fi の他にモバイルデータ通信によってネットワークに接続できる機能が提供されている．

2・2　代表的な OS

OS はコンピュータの種類やメーカーによって異なる．以下では，パソコン，携帯情報端末などで使用される OS について解説する．

2・2・1　パソコンの OS

現在のパソコンは，マイクロソフト（Microsoft）社製の OS である**ウィンドウズ**（**Windows**）が動くパソコン（ウィンドウズマシン），アップル（Apple）社製の **Mac OS** が動作するパソコン（Mac），グーグル（Google）社製の **Chrome OS** が動作するパソコン（Chromebook）に大別される．

Windows は，パソコンの標準的な OS として世界中で最も普及している OS である．マウスによって視覚的，直感的に操作できる GUI が採用されている他，実行中のアプリケーションがウィンドウで表示され，複数のウィンドウを自由に切り替えることができる．また，複数のアプリケーションを起動できるマルチタスク，1つのパソコンを複数のユーザが自分のパソコンのように利用できるマルチユーザに対応している．Windows

向けに様々な応用ソフトウェアが開発されており，例えばワープロソフトだけでも機能や価格が異なる複数のソフトウェアが存在するなど，選択対象が多い。

　Macで動作するMac OSはWindowsと同様に操作性を重視した独自のGUIがWindowsより早い時期から採用され，初心者でも使いやすいのが特徴である。特にグラフィックデザイン，動画編集，音楽，DTP（Desktop publishing）などに関する高性能のアプリケーションが以前より数多く開発され，これらの分野のユーザからの人気が高い。Macには以前はウィンドウズマシンと異なるCPUが用いられていたが，ウィンドウズマシンと同じインテル（Intel）製が採用され，その後はAppleシリコンが用いられている。そのため，現在ではMacでもWindowsを動作させることが可能になった。

　Chrome OSではソフトウェアをパソコンにインストールしてから使うのではなく，殆どの作業をブラウザ（Google Chrome）上のウェブアプリケーションで行う。データをクラウド環境に保存しておくことで，インターネットを通じてどこででもデータを編集・参照できるため，アカウントが同じであれば異なるパソコンであっても引き続き作業を行うことができる。特に，コンピュータにアプリケーションをインストール必要がないため，ユーザはハードディスクの空き容量を気にする必要がない。こうした理由により，Chrome OSはパソコン本体の性能が高くなくても快適に利用できるため，パソコンの価格が比較的安い。そのため，学校などの教育機関で生徒個人に貸与するパソコンとして導入されることが多い。

2・2・2　携帯情報端末のOS

　グーグル社が提供する**アンドロイド**（**Android**）は，Android向けのスマートフォンやタブレット端末などの携帯情報端末用のOSである。同社がインターネットで提供している各種サービスと連携することができ，アプリはアプリストアである**Google Play**から供給される。

アップル社が提供する **iOS** は同社が開発したスマートフォン iPhone 向けの OS である。同社は iOS 向けのソフトウェア開発キット iOS SDK（iPhone Software Development Kit）を無償で配布し，アプリ開発を簡単に進められる仕組みを提供している。開発したアプリについては，Apple Developer Program での動作検証を経て審査を通過すると **App Store** からユーザに配信できる。なお，タブレット端末の iPad，iPad mini についても以前は iOS が搭載されていたが，2019年にタブレット端末向けの **iPadOS** が開発され，タブレット端末をノートパソコンに近い感覚で利用できるようになった。

　アップル社はアプリの安全性の確保などを理由に App Store 以外からのアプリの配信を認めておらず，またグーグル社もほとんどのアプリが Google Play からの配信であり，これら2社が市場を独占していることが近年では問題となっている。

2・2・3　その他の OS

　一般のパソコンより高性能なワークステーションやネットワーク上でデータ，サービスを提供するサーバの OS として，**ユニックス（UNIX）** はその歴史が長く，有名である。多数のユーザからの要求を同時に処理する機能をもつ UNIX は，ハードウェアに依存せず，またソースコードがコンパクトであるため，多くのワークステーションなどで利用されている。ネットワーク機能や安定性に優れ，高いセキュリティを有することから，サーバの他にも企業の基幹業務システム，学術機関のシステムなどに幅広く使われている。プログラムの処理手順やソースコードが**オープンソース**として一般に公開されており，後述する**リナックス**（Linux）などは UNIX の派生版の OS として開発された。オープンソースのソフトウェアでは，多数の目によりプログラムを監視し，欠陥を修正していくプロセスによって，高い信頼性を得られることが大きな長所である。

　Linux もオープンソースとして公開され，世界中のボランティア開発者

により改良され続けている。Linuxは電化製品，ゲーム機，携帯情報端末からスーパーコンピュータまで幅広く使われており，ネットワーク機能やセキュリティに優れている他，動作安定性が高いため，サーバ向けのOSとしても多く利用されている。

サーバ向けのOSとしては，マイクロソフト社の**ウィンドウズサーバ**（Windows Server）も多く利用されている。ユーザインタフェースがWindowsと似ているため，Windowsユーザには使いやすいのが特徴である。

ところで，近年ではパソコンや携帯情報端末だけでなく，スマートウォッチやテレビなどの家電にもOSが搭載されている。例えば，アップル社のApple WatchにはwatchOSが搭載され，またインターネットとの接続が可能なAndroid搭載テレビが増え，YouTubeなどの動画配信サービスがテレビでも利用できるようになった。このように，現在では様々な機器に，その用途に応じて種々のOSが搭載されている。

3 プログラム言語

3・1 プログラム言語の役割

コンピュータに計算や処理をさせるためには，その手順をコンピュータに指示，命令する必要があり，そのための命令書がプログラムである。先に述べたように，コンピュータが理解して処理できる言語は「0」と「1」で表された**機械語**（**マシン語**）である。よって，命令書は「0」，「1」の2進コードで記述される必要があるが，「0」，「1」の羅列の意味を人が理解して記述するのは難しい。そこで，次のような仕組みが作られた。

まず，人が日常使用している自然言語に近い形でプログラムを記述できる人工的な言語体系が作られた。これが**プログラム言語**（**プログラミング言語**ともいう）である。プログラム言語は，コンピュータを動作させる命

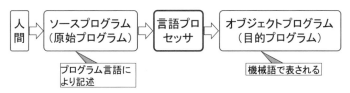

令を記述するものであるため，自然言語のような曖昧性はなく厳密で正確な文法規則をもつ。これにより，「0」，「1」のコードではなく，人が分かりやすい形でプログラムを記述できるようになった。

次に，このままのプログラム（原始プログラム，ソースプログラムまたはソースコードという）では，コンピュータは理解できないため，機械語のプログラム（目的プログラム，オブジェクトプログラムまたはオブジェクトコードという）に変換してコンピュータに与える必要がある。そこで，プログラム言語で書かれたプログラムを機械語に変換する「**言語プロセッサ**」というソフトウェアが開発された。

言語プロセッサ（図表8-6）には，プログラム言語で書かれたプログラムを機械語で書かれたプログラムに変換する方法に対応して，**アセンブラ**（assembler），**コンパイラ**（compiler），**インタプリタ**（interpreter）と呼ばれるものがある。各々英語で，assembleは「組み立てる」，compileは「編集する，翻訳する」，interpreterは「通訳者」の意味である。

このように，プログラム言語は人がコンピュータを動作させるための命令書を容易に記述するための人工的な言語であり，これを言語プロセッサと組み合わせてコンピュータに計算，処理させることができる。

3・2　プログラム言語の分類

(1) 低水準言語と高水準言語

　プログラム言語には様々なものがあり，色々な分類の方法がある。その1つとして，機械向きか問題向きかを考慮して，**低水準言語**（低級言

語）と**高水準言語**（高級言語）に分ける考え方がある。低水準言語はコンピュータに依存し，機械語に近いという意味で水準が低いと表現され，機械向き言語（または計算機向き言語）と呼ばれることもある。一方，高水準言語は，人間の使う言語に近いという意味で水準が高いと表現され，問題向き言語とも呼ばれている。

　上記のような特徴があるため，人がプログラムを記述するには高水準言語の方が便利であるが，処理効率が高いのは低水準言語である。低水準言語は，コンピュータ固有の命令を用いてプログラムを記述するので，ハードウェアに依存した言語構成になっている。一方，高水準言語は，ハードウェアを意識することなく，処理手順を日常の言語に近い表現でプログラムを作成できる。低水準言語と高水準言語について以下に解説する。

・低水準言語

　　低水準言語には**機械語**と，それと同等の**アセンブリ言語**（またはアセンブラ言語）がある。

　　「0」，「1」のコードで表される機械語はコンピュータが直接理解して実行できる。アセンブリ言語は機械語のコードを短いアルファベットの文字列や単語に記号化した言語であり，これを機械語に変換する言語プロセッサを**アセンブラ**という。基本的には機械語と1対1に対応し，機械語に非常に近いため，CPUやメモリの挙動を理解するのに適している。

・高水準言語

　　高水準言語には**コンパイラ言語**や**インタプリタ言語**があり，機械語への変換方法などに以下のような特徴がある。

　　コンパイラ言語では，自然言語に近い単語や数式を用いてプログラムを記述する。このプログラムを機械語に変換してオブジェクトプログラムを生成する言語プロセッサを**コンパイラ**といい，この変換過程を**コンパイル**という。コンパイラでは1つの命令が複数の機械語命令

に置き換わるため、アセンブリ言語で記述されたものに比べて処理速度は低いとされている。

インタプリタ言語では、ソースコードの命令を1つずつ**インタプリタ**という言語プロセッサで翻訳して機械語の命令に置き換え、直ちに実行される。プログラムにエラーがあると、その命令の箇所でプログラムが停止するため、エラーの発生箇所をすぐに特定し、修正できるという利点がある。一方、アセンブラやコンパイラのようにオブジェクトプログラムを作成しないので、反復処理があると同じ機械語変換が繰り返され、コンパイラに比べて処理速度が低いとされている。

(2) 手続き型言語と非手続き型言語

プログラミング言語の分類に、**手続き型言語**と**非手続き型言語**という分類がある。

手続き型言語は、処理の手順、すなわち手続きを実行順に記述するため、プログラムに記述された命令が順番に実行される。このため、処理の流れが明確な対象に適したプログラミング言語である。代表的な手続き型言語には後述するC, COBOL (COmmon Business Oriented Language) などがある。処理速度は高いが、プログラムの開発や保守などで処理の流れを検証するのには手間がかかるという欠点がある。

一方、非手続き型言語は、データの構造や性質、またデータ間の関係を記述する言語である。データ集合とそれらを操作する手続き(メソッド)をまとめたオブジェクトと呼ばれる単位でプログラムを作成する**オブジェクト指向言語**や、リレーショナル(関係)データベース言語の**SQL**(構造化問合せ言語:structured query language)などがある。

(3) スクリプト言語

スクリプト言語(script:台本,脚本)は、プログラミング言語の分類の1つであり、実行が比較的容易にできる簡易なプログラム(スクリプト)での記述が可能な言語の総称である。記述が自然言語に近く簡便であるため、プログラミング技術を習得しやすい。インタプリタ言語が

多いが，コンパイラ言語も含まれる。多くの言語ではウェブサイトやウェブアプリ，サービスの作成，開発で用いられるが，人工知能（AI）や機械学習に関するソフトウェア開発にも用いられる。代表的なものにJavaScript や PHP，Python などがある。

(4) マークアップ言語

マークアップ言語もプログラミング言語の分類の1つである。マークアップ（markup）とは文書情報に注釈記号（tag：**タグ**）を付けることであり，マークアップ言語ではタイトル部分，本文の始終点，段落，重要部分といった文章の構造や文字の大きさ，色などの修飾情報をタグによって指定し，コンピュータに認識させる。主にウェブサイトの制作に用いられ，見やすく，使いやすいページを実現できる他，画像や動画，音声のページへの埋め込みなどもできる。また，製作したウェブページが検索エンジンで検索された際の表示順位がタグの付け方によって変わるため，ウェブサイトの運営側はタグの付け方への関心が高い（SEO：検索エンジン最適化という）。代表的な言語に，ウェブページの記述言語である HTML，XML などがある。

3・3 プログラム言語の種類

プログラム言語のうち，機械語，アセンブリ言語については3・2で解説した通りなので，ここでは他の代表的な言語について，幾つか紹介する。

(1) C 言語

C 言語は，最も普及している言語の1つであり，高水準言語，コンパイラ言語に分類される。システムプログラム向けに開発され，ハードウェアを直接制御する処理を記述できるため，OS から家電製品などの組み込みソフトウェアまで利用範囲は幅広く，先に紹介した UNIX の開発には C 言語が使用された。コンパイラさえあればプラットフォームに依存せずに実行できるため，プログラムを他のコンピュータで動作するように書き換えるのが容易であり，処理速度は高い。

C言語の拡張版として，**C＋＋**（シープラスプラス）があり，C言語との互換性はある。**C#**（シーシャープ）はC＋＋とJava（(5)で説明）をもとに作られた言語でCやC＋＋とは別言語であるため，C言語との互換性はない。

(2) COBOL（Common Business Oriented Language）

COBOL（コボル）は高水準言語，コンパイラ言語に分類される。事務処理用言語として開発され，企業や公共団体のメインフレーム（大型コンピュータシステム）などの事務処理や会計処理に広く利用されている。開発されてから50年以上経つが，特に金融，保険会社，政府機関などにおいてCOBOLで処理されるシステムは依然として多く，その保守・維持や改良のために今も需要がある。メインフレーム創成期の代表的な言語である。

(3) Visual Basic（VB）

Visual Basic（ビジュアルベーシック：**VB**）はマイクロソフト社がWindows用に開発した言語であり，高水準言語，コンパイラ言語に分類される。ツールボックスからボタンやテキストボックス，スクロールバーといったGUIのパーツを選んでマウスで配置するなど，直感的な操作によりプログラムを作成できる。そのため，初心者でも使いやすく，多くのソフトウェア開発者に利用されている。一方で，ロボットの制御やAIに関わる処理のような高度な処理には適していない。VBとよく似たプログラミング言語に**Visual Basic for Applications**（**VBA**）があり，マイクロソフト社の製品であるOffice向けのプログラムを作成でき，プログラム言語としての文法はVBと同じである。

(4) HTML（Hyper Text Markup Language）

HTMLはウェブページを作成するためのマークアップ言語である。ウェブページの構造を定義し，ページ上の文書の論理構造の記述や文書中への画像，音声，動画などの埋め込み，文書中の語句に関連する文献の呼び出し（ハイパーリンク）などをウェブページ上に表示するための

指示を与える。文書中にはタグによりテキスト，画像，リンクなどの表示の位置や方法が指定される。HTML 単体では動的な動作はできないが，後述する JavaScript などと組み合わせることで，双方向性のあるページを実現できる。

(5) Java

Java（ジャバ）は米国のサンマイクロシステムズ社（Sun Microsystems）が開発したオブジェクト指向言語であり，高水準言語に分類される。Java で記述されたプログラムは Java コンパイラによりアプリケーションに変換され，Java 仮想マシンと呼ばれるソフトウェアを搭載したコンピュータであれば，ハードウェアや OS といった環境に依存することなく実行できる。また，セキュリティやネットワーク関連の機能が充実しているため，信頼性の高いネットワーク環境のシステム構築が可能である。Java は携帯情報端末から企業の大規模情報システムまで広く活用されている。

Java で記述された小さなアプリケーションを Java アプレットといい，ウェブサーバから自動的にダウンロードして実行されることで，ウェブページ内でアニメーションを動かし，またマウスによる双方向的な操作が可能なウェブページを実現していた。しかしながら，セキュリティ上の問題に加え，後述する JavaScript の性能が向上したなどの理由により，ブラウザ側の Java アプレットのサポートは終了した。

一方，ウェブサイトのサーバ側（アプリなどのサービスの提供側）で動く Java で書かれたプログラムを Java サーブレットといい，クライアント側（ユーザ端末側）からのリクエストに応じて動的なウェブページを作成するなどの機能がある。

(6) JavaScript

JavaScript（ジャバスクリプト）はウェブページ上へのアニメーションやポップアップウィンドウなどの動きの追加や，双方向のやり取りを可能にするためのスクリプト言語として開発され，高水準言語，イ

ンタプリタ言語に分類される。主にクライアント側のウェブブラウザにおいて動的で双方向性のある機能を実現するために使われてきたが，サーバ側のプログラムやスマートフォンアプリの開発などにも利用されるようになった。Java と名前は似ているが別の言語であるため，両言語間での互換性はない。

(7) PHP

　PHP はウェブサイトやウェブアプリケーションの作成に多く用いられ，サーバ側でプログラムが実行される。スクリプト言語として開発され，高水準言語，インタプリタ言語に分類される。PHP を HTML に埋め込む形で記述することで，動的なウェブページを作成できる。オープンソースのプログラム言語であり，文法がシンプルなため初心者でも比較的短時間でプログラミング技術を習得できる。PHP は Facebook や Wikipedia，ぐるなびなどの開発に用いられている。

(8) Python

　Python（パイソン）は，Google や Amazon，Instagram などのウェブサービスの開発に使われているプログラミング言語であり，高水準言語，インタプリタ言語に分類される。プラットフォームに依存しないため，Windows，MacOS，Linux などの様々な OS で動作する。オープンソースであるため，誰でも無料で利用でき，導入しやすい環境にある。また短い記述でプログラムを作成できて習得しやすく使いやすいため，ウェブアプリケーション開発，機械学習，データ分析など，幅広い分野で使われている。

4　パソコンでのソフトウェアの活用

　企業内での業務処理や個人でパソコンを情報処理ツールとして利用する際に行うことが多い，書く，計算する，情報を記憶・伝達する，表現するなどのために用いられる代表的なソフトウェアを以下に紹介する。

4・1 文書作成のためのソフト
(1) ワープロソフト

ワープロソフトは基本的なソフトウェアの1つであり，文書を「電子的な文章」として，作成，編集，印刷，保存するためのソフトウェアである。文章の入力だけでなく，画像や表の挿入，スペルチェックなども行うことができる。ワープロソフトで文書を一旦作成すると，語句の追加，削除，訂正や文章の順序の入れ替えなどを容易に行えるため，手書き文章を清書できるだけでなく，文書の再利用という観点からも大変便利である。また，文章でアイデアをまとめ，練り上げていくといった使い方も簡単にできる。WYSIWYG（What You See Is What You Get：ウイジーウイグ）方式により，画面上で見えるままに印刷されるため，常に印刷イメージを意識した編集ができ，複雑なレイアウトの文書も作成できる。

ワープロソフトとしては，マイクロソフト社の「ワード（Microsoft Word）」，ジャストシステム社の「一太郎」，グーグル社の「Google ドキュメント」，アップル社の「Pages」が代表的である。

(2) 日本語入力ソフト（日本語入力システム）

日本語入力ソフトは，パソコンに漢字やひらがなを入力するための仮名漢字変換ソフトウェアである。日本で購入するパソコン（日本語版）には，本ソフトウェアが標準で搭載されているのが一般的である。

仮名漢字変換では，ローマ字などで入力された文字が，その「読み」に基づいて文字列と仮名漢字の対応表である「辞書」を使って仮名漢字に変換される。また，ユーザが変換した実績を蓄積して学習し，変換される頻度が高い仮名漢字が変換候補の上位に示される。さらに，ユーザは新しい単語を辞書に登録することもできる。

マイクロソフト社の「MS IME（Microsoft Input Method Editor）」，ジャストシステム社の「エイトック（ATOK）」，アップル社の「日本語入力プログラム」，グーグル社の「Google 日本語入力」などが代表的

である。

4・2　表計算とグラフ作成のためのソフト

表計算ソフト（スプレッドシートともいう）は，数値データの計算や表，グラフ作成のためのソフトウェアである。表やグラフについては，ワープロソフトなどでも作成できるが，計算した結果を表示するような場合には，表計算ソフト使う方が適当である。マイクロソフト社の「エクセル（Microsoft Excel）」，グーグル社の「Google スプレッドシート」，アップル社の「Numbers」が代表的である。

　表計算ソフトでは，セルというマス目が格子状に配列されたワークシート上でセルに計算式や関数を入力することによって数値計算が簡単にできる。表中のセルの数値を変更すると，そのセルに関連するセルの数値が自動的に再計算される。表計算ソフトを利用することで，プログラミングの知識がなくても一般的な計算ができる。

　同じ処理を定型作業として繰り返すような場合，一連の操作手順を登録し，ボタン操作などでその作業を実行できる**マクロ**という機能がある。Excel では VBA の知識があればマクロをプログラムとして記述して作成できる他，操作手順を記録するレコード機能によってもマクロを作成できる。また，表計算ソフトには棒グラフや折れ線グラフなどの各種グラフを簡単に作成するグラフ作成機能の他，データの並べ替えや特定のデータの抽出といったデータベース機能，統計分析などの機能がある。そのため，表計算ソフトはデータを扱う様々な分野で利用されている。

　一方で，グラフの作成に特化したソフトウェアもある。表計算ソフトに比べてグラフの作成，編集の際に詳細な設定ができるため，見栄えのよいグラフの作成に用いられる。一部のソフトには統計分析などのツールも実装されている。Synergy Software 社の「カレイダグラフ（KaleidaGraph）」，日本ポラデジタル社の「デルタグラフ（DeltaGraph）」などが代表的である。

4・3　データ整理と情報獲得のためのソフト

　データベース（Data Base）は，様々な属性，ラベルを有するデータが統合的にまとめられたファイルであり，これを作成，管理するのが**データベースソフト**である。表計算ソフトのデータベース機能に比べて多くのデータを扱える他，データの追加，削除，集計，抽出などを簡単に行えるといった点で表計算ソフトより高機能である。

　データベースソフトの多くは，複数の表のデータを関連付けた**リレーショナル型データベース**（Relational Data Base：RDB）の考えに基づいており，必要なデータを抽出しやすい環境が実現されている。以前は自社内のパソコンなどにインストールしたデータベースソフトによる**オンプレミス型**での運用が多かったが，通信技術の発展により**クラウド型**のデータベースも運用されるようになった。各タイプで導入コスト，月額利用料金が異なるため，利用の目的や方法に応じて適切に選択する必要がある。マイクロソフト社の「アクセス（Microsoft Access）」，オラクル社の「Oracle Database」や「MySQL」，クラリス社の「FileMaker」が代表的である。

4・4　発表のためのソフト

　パソコンを使った口頭発表では，プロジェクタに接続してスライドなどをスクリーンに投影しながら発表するというDTPR（Desk Top Presentation）のスタイルでの発表が一般的である。**プレゼンテーションソフト**は，このような発表（プレゼンテーション）を効果的に行うためのスライドや資料を作成するソフトウェアである。発表用のスライドを作成，編集する機能の他，配布資料の作成機能，プレゼンテーション時に発表者のパソコンに口述用原稿や経過時間，次のスライドを縮小表示する発表者ツールなど，発表の際に便利な機能がある。

　マイクロソフト社の「パワーポイント（Microsoft PowerPoint）」やアップル社の「Keynote」が代表的なソフトウェアである。

4・5　インターネット利用のためのソフト

(1) メールソフト

　インターネット回線を通じて文字情報や画像，音声などを含んだメッセージを**電子メール**（electronic mail：e-mail）で送受信するソフトを**メールソフト**，メーラー（mailer）という。マイクロソフト社の「アウトルック（Microsoft Outlook）」やアップル社の「mail」などのソフトウェアが代表的であるが，「Yahoo メール」，「Gmail」のようなウェブ上でメールを送受信する**ウェブメール**の利用も進んでいる。

　メールは文書や画像などのファイルを添付して送受信できるが，添付ファイルが大きいと送受信に時間がかかるだけでなく，メールサーバーの上限を超過したサイズのファイルを送信できないといった問題が時々発生する。このとき，ファイル圧縮ソフトを用いるとファイルサイズを小さくでき，こうした問題を解決できる場合がある。また，圧縮されたファイルを元の状態に戻す「解凍」処理も多くの圧縮ソフトにより行うことができる。

　Windows，Mac，Chrome のいずれの環境においても，標準機能によってファイルの拡張子が「zip」の圧縮ファイル（ジップファイル）を作成でき，またジップファイルの解凍ができる。

(2) ブラウザ（browser）

　インターネットの **WWW**（World Wide Web）のウェブページを閲覧するためのソフトウェアを**ブラウザ**（browser）といい，マイクロソフト社の「エッジ（Microsoft Edge）」，アップル社の「サファリ（Safari）」，グーグル社の「グーグルクローム（Google Chrome）」などが代表的である。

　インターネットを介した動画や音楽の配信方式の1つに**ストリーミング**（streaming）という方式があり，データのダウンロード後に視聴を開始するのではなく，データを受信しながら再生することができる。動

画などを視聴する際にストレージの空き容量を必要とせず，またダウンロードの待ち時間に縛られず，すぐ再生できる点がストリーミング方式の大きなメリットである。ブラウザに Windows Media Player や QuickTime player を組み込む（プラグイン）ことで，ブラウザ内で動画や音楽を再生できる。

(3) コンテンツを豊かにするソフト

・ホームページ作成ソフト

　HTML 言語をワープロソフトなどで記述することによりウェブページを作成できるが，**ホームページ作成ソフト**を利用すると洗練されたウェブページを簡単に作成できる。これにより，ウェブサイト全体の構成，フレームやフォーム，他の文書や画像とリンクしたハイパーリンクの設定やアクセス数を数えるヒットカウンタの設定などを簡単に行うことができる。ジャストシステム社の「ホームページビルダー」などが代表的である。

・ドローソフト

　マウスなどを用いて様々な図形を描くことのできるソフトウェアが**ドローソフト**であり，イラストやロゴなどの作成，デザインにも用いられる。ワープロソフトなどに付属した作図機能に比べて複雑な図の作成や編集が可能であり，グラフィックやデザインの分野で多く利用されている。アドビシステムズ社の「イラストレータ（Adobe Illustrator）」が代表的なソフトウェアである他，コーレル社の「CorelDRAW」も利用されている。

・PDF ファイルの作成，閲覧ソフト

　Word で作成した文書を保存したファイルは Word 形式のファイルであるため，Word がインストールされたパソコンでないと基本的には開くことができない。このことは，Excel や PowerPoint といったソフトウェアで作成されたファイルでも同じである。このため，ファイルを共有した相手のパソコンに，そのファイルを作成したソフト

ウェアがインストールされていなくても，またパソコンやスマホなど，どのような環境で開いても，作成時の見た目のままの表示が可能な**PDF**（Portable Document Format）というファイル形式が開発された。

PDFファイルの閲覧は多くのブラウザ上で可能な他，アドビシステムズ社が配布するアドビリーダー（Adobe Reader）によっても可能である。PDF形式でのファイルの作成，保存については，Microsoft社製のWordやExcel，PowerPointなどのソフトウェアでは，文書作成後，保存形式にPDFを選択すれば可能である。また，様々なソフトウェアでは，印刷メニューでプリンタにAdobe PDFプリンタを選択してPDFファイルを作成できる。

(4) 画像・動画編集ソフト

デジタルカメラで撮影した画像やスキャナで取り込んだ画像に対して，色調や色濃度の変更，必要な部分の切り取り（トリミング）などの処理や編集ができる**フォトレタッチソフト**（写真編集ソフト）があり，アドビシステムズ社の「フォトショップ（Adobe Photoshop）」が有名である。

また，動画を編集・加工できる**動画編集ソフト**があり，アドビシステムズ社の「プレミア（Adobe Premiere）」やマイクロソフト社の「ウィンドウズムービーメーカー（Windows Movie Maker）」などが代表的である。

(5) ネットワークや個人情報を守るソフト

パソコンに被害を与えるコンピュータウイルスの検出，駆除，感染予防のほかに，インターネットからの不正侵入などの防御やパソコン内の情報漏洩を防止する機能を有するソフトウェアとして，**セキュリティソフト**やセキュリティ対策ソフトがある。このうち，ウイルスを検出，除去するためのソフトについては，**アンチウイルスソフト**という。

代表的なソフトウェアとして，シマンテック（Symantec）社の

「Norton365」，トレンドマイクロ（Trend Micro）社の「ウィルスバスター」，マカフィー（McAfee）社の「トータルプロテクション」などがある。

5　人工知能

人工知能（Artificial Intelligence：**AI**）は，人間の知的振る舞いの一部をソフトウェアにより人工的に再現したものである。

AIという言葉は1956年にダートマス会議という研究発表会で初めて使われた。1980年代に入り，エキスパート（専門家）のもつ知識を「if then」の型式でデータベース化し，それを用いて新しいルールを作り出す推論によりコンピュータに複雑な問題を解かせるエキスパートシステムという技術が生まれた。しかし，専門家の知識をルール化するのは難しく，また網羅できないため，コンピュータに人間のもつ豊富な経験的専門知識をいかに簡単に獲得させるかが課題であった。このように，AIは過去に何度かブームになったが，期待された成果を得るまでには至らなかった。

近年ではAIが再び注目されるようになり，ここでのキーワードとなっているのが**ビッグデータ**，**機械学習**，**ディープラーニング**である。

AIの技術が進歩，発展したことにより，2016年に世界的なプロ囲碁棋士がGoogle DeepMind社のコンピュータ囲碁ソフトのアルファ碁（AlphaGo）に敗れ，2017年に将棋の名人がコンピュータ将棋ソフトのポナンザ（Ponanza）に負けたというニュースは世界の人々に大きな衝撃を与えた。また，グーグル社がハンドル，アクセルペダルやブレーキペダルのない完全自動運転の自動車を開発して話題を集め，既存の自動車メーカーもAI技術を応用して自動運転技術の開発を進めている。

5·1　ビッグデータ

ビッグデータ（big data）の定義は明確ではないが，データの取得や通

信の技術が進歩した結果，従来のデータに比べて膨大な量（volume），発生頻度（velocity），多様性（variety）のような3Vといわれる特徴をもつデータがビッグデータと呼ばれるようになった。ビッグデータには，数値データだけでなく，画像や音声などのデータも含まれる。ビッグデータの例として，オンラインショッピングで蓄積される購入履歴，交通系ICカードによる鉄道などの利用履歴，インターネットの通信ログ，SNSで日々発信されるコメントや口コミの情報，スマートフォンのGPS情報，インターネットに接続されたIoT機器によって収集される各種センサーや監視カメラのデータなどが挙げられる。

5·2 機械学習

従来から，コンピュータには統計的手法を用いて自動的に認識，分類する技術があったのに対し，**機械学習**（machine learning）とは，人と同等の分類・認識の機能をコンピュータ上で実現し，この機能を自動的に高めていく技術や手法のことである。機械学習の1つの手法である**ディープラーニング**（deep learning：**深層学習**）では，人間が行う学習と異なり，数値やテキスト，画像，音声データなどの膨大なデータの中から，特徴量（対象を特徴付ける様々な変数の組み合わせ）を抽出し，推論を行うモデルを構築していく。この過程を「学習」と呼び，これにより推論の精度を高めていくと共に，新規データが入力されるとコンピュータが自動的に分類や認識を行うことができるようにする。

機械学習のアルゴリズムには，大きく分けて「教師あり学習」，「教師なし学習」，「強化学習」がある。教師あり学習は，入力データとしてラベル（正解）付きのデータを使って正解との対応性が高くなるように対象の特徴量を学習させる方法である。教師なし学習は，正解データを含まない膨大な入力データから特徴量を抽出し，対象の構造や傾向，規則などを発見していく学習方法である。強化学習は，未知の領域の問題に対して様々な行動をとった結果が報酬（得点）として与えられ，これをできるだけ多く

得られる行動を試行錯誤的に学習していく学習法である。

5・3　ディープラーニング

ディープラーニングは，2012年にグーグル社がユーチューブの膨大な猫の画像データを用いて，コンピュータが「猫」を自動的に認識した（「Googleの猫」といわれる）ときに用いられ，音声，画像，自然言語を対象とする認識問題に対して高い性能を示すことから，広く普及するようになった。

ディープラーニングで用いられる代表的な機械学習法は，多層構造の**ニューラルネットワーク**（neural network）を用いたものである。「neural」とは英語で「神経の」という意味である。人間の脳は多数のニューロン（神経細胞）のネットワークにより構成され，1つのニューロンは他の多数のニューロンから刺激を受け取り，あるレベルを超えると他の多数のニューロンに刺激を伝達することで様々な情報を処理している。この仕組みをコンピュータ上で実現したのが，ニューラルネットワークである（図表8－7）。

ディープラーニングで用いられるニューラルネットワークは入力層，中間層，出力層から構成され，中間層は「隠れ層」ともいい，多数の層をも

図表8－7　ニューラルネットワーク

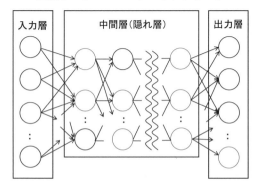

つことから,「深層」という言葉が用いられている。入力層に与えられた膨大な入力データは,要素間の結合の強さを示す重み係数を用いた演算結果として次の層の各要素に受け渡され,この処理を何層分も繰り返した結果,出力層に至る。教師あり学習では,出力が正解に近づくように上記の重み係数を自動的に繰り返し調整していく。これがディープラーニングの本質的な手順であり,ディープラーニングでの「学習」である。先に述べた「猫」の画像の学習例にあてはめると,正解のタグ(猫)が付いた膨大な入力データ(猫の画像)を用いた学習を行った結果,新たな入力データ(ある動物の画像)に対して猫かどうかの判断を行うことができるようになった。

ディープラーニングにより高い精度の出力を得るには,学習のための良質で膨大なデータの他,データ収集システム,比較的安価で高速・高性能な並列処理を行うGPU(Graphics Processing Unit),大容量データに対応したストレージといったハードウェアやソフトウェアの技術も必要である。

ディープラーニングの応用分野として,以下のようなものがある。

①画像認識

静止画や動画を入力して,文字や顔などの特徴を認識・検出して,顔認証,感情分析,自動運転,医療画像診断,異常検知などを行う。

②音声認識

音声入力による人物識別,機械通訳などを行う。

③自然言語処理

自然言語(書き言葉・話し言葉)に基づく機械翻訳,記事要約,問合せ応答,スパム判定,医療関連論文に基づく新薬開発などを行う。

④ロボット制御

環境の変化に対応して自律的に行動する。

6　ソフトウェア産業とシステム開発

　ソフトウェアは我々の生活や企業，公共サービスなど，様々なシーンで用いられている情報システムの中核部分の1つをなす存在であるが，ソフトウェアにトラブルが発生すると，その影響範囲は甚大になることがある。

　例えば，1900年代から2000年を迎える際に発生した**2000年問題**では，当時の多くのプログラム内では日付を扱う際，西暦年の下2桁だけを用いる仕様であったため，2000年を1900年と認識して誤動作が起きる可能性が様々な分野で問題となった。このようなプログラムの仕様は，容量が小さく高価であったコンピュータの記憶装置の利用を抑制するため，当時，よく用いられていた。2000年を迎える前にプログラムの修正が広く行われ，様々な混乱回避策がなされた結果，重大事象の発生には至らなかった。また，システムの複雑化はユーザの誤操作（エラー）の可能性を高める。2005年にジェイコム株式会社が東証マザーズ市場へ上場した日に発生したみずほ証券の誤発注問題では，注文を取り消せない売買システムが影響拡大の要因とされ，システム設計の重要性が改めて認識されることとなった。

　以上のように，ソフトウェアやシステムの作成，開発では，要求性能の確保，障害発生時の被害拡大防止は大変重要な課題であることから，**ソフトウェア工学**という1つの学問体系が構築されている。

6・1　ソフトウェア産業の概要

　我が国におけるソフトウェアの年間売上高は11兆円を超え（経済産業省2021年度特定サービス産業動態統計調査），ソフトウェア業界の企業数，事業所数，従業者数は年々増加する傾向にあるなど，ソフトウェア産業は一大産業となっている。

　ソフトウェア開発に携わる従事者は，管理，設計からプログラマまで様々である。ソフトウェア技術者には専門の知識と能力が必要であること

から，経済産業省は，基本情報技術者，応用情報技術者などの13の国家試験により，そのスキルを証明し，また技術者の育成，確保に貢献している。

6·2　ソフトウェアの開発と生産

　ソフトウェアの開発はシステムの開発と一体となって行われることがある。大規模システムの開発ではプロジェクトという形でチームが編成され，以下はチーム内での役割分担の例である。

- ・プロジェクトマネージャ
  役割：責任者，企画立案，計画提案，リスク管理，予算獲得，人材確保
- ・プロジェクトリーダー
  役割：プロジェクトマネージャの業務の一部を担う
- ・システムエンジニア（SE）
  役割：開発全般，仕様策定と設計，顧客との打ち合わせ

　システム開発には，「要件分析，要件定義」，「外部設計」，「内部設計」，「コーディング」，「テスト」，「運用」の段階順に進める**ウォーターフォール**と呼ばれる開発スタイルがある。「要求分析，要件定義」では，ユーザの要望や問題・課題，目的などを把握して仕様（要件）に落とし込み，要件定義書を作成する。「外部設計」では基本設計を行い，「内部設計」では詳細設計を行う。これらに基づいて「コーディング」ではプログラムが作成される。「テスト」ではプログラムやシステムのデバッグが行われ，「単体テスト」，「結合テスト」，「システムテスト」，「受入テスト」といったテストが行われる。「運用」ではシステムの運用が開始された後，システムが継続的に問題なく利用され続けるように維持管理が行われる。

　ウォーターフォールによる開発は，各工程での成果物を次の工程に引き継ぐため，順番や分担が明確で進捗を管理しやすい。一方，実際にはやり直し作業があり，工程が遅れると下流にしわ寄せが生じる。

　ソフトウェア開発の自動化は進んできているが，人に頼る行程や作業は

依然として多い。特にユーザからの要求を仕様にまとめる際には，関係者間や関係箇所間での利害対立の調整や社会的観点からの判断といったスキルが求められる。また，使いやすいデザインや機能が求められるため，ヒューマン・インターフェースの観点から人間工学や心理学といった分野の知識も必要であるなど，ソフトウェア開発には幅広い知見が必要である。

第9章

通信ネットワーク

📖 この章で学ぶこと
インターネット，通信ネットワーク，通信規約，ローカルエリアネットワーク，クライアントサーバシステム，Ethernet，LAN，無線，Bluetooth，クラウドコンピューティング

インターネットに代表される通信ネットワークは，高度情報社会の基盤である。今日ではインターネット技術の他にも，様々な有線通信・無線通信技術が使われている。本章では，これらの通信ネットワーク技術の基礎を概説する。

1 通信ネットワークの役割

1・1 社会における通信ネットワーク

現代社会は高度情報社会である。高度情報社会の基盤を形成するのがデジタル通信ネットワークである。ここで**通信ネットワーク**（communication network）とは，多数の通信主体すなわち**ノード**（node）が，複雑な網状の通信経路すなわち**チャネル**（channel）あるいは**リンク**（link）によって結び付いている状態を指す。パソコンやサーバがノードであり，インターネット回線や無線がチャネルである。

今日，通信ネットワークが社会生活において非常に重要なので，現代社会はネットワーク社会とも呼ばれる。また，情報技術の普及速度が速く，ＩＴ（情報通信技術）革命とも呼ばれる。

世界中に多様な通信ネットワークがある。後述するTCP/IP及びEthernet技術をベースに，多様なネットワーク技術を統合した世界的ネットワークがインターネット（Internet）である。インターネットとは元来「ネットワークのネットワーク」の意味であるが，このようにして形成された世界的ネットワークもインターネットという。

1・2　組織内の通信ネットワーク

組織は外部とのコミュニケーションのために多様な通信ネットワークを利用しているだけでなく，組織内でのコミュニケーションや情報共有のために組織内通信網を持っている。この利用によって，組織全体での業務調整・意思決定ができる。

組織のネットワークはその規模に応じて，図表9－1のように，様々な呼び方をされる。そしてこれらのネットワークを組み合わせて，様々な情報システムが構築される，これらの情報システムは図表9－2のように，業務系システム，情報系システム，そしてコミュニケーションシステムに大別できる。

図表9－1　通信ネットワークの規模による呼び名

GAN（Global Area Network）	：各国にまたがる世界規模のネットワーク
WAN（Wide Area Network）	：都市間にまたがる大規模ネットワーク
MAN（Metropolitan Area Network）	：都市内を網羅するネットワーク
LAN（Local Area Network）	：敷地内に限定されたネットワーク

図表9－2　組織内の情報システム分類

業務系システム：日常取引や日常業務の遂行に不可欠な情報システム
情報系システム：組織の管理情報や意思決定資料を収集する情報システム
コミュニケーションシステム：組織内のコミュニケーションのための情報システム

2 主要な通信技術

2·1 光ケーブルの回線網

光ファイバーケーブル（単に光ケーブルともいう）は光信号を伝達する。光ケーブルは高価で固いケーブルだが，高速で信号減衰が少ないので，伝達距離が長く，高速の回線で利用される。電話回線事業者（東西NTT等）は，電話回線網もデータ通信網も全て光ケーブル化した。これを，**FTTH**（Fiber To The Home）という。

2·2 LAN

LANでは，上記の光ケーブルの他，**より対線**（**ツイストペアケーブル**，twisted pair cable）や無線（Wireless）を利用する。今日のLANでは有線接続において，インターネット標準の**Ethernet**を使う。Ethernetでは8芯のモジュラ式コネクタ（**RJ45**）を付けたより対線ケーブル（**100BASE-TX**など）を使い，多様なネットワーク機器と接続する。

代表的なネットワーク機器には，リピータ，ブリッジ，ハブ，スイッチ，ルータがある。リピータ（repeater）はネットワーク間の電気信号を増幅・再生し，単にネットワークを延長する機器である。ブリッジ（bridge），ハブ（hub）やスイッチ（switch，スイッチングハブ）はLAN内のフレーム交換をする。ハブやスイッチは複数のより対線ケーブルを集線してスター型配線を構成し，電気信号の復元・増幅を行い，他ポートに流す。特にスイッチはブロードキャストや受信ポートを学習して，送信先ポート（RJ45）を選択し送出先のポートを限定する機能を持つ。

ルータ（router）はLANのゲートウェイとなり，LAN外部（インターネット）とのグローバルIPパケットの交換を行う。LAN内部のクライアントに対しては**DHCP**（Dynamic Host Configuration Protocol）サーバでプライベートIPアドレスを提供し，ルータが**グローバルIPアドレス**と**プライベートIPアドレス**および**ポート（port）**番号の相互変換を行う

ことで，LAN内部のクライアントがインターネットにアクセスできるようにしている。インターネットではグローバルIPアドレスでLANのゲートウェイとなるルータおよびLAN内部のクライアントを識別し，各種アプリケーションはポート番号で識別している。有線LANでは有線ルータ，無線LANでは無線ルータが使われる。両方のルータ機能を持つ機器もある。

LANではEthernet環境で，**CSMA/CD**（Carrier Sense Multiple Access/Collusion Detection）プロトコルによるデジタルデータ伝送を行う。データを送出したサーバは送出時に**信号衝突**（collusion）を検出し，もし衝突していた場合には，適当な時間間隔を置いて再送する。パソコンやサーバは常に信号を受信し，自分宛でないパケットフレームは廃棄する。

2・3 電力線通信

既設住宅のように新たにLAN配線を敷設できない場所では，電力線通信（Power Line Communication：PLCまたはPower Line Telecommunication：PLT）を使ってLANを実現する。通信に既存の電力線を使えるのは利点であるが，通信速度が遅いこと，分電盤が異なる範囲では通信できないことなどが欠点である。

2・4 無線通信

無線通信は電波による信号伝達である。家電製品のリモコンに使われている**赤外線通信**が広く知られている。赤外線は直進性が強いので，リモコンを受信機の方向に向けなければ受信できない。このため混信の可能性が低く，今日でも広く利用されている。

今日ではさらに，無線LANやBluetoothが代表的な近接用データ通信である。**電波法**では小電力データ通信システムの無線局に該当する。これを利用するのに免許は不要であるが，機器の販売会社による**技術基準適合証明取得（技適）**が必要である。

無線LANはIEEE 802.11シリーズとして国際標準化されている。規格には，図表9－3のようなものが含まれており，周波数帯が同じでも，二次変調方式が異なる場合，異なる規格となっている。規格が異なると通信することができないが，最近の無線機器は，複数の規格を自動的に切り換えるようになっている。各種の障害要素のため，実際の通信速度は表の公称速度の半分から3分の1である。

無線の場合には，受信機があれば誰でも電波を受信できる。そこで通信内容を秘匿するために，暗号技術を使ったセキュリティ方式が採用されている。携帯電話では，米国の標準暗号規格である**AES**（Advanced Encryption Standard）やKASUMIなどの暗号技術を使って通信が暗号化されている。

無線LANで使われる代表的なセキュリティ方式には，**WEP**（Wired Equivalent Privacy），**WPA**（Wi-Fi Protected Access）そしてこれを強化した**WPA2**（Wi-Fi Protected Access2）やWPA3（Wi-Fi Protected Access3）がある。今日ではこれら全てに脆弱性が発見され，対応を求められている。

BluetoothはIEEE 802.15標準に含まれる，モバイル機器向けの低速・

図表9－3　IEEE 802.11シリーズの規格

規格	周波数帯	公称速度
IEEE 802.11a	5.15-5.35GHz 5.47-5.725GHz	54Mbps
IEEE 802.11b	2.4-2.5GHz	11Mbps/22Mbps
IEEE 802.11g	2.4-2.5GHz	54Mbps
IEEE 802.11j	4.9-5.0GHz 5.03-5.091GHz	54Mbps
IEEE 802.11n	2.4-2.5GHz 5.15-5.35GHz 5.47-5.725GHz	65Mbps-600Mbps
IEEE 802.11ac	5.15-5.35GHz 5.47-5.725GHz	292.5Mbps-6.93Gbps
IEEE 802.11ad	57-66GHz	4.6Gbps-6.8Gbps

図表9－4　Bluetoothの主要なプロファイル

プロファイル	説　明
HID（Human Interface Device Profile）	（マウス・キーボード用）入力機器用
HSP（Headset Profile）	（通話用）ヘッドセットとの通信用
HFP（Hands-Free Profile）	（通話用）ハンズフリー通話用
A2DP（Advanced Audio Distribution Profile）	（音楽用）ステレオ音声を伝送用
AVRCP（Audio/Video Remote Control Profile）	（音楽用）AV機器のコントロール用
ANP（Alert Notification Profile）	（通知用）電話やメール等着信通知用
3DSP（3D Synchronization Profile）	（画像用）3DHUDとテレビの接続用

HUD＝Head Up Display

近距離・小電力のデータ通信規格である。無線LANでも使われている**ISMバンド**（2.4GHz帯）の電波を使用する。機器が安価で小型なので，パソコンのマウスやキーボード，ヘッドセットなどの至近距離デジタルデータ伝送に利用される。

Bluetoothを使うためには，親機と子機にBluetooth機能がある他に，図表9－4にあるような両者のプロファイルが一致していることが必要である。

2・5　衛星通信

宇宙空間に打ち上げられた人工衛星を経由し，マイクロ波帯の電波を用いてデータを伝送する通信技術である。地上の送信局から**通信衛星**（communications satellite：CS）に送信することを**アップリンク**（uplink），通信衛星から地上の受信局に送信することを**ダウンリンク**（downlink）という。衛星通信には，①広域の受信局に一斉放送できるという広域・同報性，②送信局も受信局も自由に設定・移動できるという柔軟性，③大容量の通信ができるという大容量性，④地上の災害に影響されないという耐災害性等の特長がある。ただし，その運用には大きなコストがかかるので，利用は高価格になるという欠点がある。

また，出力が大きく，使用目的が衛星からの直接放送であるものを特に

放送衛星（Broadcasting Satellite：BS）という。

3　通信サービスの利用

3・1　インターネットの仕組み

　前記のLANのゲートウェイ（ルータ）間をケーブルで相互に接続して，今日のインターネットが構築されている。インターネットは分散協調システムであり，インターネット全体を統一的に管理している組織はない。ただし，インターネットに接続する機器には**IP**（Internet Protocol）アドレスという固有番号を与え，Ethernetカードには**MAC**（Media Access Control）アドレスという固有識別番号を付けている。世界のIPアドレスは，**ICANN**（Internet Corporation for Assigned Names and Numbers）が管理している。MACアドレスは，**IEEE**（Institute of Electrical and Electronics Engineers）が管理している。これらにより，任意のクライアントやサーバや通信機器を識別する。

　IPv4は，8bitの数値をピリオドで区切って10進表記で4つ並べる32bitのアドレスである。8bitは10進表記すると0から255までになるので，例えば次のようになる。

　192.168.255.255

　IPv4は2011年2月3日に枯渇したので，**IPv6**という128bit（16bitが8つ）のIPアドレスが導入された。

　数字の羅列であるIPアドレスは人間にはわかりにくい。そこで，人間によりわかりやすい情報資源識別方法である**URL**（Universal Resource Locator，**URI**（Universal Resource Indicator）ともいう）を規定し，これとIPアドレスとを対応させる仕組みを提供することで，情報資源の一意性とユーザへのわかりやすさとを両立させている。URLとIPアドレスの対応付け（**名前解決**）は，DNS（Domain Name System）サーバにより実現される。

URLはプロトコル名にドメイン名以下をつなげた形式で，例えば，URL（http://www.tku.ac.jp/tku/index.html）のように，記憶しやすい，階層的な構造になっている。

3・2 インターネットの利用

インターネットでは，様々なサービスが提供される。図表9－5は，代表的なサービスプロトコルを列挙している。

図表9－5　代表的なインターネットサービス

http	：ウェブサーバ，WWW（World Wide Web）
https	：暗号化ウェブサーバ
ftp	：ファイル転送（File Transfer Protocol）
mailto	：電子メール
telnet	：リモートログイン

インターネットの代表的なサービスである電子メールでは，メールサーバに **SMTP**（Simple Mail Transfer Protocol）で送信された電子メールがサーバ間で転送される。受信者はPOP3（Post Office Protocol version 3）または **IMAP4**（Internet Message Access Protocol 4）という通信規格で，自分あて電子メールをパソコンにダウンロードして読む。今日の電子メールでは，**MIME**（Multipurpose Internet Mail Extension）という国際通信規格の採用により，テキストだけでなく，音声，画像なども送受信できる。MIMEを発展させた **S/MIME**（Secure/Multipurpose Internet Mail Extensions）では，公開鍵暗号とデジタル署名で情報秘匿・認証ができるようになっている。

もう1つの代表的なサービスである **WWW**（World Wide Web）では，ブラウザ（browser）というパソコン用ソフトウェアからウェブサーバにアクセスして，ウェブページをダウンロードして閲覧することができる。ウェブページは，**HTML**（Hyper Text Markup Language）というタグ付き書式で作成された文書ファイルである。ファイルの交換には，http

という通信規約（プロトコル）を用いる。

　HTMLなどで書かれた文書ファイルの内容を秘匿して通信する方法としては，**SSL**（Secure Socket Layer）や**TLS**（Transport Layer Security）がある。公開鍵暗号や秘密鍵暗号などのセキュリティ技術を使い，インターネット上でセキュリティを確保するために情報を暗号化して送受信する通信規約である。しかし，すべてのSSLと1.2以下のTLSには脆弱性があり，非推奨となっている。

3・3　クラウドコンピューティング

　インターネットで典型的な仕組みは，**クライアントサーバシステム**（Client Server System：**CSS**）である。クライアント，すなわちユーザのパソコン等が，インターネットの先のサーバにデータを要求（request）し，要求されたサーバが該当のデータを送り返す（response）という仕組みである。

　今日ではサーバ技術が進歩して，多様なサーバが協調して動くようになっている。**仮想化**ソフトにより，物理サーバ上に自在に仮想サーバを構築することもできる。任意のサーバの資源が不足する場合には，サーバ同士がクライアントの要求に応えるために必要な資源（ハードウェアなど）を相互に融通し合う。この結果，どこの物理サーバでも自在に仮想サーバに組み込んだり切り離したりすることができる。今，アクセスしているサーバがどこにあるどれなのかを，ユーザは知る必要がない。インターネットサービス事業者（Internet Service Provider：ISP）は，多数の物理サーバを事前に設定しておき，顧客の要求に応じて，自動的に組み合わせて提供する。

　このような環境を**クラウドコンピューティング**（cloud computing）といい，そのサーバを**クラウドサーバ**（cloud server）という。インターネットの先にあるサーバが実際にどこにあるのかユーザにはわからず，雲の中を探すようなものなので，このように呼ばれる。

今日のクラウドサービス事業者は，クラウドサーバ上で稼働するソフトウェアや記憶容量をユーザに使わせて，使用量に応じて課金（使用料金を請求）する．特定のユーザが要求するそのユーザ限定のソフトウェアサービスの場合には **ASP**（Application Service Provider），不特定のユーザに同じソフトウェアサービスを提供する場合を **SaaS**（Software as a Service）という．SaaS は多数のユーザで共用するので利用料金が安くなり，既に開発済みのソフトウェアを利用するので，すぐに利用を開始できる．ユーザが求める性能に満たない場合には簡単に能力を付け足したり，多過ぎる場合には減らしたりすることができる．この性能を，**スケーラビリティ**（scalability）という．

　SaaS と同じようにしてハードウェア資源だけを提供するものを **IaaS**（Infrastructure as a Service），OS やミドルウェアまでを提供するものを **PaaS**（Platform as a Service）という．また，ユーザにパソコンサービスだけを提供するものを **DaaS**（Desktop as a Service）という．DaaS を使えば，インターネットに接続しているユーザは，サーバから自由にパソコン用ソフトウェアを使うことができる．

3・4　無線の利用

　無線は携帯電話，無線 LAN，伝統的な無線機（トランシーバまたはインカムなど），そしてラジオなどで利用されている．

　代表的な無線通信は**携帯電話**である．有線電話回線に無線で端末接続することにより，電話として機能する．この時，有線回線と無線とをつなぐ設備を**基地局**という．今日ではスマホ（スマートフォン，smart phone）に携帯電話機能が組み込まれている．初期の第1世代の携帯電話はアナログ通信で，暗号化もされていなかった．しかし，携帯電話がその便利さから普及していくに従い，第2世代以降ではデジタル通信に切り換えられ，暗号化により通信秘匿され，利用される電波帯域も拡大してきた．今日では，第4世代（4G）を経て第5世代（5G）となり，通信方式の国際標準

化，通信の高速化が進んだ。4Gでは**国際電気通信連合**（International Telecommunication Union；**ITU**）が定めるIMT-Advanced規格に準拠する**LTE-Advanced**方式およびWireless MAN-Advanced（**WiMAX2**）の2つの通信方式がある。さらに第6世代（6G）の実用化も始まった。

無線LANには，携帯電話の基地局に相当する親機（アクセスポイント）を中継して行う**インフラストラクチャモード**と，子機（端末）同士で直接通信する**アドホックモード**とがある。

無線LANを利用するには，利用可能な無線データの中からアクセスポイントを識別するための**SSID**（Service Set ID）を設定し，さらに上記のアクセスモード設定，セキュリティ方式の設定の他，アクセス制御の設定をする必要がある。

その他，主要な無線機には，図表9-6のようなものがある。

図表9-6　無線機の種類

種　類	通信範囲	免　許
特定小電力トランシーバ	数百m以内	不　要
デジタル簡易無線局（3R登録局）	約1〜3km程度	不　要
デジタル・アナログ簡易無線局（3B免許局）	約1〜3km程度	必　要

第10章

より高度の情報リテラシー

> 📖 **この章で学ぶこと**
>
> 問題解決法，問題の構造化，システムズアプローチ，システム，データ，数量化，グラフ化，仮説，仮説検定，数学モデル，シミュレーション，最適化，システム分析，代替案の評価，情報処理技術者試験

1 問題解決への期待とアプローチ

　企業や社会に存在する問題に対しては，科学的な解決（≒根拠）が求められることが多い。これまで，意思決定者の勘と経験に基づいて解決が図られることは少なくなかったが，この場合，意思決定者に十分な実績と信用がないと第3者がその決定を受け入れるのは容易ではない。一方で，人口減少社会を迎え，また豊富な経験を有するベテラン社員が多く退職する時代となり，積み重ねられた様々なノウハウの継承が大きな課題となっている。こうした状況のもと，近年ではICTが急速に発展し，これまでの技術，システムでは取得できなかった多種多様なデータを容易に得ることができるようになり，またデータ分析ツールの整備も進んだことで，ICTによる問題解決に大きな期待が寄せられている。即ち多種多様なハードウェア，ソフトウェア，ネットワークなどを活用して構築された新たな情報システムによる問題解決が進められている。

　さて，一般に「**問題**」とは，対象の望ましい状態（目標）と現在の対象の状態（現状）の間にあるギャップであり，解決すべきものを指す。この「問題」に関連する要因，その相互関係，問題解決の目的を明確化でき，

その解決案を見出すことができる「問題」を「**構造化された問題**」という。構造化された問題には，数理的手法，即ち経営科学的な手法を適用して，問題解決を図ることができる。一方，「構造化されていない問題」は問題自体や解決の目的が不明確であるので，「何が問題であるか」という問いから出発して解決の糸口を探していく。

2　システム思考による問題解決

2·1　システムとシステム思考

　「**システム**（system）」と聞くと，多くの人はコンピュータシステムやパソコン一式のような電子的な仕組みを想像するが，問題解決において扱うシステムは，「全体の目的を達成するために，関連のあるいくつかの要素が集まって有機的に機能するもの」と一般的に定義される。つまり，システムは，ある機能をもつ構成要素の集合体であり，それらは相互に関連しながら，目的を実現するために存在し，活動するものと考えられる。よって，問題とする対象の目的，考慮すべき構成要素，要素間の関係などが明確であれば，その対象を「システム」と考えることができる。システムの要素間の相互関係やそれらと結果の関係，全体と部分の関係に着目して，「問題」を構造化して解決しようとするのが**システム思考**であり，このような方法論を**システムズアプローチ**という。

　システムの構成要素間の関連や結合の仕方を**システム構造**という（図表10−1）。ここでは，システムが受ける作用や影響を入力（インプット），環境や他のシステムに与える作用や影響を出力（アウトプット）という。

　一般に，システムの目的に沿って入力は与えられ，システム内で何らかの変換を受けて結果が出力される。意思決定問題の場合，意思決定者は入力をコントロールすることで，目的に合った動作をシステムにさせようとする。システム思考，システムズアプローチでは，システム構造に着目して問題の論理的な解決を目指し，この概念は経営管理などの意思決定問題

図表10－1　システム構造

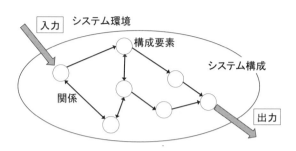

では重要である。システムズアプローチでは，**数理的手法**（現実問題への適用も含めた数学より広い考え方や手法）による問題解決法が用いられる。

2・2　企業におけるシステムズアプローチ

企業での意思決定では，企業内外の状況，環境の分析と将来動向の予測の各結果に基づいて，数理的手法による問題解決がなされる。こうした活動は，コンピュータを活用した情報システム（**意思決定支援システム**）により支援されることが多い。本システムには，データ収集，データ蓄積，データ分析，監視・診断，将来予測，問題解決策の提案といった機能があり，意思決定に活用される。

3　問題解決の手順

3・1　問題解決の手順とサイクル

システムズアプローチでは，図表10－2のように，提起された問題に対して段階を経て解決がなされる。図中①～④の各ステップの概略を以下に説明する。

①問題明確化

問題解決の対象について，問題の発生の条件，状況を整理して問題の構造を理解し，本質を把握することで，問題解決の目的を明確にする。ま

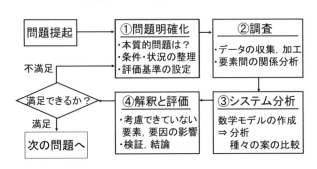

図表10－2　問題解決の手順

た，問題解決の立場・観点を検討し，問題解決案の評価基準を設定する。問題明確化の具体的な手法については，3・3で紹介する。

②調査

現状を調査して，問題に関係する要素と要素間の相互関係を把握する。このためにデータを収集，加工し，要素の挙動や要素間の関係を分析する。関係分析にあたっては，仮説を設定したり，問題に関係する主要な要因を想定，選択したりして，各種要因の影響を定量化する。具体的な調査方法については，3・4で後述する。

③システム分析

得られた分析結果に基づいて，問題解決対象の構造に対応した数学的なモデル（**数学モデル**）を作成する。実問題を数式により表現し，これをコンピュータ内にコピーのように再現する。特に，コンピュータ上の仮想空間にリアルな物理的空間を再現したモデルは，デジタルの世界に再現された双子（twin）という意味で，**デジタルツイン**と呼ばれる。

数学モデルに対して**最適化**や**シミュレーション**などの手法を適用することで，問題解決に有効でコントロール可能な要素の最も望ましい値，即ち**最適解**やそれに準じる解を得られる。また，入力データの想定しうる変化に対応した最適解などの挙動を観察し，様々な**解決案（代替案）**を提案して比較する。このように各種手法により問題解決策を提案，比較すること

を**システム分析**，或いは**モデル分析**という。システム分析の具体的な手法については，3・5で後述する。

④解釈と評価

得られた問題解決案が適当であるかを解釈，評価する。例えば，得られた解決案を実際のデータに適用し，実務などの観点で適当であるかを確認する。また，実証試験として解決案を実フィールドに適用して結果を評価することもある。ここで確認した結果が意思決定者にとって満足できるものであれば，問題解決策として採用すると共に，作成した数学モデルは同様の問題の解決に有効なツールとして活用される。一方，解決案が満足できるものでない場合には，分析時に考慮できていない要素，要因の有無や影響を検討した上で，①問題明確化のステップから再検討する。このような**フィードバック**は問題解決には大変重要である。解釈，評価に関する具体的な考え方については，3・6で後述する。

3・2　問題解決へのコンピュータの活用と問題解決者への期待

以上に示した問題解決の各ステップで必要なデータの収集・分析，数学モデルの作成，解決案の提案・評価では，コンピュータの活用が必須である。このため，コンピュータリテラシーの他，問題解決のための思考法や統計的方法，数理的手法などへの理解と応用の能力，即ち，より高度な情報リテラシー能力や問題解決能力が問題解決者には期待されている。特に，ICTの発展により取得可能になった多くのデータを精度の高い意思決定に如何にして結びつけるかという課題への関心が各分野で非常に高まっている。そのため，データ分析や問題解決を支援する様々なシステムやソフトウェアの開発，導入が進んでいる。

3・3　問題明確化の手法

問題を明確にするためには，問題の構造化が必要である。このための手法として以下のようなものが挙げられる。

(1) ブレインストーミング（Brain Storming）

　複数の関係者が参加して自由にアイデアを創出する会議方式の1つであり，問題発見・解決のための集団発想法の代表的な手法である。質より量を重視し，できるだけ多くの自由奔放なアイデアやユニークなアイデアを出すことが重要であるため，参加者が遠慮せずに色々な意見を発言できるように批判や評価をせず，判断や結論も出さないで，また他人のアイデアへの合流・便乗歓迎というルールで進めることが推奨される。

(2) KJ法

　アイデアを整理し，問題解決策を見つけていくための方法である。ブレインストーミングなどで出されたアイデアの1つ1つを1枚のカードに記し，メンバー間で協議しながら，類似したもの同士を小さなグループに分ける。次に，小グループ間の関係を考慮しながら，さらに大きなグループにまとめ，小グループを部品としてアイデア全体の構造を組み立てていく。こうして，取り組むべき問題の全体像を把握し，メンバーの多くの知見を集約して共通の認識をもち，問題を構造化する。

(3) 特性要因図

　図表10－3に示すように，図の右端に問題を表す指標や特性（結果）を「魚の頭」として置いた上で，それに関連，影響する要因（原因）を図の左側に魚の骨として記入して，特性と要因の関係性を体系的に表し

図表10－3　特性要因図の例

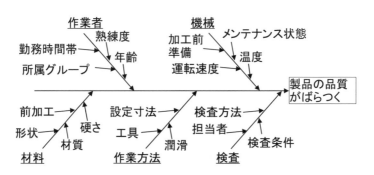

た図を作る．特性に関係する要因を網羅的に俯瞰して検討でき，問題の所在の整理と構造化に有効である．特に，原因を直接的なものと間接的なものに分けることで，改善すべき真の問題点を明確化できる．

(4) パレート分析

対象を構成する多くの要素を量や金額の大きい順に並べ，上位の要素が全体にどの程度寄与しているかを視覚的に確認しながら分析する方法であり，この分析結果を棒グラフで表したものがパレート図である．パレート分析では，重要なものや改善効果の大きいものから改善，問題解決に着手するための優先順位付けを行うことができ，重点分析，ABC分析ともいう．

3・4　調査の手法

3・4・1　企業における統計的手法の応用

企業が最も関心をもつ課題の1つとして，自社が提供する製品やサービスに対する顧客や消費者の満足度，即ちCS（Customer Satisfaction）の向上が挙げられる．このため，販売店のPOSデータや多種多様な顧客データ，SNSなどに流れる膨大な口コミといったビッグデータを経営やマーケティングの戦略策定に活用するために，**統計的手法**を用いたデータ分析が数多く行われている．

手法の一例として，**データマイニング**（Data Mining）という技術がある．この言葉は鉱脈を掘り当てる作業に似ていることに由来するが，統計的手法を活用したデータ分析手法により，膨大なデータから問題解決や戦略，意思決定に有用な傾向，規則性などといった情報を発見する技術である．データマイニングは，データの抽出（データの選択，属性の決定），前処理（ノイズ・異常値除去，欠損値処理），変換・集約（目的に応じた属性選択），データマイニング（パターンの抽出），検証（結果を検証し，必要な処理を反復）といった手順で進められる．例えば，POSデータや

顧客情報に基づいて市場分析や優良顧客を識別し，顧客ニーズに応じた新商品やサービスの開発に役立てることなどにデータマイニングは活用されている。

3・4・2　統計的手法による情報取得

(1) 分析データ

　解決すべき対象について，その現象や実態を的確に把握するためには，問題対象を客観的かつ正確に表す事実であるデータを収集する必要がある。このとき，問題対象を観察し，数値によって測定・記録した**定量データ**を取得することが望ましい。定量データは，統計的手法を利用することによって理論的な裏付けをもって獲得できる。但し，対象の全体像を数値だけで完全に表現することは難しいため，データの取得，分析の目的や観点を明確にし，必要なデータを収集することが重要である。

　一方，定量データを必ずしも得られない場合は様々な場面で存在する。例えばアンケートの選択肢が「満足」，「普通」，「不満」であった場合，各選択肢を5，3，1といった数値に置き換えて集計することにより，定量データに変換できる。このように数値データを直接得られない場合でも，「程度」を数量で置き換えること（**数量化**）により，定量データとして把握する手法がある。数量化は，数値への置き換え方次第では，恣意的になり事実を歪める可能性はあるが，定量的にデータを把握するための1つの方法である。また，メッセージ，記事，写真などの数値化できない定性データについても，分析の際には重要な情報になることがある。

(2) データ収集の目的と収集データの選択

　一般に，データ収集の目的には，以下のようなものがある。

　①問題発見：対象のどこに問題点があるかを調べる。

　②要因間の関係理解：ある結果や現象に対して要因（原因）がどのように関係しているかを分析する。

③評価：判定基準を設けて現在の対象を評価する。

④管理：目標達成のために状態や成果をチェックする。

収集するデータについては，問題対象をできるかぎり正確に把握するために，その対象に大きく影響を及ぼす要因や関連する要因を表すデータ項目（**変数**ともいう）を選択する。患者を診断する医師は患者の症状を反映する検査項目を選んで検査し，その結果から患者の病気を特定するのと同じイメージである。適切なデータ項目を選ぶためには，専門知識に基づいて理論的立場から対象を観察したり，得られたデータを注意深く解析したり，今までの知識や経験を利用したりすることが重要である。また，数値化できない言語的な定性データを参考にすることも重要である。

(3) 統計的アプローチとデータ

　数値データから問題対象の特徴や性質，傾向などに関する情報を得るために最も有効な方法は，統計的手法を用いる**統計的アプローチ**である。本アプローチを用いることにより，表やグラフでは見えない傾向や関係，データがもっている特徴などを分析結果から把握できる。また，データが少ない場合や特徴が明瞭でない場合でも，対象に対する仮説や推論の妥当性を調べることで，対象や意思決定に関する情報を得られることがある。

　統計的手法で扱われる数値データは，一般的に**サンプルデータ**である。例えば，全てのデータを含む仮想的なデータ集合である**母集団**から選ばれたサンプル（試料ともいう）のデータを測定して得られたとする。ここで，母集団の特徴を規定する定数を母数という。意思決定者にとって価値があるのは，手元にあるサンプルデータに関する情報ではなく，現象解明や問題解決をしたい対象，すなわち母集団に関する情報である。そのため，統計的手法によりサンプルデータから計算される量（統計量という）から母数を推定し，対象のおおよその「姿」を推測することで，意思決定に重要な情報を得ようとする。

統計的アプローチで重要なのは，得られたサンプルデータがその母集団の性質や特徴を正しく反映していることである。そこで，母集団からサンプルを採るときには，偏りがなく作為的でないように，ランダムに収集する**ランダムサンプリング**が重要である。例えば，日本全体の若者の考え方を調査したいのに，特定の地域や学校の若者だけを対象に調査するのは，収集データに偏りがあるため，正しい結果を得られない可能性が高い。

(4) データの分析方法

1) グラフによるデータ表現

　得られた数値データを図（グラフ）にする（**グラフ化**）ことで，データや，それをまとめた表からでは分からない情報を得られることが多い。データ全体を概観したり，特殊なデータ（異常値）を発見したり，問題発見の手掛りにしたり，分析結果を効果的に表現するためにも有用である。グラフ化では，数値データをそのままグラフに打点するだけではなく，元のデータの履歴から共通の特徴（例えば，性別，地域，年齢など）で分類（**層別**という）して打点してみると，新たな傾向や関係に気づくことが多い。例えば，図表10－4の左の図を第3者に見せると，右上がりの関係（XがXが増えるとYも増える）があると認識される可能性がある。ところが，このデータはAとBという別の集団から得られたものであり，これを区別して右の図のように示すと，各集団で右下がりの関係があるという認識に変わる。このように，グラフの作り方によっては，誤った結論に導いてしまう場合があるため，グラフに現れた

図表10－4　データ分類（層別）の重要性

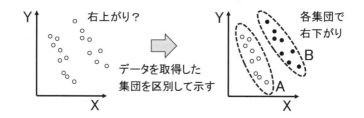

傾向や関係が従来の知見や常識，理論，法則，経験に照らして妥当なものであるかを十分に吟味してから資料にまとめる。

　代表的なグラフとして，サンプルデータの値の中心や散らばり具合を見る**ヒストグラム**（**度数分布図**）がある。ヒストグラムは，階級（区間）を決めて横軸とし，各区間に含まれるデータの数（度数）を縦軸にして作られる。ヒストグラムでは，グラフの形状の①左右対称性，②中心位置，③ばらつき（散らばり）に着目して分析，考察する。

　他にも，個々のデータの大小関係を見る**棒グラフ**，割合を見る**円グラフ**や**帯グラフ**，2つ以上のデータ項目間の差や1つのデータ項目の時間的な傾向を見る**折れ線グラフ**，2つの項目のデータ間の関係性を見る**散布図**などがある。特に，散布図では2変数の関係を直観的に把握できるため，要因間における関係性の有無や因果関係，また予測・推定式の構築の可能性などを検討することができる。

　グラフを見る際には，データの位置や範囲，ばらつき，分布形状，複数の分布間での差異など，多角的な観点から考察することが重要である。

2）統計的な指標，分析方法

　・平均とばらつき

　　平均はデータ群の中心位置を示す。**ばらつき**はデータの散らばりを示し，**分散**や**標準偏差**といった数値で表される。統計的アプローチで用いるデータは，一般に正規分布という確率分布に従う母集団から出現すると仮定されることが多い。この分布に従うデータでは，平均値付近の値が多く出現し，平均値から離れた値のデータは出現しにくいという傾向をもつ（図表10-5）。データの平均値付近への集中の程度や平均値を頂上とする分布形状のすそ野の広がりは，ばらつきの大きさに影響する。ばらつきの小さなデータでは分布のすそ野が狭く，大きなデータではすそ野が広い。

　　一般に，平均とばらつきの大きさは，分布の位置，形状を決める大きな要因である。そのため，データを取得したら，まず平均やば

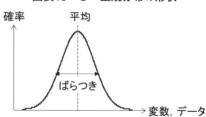

図表10-5 正規分布の形状

らつきを計算することが多い。分散の単位は，元のデータの単位の2乗になるため，データの単位と合わない。そのため，ばらつきの指標には分散の平方根である標準偏差の方がよく使われる。

・相関係数

相関係数は2つのデータ項目のデータ間にある相関関係の強さを表す指標であり，一方の変数の値が増加したときに他方の変数の値が増加，または減少する傾向の程度を−1〜1の範囲の数値で示す。原因と結果を表す因果関係があると相関関係が現れるが，相関関係があるからといって因果関係があるとは必ずしもいえない。また，相関係数が大きいから「関係がある」と結論を出すのを急ぐのではなく，「変数の意味」や「変数間の理論的な関係」を考えて結論を出すことが重要である。

・多変量解析法

問題対象を観測・測定するとき，1つの側面からだけでなく多面的に見る場合がある。このように，対象を多面的に観測・測定したデータ項目からなるデータ群を**多変量データ**といい，このようなデータを分析する統計的手法を**多変量解析法**という。

多変量解析法の中で代表的な手法は，1つの説明すべき変数をいくつかの関連する変数で説明する予測式，推定式を求める**重回帰分析**である。この他にも，特徴や性質を表す様々な変数をより少ない総合的な指標にまとめる**主成分分析**，多くの変数間の相関関係を規

定する潜在的な因子を探索する**因子分析**，類似したサンプル同士をその類似性に基づいてクラスタ（塊）にまとめ，分類する**クラスタ分析**，新しいサンプルの所属を判別するための規則を作る**判別分析**など様々な手法がある。これらの手法を用いるには数学的知識を必要とするが，SAS Institute 社のSAS（Statistical Analysis System：サス）や IBM 社の SPSS のような統計パッケージの他，最近では無料統計ソフト R など，各種分析が可能なソフトウェアが普及している。データマイニングを含む各種統計的アプローチによる分析の際には，これらのソフトウェアの利用が便利である。

3) 仮説検証と仮説検定

・仮説検証

意思決定の際には，これまでの情報に基づいて「このようにすればこのような結果が得られる」という仮説（仮に定めた説）を立て，実行した結果（データ）を用いて，その仮説が正しいかを確かめる（検証する）ことがある（図表10－6）。これを**仮説検証**といい，問題対象に関する知見を得る方法としてよく用いられる。

仮説がなくても意思決定はできるが，なぜ結果がそうなったのか，なぜ他の結果にならなかったのかを結果のデータから読み取ることはできない。仮説があると，期待通りの結果が得られれば仮説

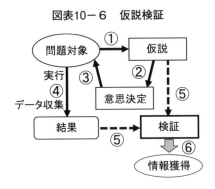

図表10－6　仮説検証

は正しいと考えられるが，期待通りの結果が得られなかった場合には，その理由を考え，別の仮説を立てて実行することができる。このような仮説と検証というプロセスを繰り返すことで問題対象のメカニズムを知り，情報を獲得できる。

仮説検証のためには，仮説を立てることにより何を知りたいのか，何をしたいのかという仮説設定の目的を明確にする必要があり，このためには対象に関する専門知識を活用することが多い。しかし，専門知識に基づいて設定された仮説は常識的なものになりがちで，仮説が正しいと検証されても目新しい知見を得られない場合がある。そのため，専門知識だけでなく，経験や勘から得られる暗黙的な知識の活用も必要である。また，可能性のある仮説を幾つか考え，妥当と思われるものに絞り込むこと，或いは定説や常識とは異なる仮説を敢えて設定することが有効な場合がある。このような場合には，定量データだけでなく，インタビューで得られるような定性データの活用も考えるとよい。

以上のように，様々な観点から仮説を検討し，従来の思考の範囲を超えた新たな問題解決策の発見，提案につなげる意識を持つことが仮説検証では重要である。

・仮説検定

仮説検証の考え方を統計理論によりまとめたのが**仮説検定**であり，統計的判断の基礎となる（図表10－7）。

例えば，新商品が従来品より売れているかを判断するために，新商品を20店舗で試験的に1ヶ月間販売したときの新商品の販売量データと，今まで20店舗で売られた従来品の1ヶ月間での平均販売量データとを比較し，仮説「新商品の平均販売量は従来品の平均販売量より多い」が成り立つかどうかを統計的に判断することを考える。この場合，20個という少ないデータであっても，統計的手法により，2つの販売量データの間に有意差があると考えられるかを判

図表10－7　仮説検定

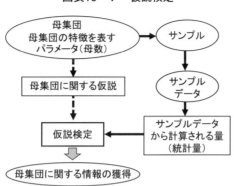

断できる．この他にも，各グループのデータのばらつきがグループ間で異なるという仮説の検定や確率的に得られるデータが正規分布に従うという仮説の検定など，様々な検定が存在し，いずれも仮説検定を通して問題対象の特徴などの情報を得ることができる．

3・5　システム分析

3・5・1　数学モデル

　問題解決案を提案し，また複数の案を比較して，解決案の精度を評価するためには，実際の問題対象に様々なアクションを試行的に直接行い，問題対象の挙動を観察し，その結果をまとめることが考えられる．但し，問題対象が大規模だと，時間やコストを要するだけでなく，アクションによって問題対象の状態が変化してしまい，試行を繰り返せない場合がある．そのため，調査結果に基づいて，問題対象の構造，メカニズムを表した架空の分析対象である**数学モデル**を作成し，これを分析することが考えられる．このようにモデルを作ることを**モデル化**（モデリング）という（図表10－8）．モデルは問題解決の対象を特定の視点から抽象化，理想化，単純化したものであるため，同じ問題対象でも観点が異なればモデル

図表10−8　数学モデル

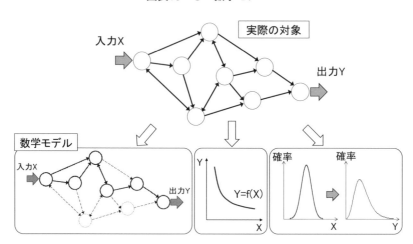

は異なる。また，モデル化では，そのモデルが実際の問題対象を適切に表現していることを実際のデータを用いて確認しながらモデルを作る必要があり，対象を数式で表現する。この際，難解な数式を使わなければならばいということはなく，単純な数式で十分であり，むしろその方が分析の容易性の観点からは望ましい。このようなモデルを用い，また組み合わせることで，問題解決策の検討や解決策の評価を行える。

　一方，経営分野では，数学モデルの作成にこだわらず，業務改善策の検討のために現状分析結果をもとに業務の手順やデータの流れを概念的に構造化したフロー図を作成することもある。このような図の作成についても，架空の分析対象を作るためのモデル化といえる。

3·5·2　最適化とシミュレーション

　数学モデルを作成できると，このモデルを用いて「どのような値を入力するとよいか，選択すべきアクションをどうするとよいか」といった解決案（代替案）を検討できる。こうした検討では，**最適化**と**シミュレーション**がよく使われる。

(1) 最適化

最適化とは，問題対象を変数（コントロールする対象，即ち意思決定の対象），制約条件，解の良し悪しを決める基準となる評価関数（目的関数）から構成された**最適化モデル**（数学モデルの一種）で表し，数学的解法を用いて望ましい変数の組み合わせ（**最適解**）を見つけることである。即ち，評価関数の値を最大化，または最小化するような変数の組み合わせを見つける「**最適化問題**」を解くことである。最適化は製造業から輸送，サービス業，エネルギー，ファイナンスなど，幅広い分野で用いられている。

最適化モデルを解いて得られた最適解は，数学的には合理的な解であるが，実際には他にも考慮すべき条件が存在するなどのため実行できない場合がある。よって，最適解をそのまま解決案とするのか，実態に合わせて修正して解決案とするのか，問題関係者とよく検討する必要がある。

最適化の手法には**数理計画法**がよく知られている。数理計画法は，最適化モデルを数学的に解く方法であり，簡単なモデルであればExcelのソルバで解くことができる他，大規模なモデルでも解くことができる**数理計画ソフトウェア**がある。代表的なものとして，FICO社の「Xpress」，Gurobi Optimization社の「Gurobi Optimizer」，また国産ではNTTデータ数理システム社の「Nuorium Optimizer」などがある。

(2) シミュレーション

シミュレーション（simulation）は「模擬実験」，「模型実験」ともいわれ，問題対象を表す数学モデルに様々な入力データを与えた際のモデルの挙動を観察して得られた結果から，実現象の特性を説明する手法である。一般に，シミュレーションは，①試験コストが高い場合（経済的問題），②実行不可能な場合（時間的，地理的問題），③危険を伴う場合（安全上問題），④事象が複雑で理解が難しい場合などに用いられる。最適化では，最適化モデルを解いて最適解を見つけ，問題解決策とするの

に対し，シミュレーションではシステムの望ましい挙動に対応する入力データを探索することで解決策を検討する。シミュレーションでは，入力データを様々に変えてシステムの挙動を調べるだけでなく，最適化モデルで考慮することが難しい確率的な事象を扱うことができる他，ある時刻での決定が次の時刻での決定に影響するようなダイナミックなシステムも容易に検討できる。

シミュレーションの適用範囲は，気象予報，建造物や自動車の構造設計，環境予測，生産計画，ビジネスゲーム，機械制御，大規模災害時避難計画，サービス窓口数の決定など多岐にわたる。

3・5・3　モデルを用いた分析

最適化やシミュレーションを用いてモデルの特徴や性質を調べる際に基本となる考え方を以下に示す。

① **What-if 分析**

あるモデルに対して，「もしもこうしたらどうなるか」というように，モデルの入力の値を変更したら結果がどのようになるかを調べる

② **目標追求**（goal-seeking）**分析**

What-if 分析とは逆に，「仮にこうなるためにはどうしたらよいか」というように，目標となる結果の値にするためには原因に相当する変数の値がどのような値になるかを調べる

③ **感度**（sensitivity）**分析**

複数の変数間の量的な関係について，ある変数の値を少し増加または減少させて，関連する他の変数がどのように変化するかを調べる

3・6　解釈と評価

3・6・1　解決案の評価と実施

問題解決のために提案された解決案については，現実への適合性，実行

可能性を評価する必要がある。また，複数の解決案（代替案）が提示された場合には，最終的な1つの解決案に絞る必要がある。この場合，解決案を比較するための代表的な基準として，コストを一定としたときに効用を最大にする解決案を選ぶ最適化基準と，満足すべき一定の効用を最小のコストで達成できる解決案を選ぶ満足化基準とがある。また，解決案を現実の問題対象に適用する際の評価では，

- 解決案の有効性（efficacy）：実際に効果を生み出すことができるか
- 解決案の有用性（usability）：長期的に社会に役立つ効果を生むことができるか
- 解決案の効率性（efficiency）：資源を無駄なく使用できるか
- ニーズの充足度（sufficiency）：顧客のニーズを満たすことができるか

といった総合的・多面的な観点での評価が求められる。

こうした過程を経て選定された解決案によっても問題が解決しなければ，図表10-2に示した「①問題明確化」以降のステップを繰り返す。

3・7　問題解決のための様々な思考法

以上に述べた様々な問題解決の手法や考え方に関連し，様々な思考法や実践法，管理法が存在する。これらの例を以下に示す。

(1) 推論

現象や事象を説明するための新たな仮説を考える際には，既知の事柄から未知の新しい事柄を導き出す**推論**が必要となる。推論の手法として，**帰納法**と**演繹法**がある。

帰納法は観察によって得られたいくつかの事象に共通性を見出して，一般化された新たな事柄を得る「抽象化」の推論法である。帰納法では，複数の事象の共通点から結論を導くため，演繹法ではたどり着けない新しい発見ができる可能性が高い。そのため，新規事業を企画して競合他社に差をつけたいような場面で有効である。

一方，演繹法は，現象や事象を説明する新たな仮説を考えるときに，「AならばB，BならばC，ゆえにAならばC」という論法を用い，既知の一般的な事柄から必然的に導かれる新たな事柄を見出す「具体化」の推論法であり，未知の新しい事柄が導かれる可能性が高い。一般論や法則を個別の事象にあてはめて結論を導くため，論理に客観性があって間違いが起きづらく，論理はシンプルでわかりやすい。また，データを集める必要がないというのもメリットである。

　以上のように，帰納法，演繹法には各々長所があることから，問題解決の際には，いずれの方法とも活用してみるのがよい。

(2) 因果関係

　問題解決において重要な考え方の1つに**因果関係**がある。これは「いかなる事象も，過去に起きた事が原因となって起きる」という科学的な見方である。これに基づき，現在起きている問題には必ず原因があり，その原因を特定し，対処して問題解決しようとする考え方である。

(3) 類推

　類推（アナロジー：analogy）という考え方は，先に述べた推論のうち，帰納法に近い考え方である。類推では，いくつかの事象における類似点に着目するものであり，一方の事象がもっている特徴を，その類似性に着目して他方の事象に適用する。

(4) PDCAサイクル

　管理サイクル（**PDCAサイクル**）は，元々は品質管理の分野における品質の継続的な維持と改善を図るための考え方であったが，現在では様々なマネジメント分野で用いられている。PDCAサイクルでは，最初に問題解決のための計画（Plan）を作成し，その計画を実施（Do）する。次に，その結果を評価（Check）して，計画通りの結果でなければ，その原因を考えて対策（Act/Action）をとり，計画通り達成したならば，さらに高い水準の計画（Plan）を立てることで管理サイクルを回し，管理の質を上げていくという考え方である。これと類似した考え

方に **PPDAC サイクル**がある。システム分析による問題解決のフレームワークとして用いられ，問題（Problem）を明確化した上で，システム分析の計画（Plan）を作成し，必要なデータ（Data）を収集，分析（Analysis）して問題解決につながるヒントや知見を得る。そして，分析結果から得られた結論（Conclusion）に基づいて問題解決のための意思決定を行い，これを繰り返すことで解決策の精度は高まり，洗練されていく。

以上までに述べてきたように，問題解決の手法や考え方には様々なものが存在するが，いずれの解決法を用いるにしても，①物事の比較ができる，②物事の差，同一性，特徴を見つけることができる，③物事の分類ができる，④物事の順序付けができる，⑤物事を要約できるといった能力が必要である。これらの能力を高めるためには，システム思考の実践を繰返し，知識と経験の各レベルを高めていくことが重要である。

4　情報処理技術に関する資格

一般に，資格取得には以下のようなメリットが存在する。
①専門知識の客観的証明
「この会社に就職したい」，「こういう仕事がしたい」と考えたとき，資格を保有していると，その分野に関して一定の知識レベルに達している人材であると評価されるため，採用される可能性を高められる。
②知識の効率的な習得
例えばファイナンシャル・プランナー（FP）は金融，相続，不動産，保険，年金などの知識が必要であり，これら個々の分野を1つずつ勉強するのは大変な時間と労力を要するが，FP取得のための勉強では要点を理解しながら学習が進むため，結果的に効率的な学習ができる。
③自分の可能性を広げられる
保有済みの資格に近い資格を取得して保有資格を増やしていくことで，

仕事の幅を広げることができる。

情報技術についても，知識や技能を認定するための試験が幾つかあり，最も有名な試験は「情報処理技術者試験」で，認定のレベルや分野が色々ある。ここでは初学者向きの試験の概略を紹介する。試験の詳細については，IPA（Information-technology Promotion Agency；独立行政法人情報処理推進機構）のサイトなどに記載がある。また，ソフトウェアの開発・販売企業が独自に認定する試験も存在する。

4・1　情報技術者試験

情報技術者試験は，「情報処理の促進に関する法律」に基づいて，情報技術者としての「知識・技能」の水準を経済産業省が認定する国家試験であり，情報処理推進機構（IPA）が実施している。試験制度としては図表10－9（出典：独立行政法人情報処理推進機構　試験案内）に示すように13の試験が存在する。このうち，基本的な知識を問う2つの試験について，以下で説明する。

(1) IT パスポート試験

情報技術実務者や業務で情報技術を活用しているエンドユーザを対象に，情報技術に関する基礎的な知識を問う試験で，情報機器やシステム，コンピュータシステムやネットワーク，問題分析や問題解決手法，情報セキュリティ，情報システムの開発や運用に関する知識など多岐にわたる分野から出題される。情報技術者試験の中では，最も初級的な試験である。

(2) 基本情報技術者試験

情報技術の実践的な活用能力を身につけた者を対象にした試験で，IT パスポート試験より高度で幅広い知識に加え，経営管理や経営戦略に関する知識も問われる。また，実務者を対象としているので，プログラミングに関する能力も問われ，試験用の疑似言語や C 言語などの一般的なプログラム言語による出題がある。

図表10-9 情報技術に関する国家試験制度

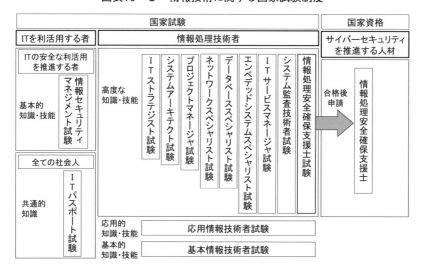

4・2 ベンダー認定試験

　マイクロソフトオフィススペシャリスト（Microsoft Office Specialist：MOS）試験は，マイクロソフト社が認定するマイクロソフト Office の操作技術に関する資格であり，オデッセイコミュニケーションズが運営・実施している。Office のバージョンや Word，Excel といった各種アプリケーションごとに試験科目が分かれており，各アプリケーションを使う上で最低限必要な操作方法を出題するスペシャリストレベルと，Word と Excel には応用的な操作方法を問うエキスパートレベルがある。

　アドビ認定エキスパート（Adobe Certified Expert：ACE）はアドビシステムズ社の illustrator，Photoshop，Premiere などのソフトウェアに対する専門的な知識や操作技術を証明する資格である。

第11章

計測と制御の基礎

> 📖 **この章で学ぶこと**
> 制御，計測，センサー，AD変換とDA変換，マイコンロボット，プログラム制御

1 コンピュータと制御

1・1 生活とコンピュータ制御

　各章で取り上げてきたように，我々は社会生活や日常生活の様々な場面でコンピュータと深く関わっている。このように，その存在を意識しないでコンピュータを利用することを**ユビキタスコンピューティング**という。ちなみに，ユビキタス（ubiquitous）とはラテン語で「いたる所にある」という意味である。

　コンピュータは，それ自身を直接操作してレポートを作成したりシミュレーションしたりする場合もあるが，コンピュータに接続した機械装置やシステムを利用する場合もある。会社や大学ではコンピュータに，プリンタ，スキャナ，ハードディスク，バーコードリーダを接続して利用する。家庭ではコンピュータを内蔵した電子レンジや炊飯器そして**ネット家電**（**情報家電**）がある。第3章で登場したPOS（Point Of Sale system：販売時点情報管理システム）や第4章で触れたFMSやアーム型ロボットもコンピュータ制御されている。また，医療分野ではMRI（Magnetic Resonance Imaging：核磁気共鳴画像装置）や医療用ロボット，社会では，**ITS**（Intelligent Transport System：高度道路交通システム）や**ISS**

(International Space Station：国際宇宙ステーション）など実に様々な装置やシステムがコンピュータ制御されている．制御対象の機械装置やシステムが大規模で複雑になるほど高度な制御が必要になるため，高性能のコンピュータが制御する．

1・2 コンピュータ制御

　コンピュータは周辺装置やシステムをどのように制御しているのだろうか．身近な例として，文書作成ソフトで作ったファイルをプリンタで印刷する場合で説明する．パソコン画面上の印刷ボタンをマウスでクリックすると，パソコンがプリンタに対して文書ファイルのデータと共に印刷開始信号を送信する．するとプリンタが印刷を開始する．印刷を完了するとプリンタが印刷完了信号をパソコンに送信し，パソコンはこれを受信して印刷完了を知り次の処理を開始する．その際，紙詰まりやインク切れなどのトラブルが発生し正しく印刷できなかった場合は，プリンタ内のセンサーがその状況を検出しパソコン画面上にメッセージを表示して警告する．メッセージに従って人間が問題を解決すると，そのページから印刷を再開する．

　このように与えた指示に従って順番に動作する一連の仕組みはシーケンス制御と呼ばれる制御方式であり，その途中で不具合が生じれば人間に知らせて調整する仕組みはフィードバック制御である．また，印刷前にインク切れを人間に警告する仕組みはフィードフォワード制御である．このように，プリンタによる文書印刷はパソコンを利用した計測と制御の身近な例である．

　本章ではコンピュータによる計測と制御の基本について説明する．まず計測と制御に関する基礎知識について触れ，その後，センサーを搭載したロボットを制御するプログラムの作り方まで説明する．

2 計測と制御

2・1 身近な計測と制御

　単純作業の繰り返しや，複雑過ぎて，あるいは速すぎて困難な仕事，危険を伴う仕事は機械に置き換えたいという発想は誰もが持つであろう。例えば，蛇口をひねって水を浴槽に溜める場合，目標水位になるまで水面の上昇を連続して監視することは，単純作業だが手間と時間がかかり面倒である。そんな時，現在の水位を常に計測し，予め設定した目標水位と一致した時点で蛇口を止める器具があれば便利である。この仕組みは一般的な給湯システムで見ることができる。

　また電気コタツでは予め上限温度と下限温度を設定してあり，上限温度になるまで電気ヒータがコタツ内部を加熱し，コタツ内部の温度が上限温度になるとサーモスタット（thermostat）により電気ヒータがOFFになり加熱を終える。その後，冷たい外気温によりこたつ内部の温度が低下し始め下限温度まで下がると，再びサーモスタットにより電気ヒータがONになり上限温度まで再加熱する。この仕組みの繰り返しによりコタツの内部温度は上限温度と下限温度の間で維持できる。上限温度と下限温度の幅が小さいほど快適であることは言うまでもない。

　浴槽の例は浴槽面にヒビが入っておらず水が漏れる心配が無いという前提条件があり，現在の水位が目標水位に一致した時点で蛇口を止める，という一度限りの制御で十分である。しかしコタツの例では，電気ヒータで加熱した後も内部温度が低下するため再加熱しなければならず，制御を繰り返す必要がある。

　以上の2例では人間を含まないが，自動車を運転する仕組みでは人間（運転手）を含む。自動車の運転では，前方に障害物や駐車している車があれば，それに接触しないようにハンドルを操作する。この操作では，運転手が自分の車のタイヤが通過する軌道を前方の道路上にイメージし，その軌道に沿って走行するようにハンドルを操作する。

そして自動車を運転していると様々な状況に遭遇する。例えば，横風により自動車が風下側に流されたり，子供が路地から飛び出してきたり。この時，運転手は状況に合わせて適時適切に判断し対応しなければならない。横風で自動車が左へ流される場合は，道路上に描かれた走行車線や周囲の風景を基準にして，本来の走行位置からどれだけ流されているかを判断し，自動車を本来の位置に戻すためにハンドルを緩やかに右へ操作する。また子供が飛び出してきた場合は，直ちに子供と周囲の状況を確認して急ブレーキや急ハンドルにより子供を回避する。

このように自動車の運転では，イメージした軌道に沿ってハンドル操作をするだけではなく，常に視覚と聴覚を使い周囲の状況を把握（計測）し，事態の急変があれば速やかに適切な判断と操作（制御）をしなければならない。この操作は前述の２例に比べれば格段に難しい制御なので，制御を担当するのは人間である。ところが現在，この難しい制御をコンピュータが担当する無人のバスやタクシーの導入が進んでいる。

さて，我々人間の身体の中でも無意識下で多くの制御システムが働いている。例えば，体温が上がれば血管を拡張し汗腺から汗を出し気化熱により体温を下げる。塩辛いものを食べれば体内の塩分濃度を下げるために水を飲む。そして，体内に病原体が侵入すれば白血球がこれを撃退する。

2·2 制御

前節では身近な例で制御について触れたが，**制御**（control）はいくつかの観点で分類できる。まず人の介在の有無で見ると，人が介在せず制御する**自動制御**と人が制御する**手動制御**に分類できる。次に目標値（目標温度や目標速度など）の特性で見ると，目標値が一定の**定値制御**と目標値が時間経過とともに変化する**追値制御**に分類できる。さらに情報処理の方法で見ると，連続時間で計測し制御する**アナログ制御**と一定時間ごとに計測し制御する**デジタル制御**に分類できる。そのほか制御量の種類で見ると，制御量が圧力や温度などの状態量である**プロセス制御**と，制御量が物体の

回転角度や位置である**サーボ制御**，そして制御量が電圧や周波数である**自動調整**に分類できる。次に，代表的な3つの制御方式について説明する。

2・2・1 フィードバック制御

フィードバック制御（feedback control）について自動車の運転を例に説明する。図表11－1は**ブロック線図**と呼ばれる図でフィードバック制御の仕組みを示している。各部の名称と機能について説明する。まず**制御対象**は自動車である。この自動車の実際速度（これを**制御量**という）を直接制御するのがアクセルペダルの操作（これを**操作部**という）であり，**外乱**は外部から制御対象に影響を与えるもので，ここでは自動車の実際速度（制御量）を増減させる要因，例えば，上り坂，風，路面の状況などを指す。この外乱が自動車を介して実際速度（制御量）を変化させるので，その様子を**フィードバック情報**としてスピードメータ（これを**検出部**という）で検出する。そして，検出した実際速度（制御量）と目標速度（これを**目標値**という）を比較しアクセルペダルの操作（操作部）の仕方を判断（これを**調節部**という）する。調節部と操作部そして検出部をあわせて**制御装置**と呼ぶ。

例えば，自動車が平坦な道路から上り坂に差し掛かると実際速度が次第に落ちてくる。すると，スピードメータでこれを検出し実際速度を目標速

図表11－1　フィードバック制御のブロック線図

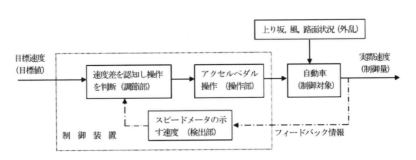

度に近づけるようにアクセルペダルを操作する。これがフィードバック制御である。

2・2・2 フィードフォワード制御

フィードフォワード制御（feedforward control）では，外乱から制御対象が影響を受ける前に外乱に関する情報を検出し，外乱による制御対象への影響を予測しながら制御を行なう。ブロック線図を図表11－2に示す。

前節の上り坂の例で説明する。フィードフォワード制御では，外乱に関する情報として運転席から見える「上り坂を示す標識」や「上り坂と判断できる景色」を使い，自動車が上り坂に差し掛かり実際速度が落ち始める前からアクセルペダルを踏み込むことで，実際速度を目標速度に維持する操作に相当する。

別の例で示せば，自動車で真冬の凍結した道路を走る場合，凍結道路に侵入しタイヤが滑り始めたことに気付いてから減速するのがフィードバック制御であるのに対して，運転手が前方の凍結道路を発見し凍結道路に入る前から十分に減速するのがフィードフォワード制御である。タイヤが滑る現象は危険なスリップ事故につながるため，これを回避できる点でフィードフォワード制御がフィードバック制御よりも優れている。

しかし，フィードフォワード制御では「上り坂を示す標識」や「道路の

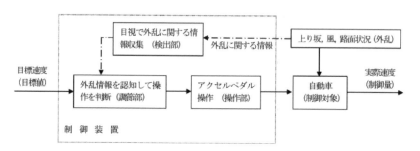

図表11－2　フィードフォワード制御のブロック線図

凍結」などの外乱に関する情報の検出が困難であったり，どの程度アクセルペダルを踏み込めば実際速度を目標速度に維持できるか，また，どの程度まで減速すればタイヤが滑らないか，を予測する処理が別途必要である。上り坂の例では，「上り坂を示す標識」に書かれた「勾配〇％」の情報と自動車の総重量や駆動装置の出力（馬力）から，実際速度を目標速度に維持するためのアクセルペダルの踏み込み具合を予測する処理システムが必要になる。

しかし実際には，そのような処理システムは無いし運転手にもそのような能力はないので，「上り坂を示す標識」を見たらフィードフォワード制御でアクセルペダルの操作を開始するが，直ちにスピードメータを用いたフィードバック制御に切り替えて実際速度を目標速度に維持するように走行することになる。この方法では，単独のフィードバック制御よりもアクセルペダル操作が１～２テンポ早いので，実際速度の低下を少なく抑えることができる。

2・2・3 シーケンス制御

シーケンス制御（sequence control）のブロック線図を図表11－3に示す。これは，制御対象を構成する諸要素が不変であり外乱の影響を全く受けない場合に，予め決められた手順に従って作業を順番に行なうだけの制御方式である。

自動洗濯機の例で説明する。衣類を投入してスタートボタンを押すと，

図表11－3　シーケンス制御のブロック線図

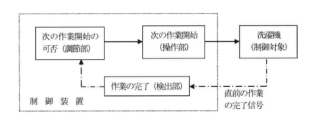

給水，洗い，排水，中間脱水，給水，すすぎ，脱水，乾燥，という一連の作業を順番に行う。その一つひとつの作業において，検出部は制御対象である洗濯機から直前の作業の完了信号（オンオフ信号）を検出すると，その情報を次の作業を開始するか否かを判断する調節部へ送る。その後，開始の判断をした調節部は次の作業の開始信号を操作部に送り，操作部が次の作業を開始する。

最近の洗濯機では，衣類の汚れ具合や乾燥状態を検出するセンサーを搭載し，汚れの落ち具合や乾燥の程度を検出しながら，洗濯槽の回転の強弱や洗濯時間そして乾燥時間を調節するフィードバック制御を搭載する機種もある。

2·3 計測
2·3·1 センサーの種類

フィードバック制御では検出部において制御量を検出するため，また，フィードフォワード制御では検出部において外乱に関する情報を検出するため，各種の**センサー**（sensor）を用いてその情報を**計測**（instrumentation）する。以下に示すようにセンサーには多くの種類がある。

力覚センサーは加えた力やトルク（torque，回転力とか仕事力を示す概念）を検出し，圧力センサーは対象物にかかる圧力や圧力分布を検出する。近接覚センサーは対象物との距離や対象物の傾きを検出し，すべり覚センサーは対象物が滑った長さを検出する。接触覚センサーは対象物との接触の有無や位置そして接触パターンを検出する。その他，電流センサー，光センサー，温度センサー，放射能センサー，味覚センサー，聴覚センサー，嗅覚センサー，流量センサー，レーダーセンサー，磁気方位センサーなどがある。

現在はセンサー技術が進歩し，形状記憶素材や超伝導素材などの特殊素材を活用したセンサーや，刺激を与えると熱や光を発する微生物や酵素や細胞などが持つユニークな特徴を利用したバイオセンサー，さらに，検出

データを無線で送信する無線チップを搭載したセンサーや，人工知能を搭載したセンサー，超小型センサーもある。近年，様々なセンサーがインターネットやLAN（Local Area Network）に接続され**IoT**機器（Internet of Things）として利用されている。

2・3・2 センサーの利用

センサーを利用するには以下の点に注意する。まずセンサーを選ぶ際には，その検出性能が設置場所に影響されないことや，環境条件が変化しても安定した検出性能が保証されること，センサー自身から出るノイズが小さいこと，センサーが外部からのノイズに強いこと，更に，低価格・小型・長寿命であることなどが重要である。

次に，センサーを設置する際には，対象物に対するセンサーの実際感度やセンサーの取り付け角度，そして配線方法（並列か直列か）に注意する。またセンサーの検出性能に影響するノイズについては，予めその周波数成分や侵入経路を調査し対策を講じておくことも大切である。

そして，センサーを使用する際には，センサーが情報を検出するまでの時間と，検出情報を処理して制御を開始するまでの時間，そして制御を開始してから効果が出るまでの時間，がいずれも短いこと，並びに，センサーを含んだ制御システム全体が高い応答特性を持っていることが重要である。

なお，複数のセンサーを組み合わせて利用する際には，それぞれのセンサーが発する電磁波や温度等の影響により他のセンサーの検出性能が不安定になる場合があるので，別の周波数を使うセンサーに変更したり，電磁波や温度を遮断したり，センサー同士の距離を離したり，干渉防止アダプタなどを使い対応する。

2・4 代表的なセンサー

代表的なセンサーについて説明する。**温度センサー**には，①密閉した気

体や液体は温度変化により容積が膨張・収縮する。この性質を利用して容積の変化で片方の電極が動く仕組みのスイッチを作りオンオフするタイプ，②熱による伸縮性能が異なる2枚の金属板を貼り合わせたバイメタル（bimetal）では，温度を上げると膨張し難い金属板が内側になるように反り返り，反対に温度を下げると元の形状に戻る。この性質を利用してバイメタルの形状変化で片方の電極が動く仕組みのスイッチを作りオンオフするタイプ，③温度により電気抵抗値が変化する半導体を利用して電気的にスイッチをオンオフするタイプ，などがある。

　湿度センサーには，①毛髪やナイロンが湿度で伸縮する性質を利用して，これを片方の電極に結び付け伸縮でその電極が動く仕組みのスイッチを作りオンオフするタイプ，②湿度により電気抵抗値が変化する高分子感湿材を利用して電気的にスイッチをオンオフするタイプ，などがある。

　光センサーには，①光の強弱により導電率が変化する硫化カドミウム（Cadmium Sulfide：CdS）膜を利用して電気的にスイッチをオンオフするタイプ，②光の強弱により電流のオンオフを制御できるフォトトランジスタ（phototransistor）を利用して電気的にスイッチをオンオフするタイプ，③光の強弱により電位差や電子（電流）が発生するフォトダイオード（photodiode）を利用して電気的にスイッチをオンオフするタイプ，などがある。

　圧力センサーには，①風船に繋がった管に気体や液体で加圧・減圧すると風船が膨張・収縮する。この性質を利用して，風船の膨らみで片方の電極が動く仕組みのスイッチを作りオンオフするタイプ，②圧力の強弱により電気抵抗値が変化する拡散型半導体圧力センサーを利用して電気的にスイッチをオンオフするタイプ，などがある。

2・5　AD変換とDA変換

　本節では，2・2節で説明した制御装置にコンピュータを利用した，いわゆるデジタル制御に関する事項を説明する。既に述べたように，制御装

置はフィードバック情報・外乱に関する情報・完了信号などを検出する検出部を含むが，この検出部で検出する情報がアナログ信号の場合，これをコンピュータへ入力するにはデジタル信号に変換しなければならない。また反対に，コンピュータからの出力はデジタル信号なので，必要に応じてアナログ信号に変換してから制御対象に送信しなければならない。

　アナログ信号とデジタル信号との間で行う変換処理は，生演奏（アナログ信号）をデジタル信号に変換してハードディスクやUSBメモリ等に保存し，音楽プレーヤ等を利用して元のアナログ信号に戻して演奏を楽しむ事例でも見ることができる。アナログ信号をデジタル信号に変換するのがAD変換であり，その逆がDA変換である。

2・5・1　AD変換

　図表11－4は任意のアナログ信号をグラフに曲線で表したものである。横軸は時間で縦軸は信号の強さである。曲線の隣り合った1組の山と谷で作る横S字の横幅を**波長**，縦幅を**振幅**と呼び，このアナログ信号が音ならば，波長が長いと低い音，波長が短いと高い音，また，振幅が大きいと大きな音，振幅が小さいと小さな音になる。

　AD変換（Analog-to-Digital conversion：アナログ－デジタル変換）は，アナログ信号を，標本化，量子化，符号化の3段階の手続きを経てデジタル信号に変換する処理のことである。

　第1段階の**標本化**（sampling）は図表11－4上2つのグラフに示すように，グラフの横軸を**標本化周波数**（これを**サンプリング周波数**ともいう）と呼ぶ短い時間間隔で区切り，それぞれの時刻におけるアナログ信号の振幅（これを**サンプル値**といいグラフ中の●で示す）を取り出す処理のことである。図表11－4上2つのグラフを見ると，右図の標本化周波数は左図に比べて4倍細かいので，元のアナログ信号の曲線に近い形で振幅をサンプリングできている。

　この図を見ると，アナログ信号に含まれる多数の信号（図中の複数の山

図表11－4　AD 変換～標本化周波数の違い（上左右），量子化ビット数の違い（下左右）

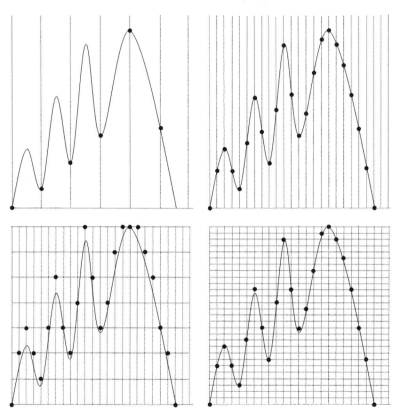

や谷）のうち波長が最も短い信号について，その波長の半分よりも短い時間間隔でサンプリングしなければ元のアナログ信号に復元できないことが分かる。別の表現をすれば，周波数が最も高い信号について，その周波数の2倍を超える周波数でサンプリングしなければ元のアナログ信号に復元できない。周波数とは，音波や衝撃波などが気体や液体あるいは物体を伝わる伝播速度を波長で割った値であり，波長が半分になることと周波数が2倍になることは同じ意味である。

　第2段階の**量子化**（quantization）は，標本化により取り出した振幅に

ついて，その最大値と最小値の幅をN（$=2^n$：n を**量子化ビット**という）個に分割した等間隔の目盛りを縦軸上に用意して，標本化で取り出した振幅をそれぞれ最も近い目盛りに当てはめる処理のことである。図表11－4の下2つのグラフは端数を切上げるルールの下で量子化を行った結果である。右図の分割数Nは左図に比べて4倍細かいので，元のアナログ信号の曲線に近い形で量子化できている。

第3段階の**符号化**（coding）は，量子化したそれぞれの振幅を2進数で表現する処理のことである。図表11－4の左下のように量子化した場合には，縦軸の目盛り数（N）が$8（=2^3）$なので，一番下の目盛りから上に向って順番に，$(0)_{10}=(000)_2$，$(1)_{10}=(001)_2$，$(2)_{10}=(010)_2$，$(3)_{10}=(011)_2$，$(4)_{10}=(100)_2$，$(5)_{10}=(101)_2$，$(6)_{10}=(110)_2$，$(7)_{10}=(111)_2$という具合に3桁（n＝3）の2進数に対応させる。$(xxx)_m$はm進数で表した数値である。その結果，図表11－4の左下について●印を左から辿ったデータ$(0)_{10}$$(2)_{10}(3)_{10}(2)_{10}(1)_{10}(3)_{10}(5)_{10}$…は，$(000)_2(010)_2(011)_2(010)_2(001)_2(011)_2$$(101)_2$…，すなわち000010011010001011101…のように変換する。

以上の3段階の処理を経てアナログ信号はゼロとイチの並びで表したデジタル信号に変換できる。

2・5・2　DA 変換

デジタル信号をアナログ信号に変換するのが**DA 変換**（Digital-to-Analog conversion：デジタル－アナログ変換）である。図表11－5で説明する。今度は，飛び飛びの離散化データ（グラフ中の●印）であるデジタル信号（図表11－5左）の各値について，それぞれの振幅を高さとして，これに標本化周波数に相当する時間幅を持たせることで階段波形のアナログ信号を作成する（図表11－5右）。ここで得られた階段波形は，元のアナログ信号（曲線）に高周波数の信号（ギザギザ波形）を加えた波形とみなすことができる。すると，この高周波数部分を高次のアナログフィルタ（例えばローパスフィルタ：lowpass filter）を利用して除去すれば元

図表11-5　DA変換～デジタル信号（左）と階段波形アナログ信号（右）

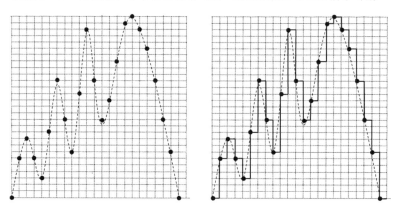

のアナログ信号を得ることができる。なお，比較的単純なシステムでは階段波形のアナログ信号をそのまま利用する場合もある。この様な処理を経てデジタル信号をアナログ信号に変換する。参考として元のアナログ信号（曲線）を図表11-5に破線で示した。

2・5・3　アナログ画像のデジタル化

　アナログ画像をデジタル化する場合も同様の処理になる。すなわち標本化では，画像を有限個のマス目（これを**画素**という）に分割して，画素ごとにその画素を代表する明るさ（これをサンプル値という）を求める。例えばマス目の4隅の明るさの平均を利用する。

　次の量子化では，それぞれの画素ごとに求めた明るさから最低値（＝暗い）と最高値（＝明るい）そして**階調数**（前述の分割数Nに相当する）を決めることで等間隔の離散的な明るさを決める。その後，一つひとつの画素の明るさ（サンプル値）について最も近い離散的な明るさに当てはめる。例えば，階調数が8の場合には，明るさの最低値■から最高値□までを8区分した■■■■■■■□の何れかの明るさに当てはめる。

　最後に，離散値化した各画素の明るさを2進数で表す符号化の処理を行

ないデジタルデータに変換する。8階調の例で示せば、「明るさの最低値」＝■＝$(0)_{10}$＝$(000)_2$，■＝$(1)_{10}$＝$(001)_2$，■＝$(2)_{10}$＝$(010)_2$…（途中省略）…■＝$(6)_{10}$＝$(110)_2$，□＝$(7)_{10}$＝$(111)_2$＝「明るさの最高値」である。カラー画像の場合は1つの色を発色するために赤（R）緑（G）青（B）の3色を使うので色ごとに上記の処理を行う。階調数が8の場合は色ごとに8階調あるので8^3＝512種類の色を発色できる。

2・5・4　アナログ信号とデジタル信号

　アナログ信号とデジタル信号の特徴について説明する。アナログ信号は、伝送距離が長くなるほど信号を伝送する際の減衰やノイズ（雑音）の影響を強く受けるため、受信した信号を元の信号に復元するのが困難になる。これを**伝送信号の変質**という。これに対してデジタル信号では、ゼロとイチによる**パルス波信号**（「山部がイチ」で「谷部がゼロ」に対応した凸凹波形信号のこと）で送信するので、仮に伝送信号の一部が変質してもパルスの数（＝イチの数＝山部の数）さえ分かればよいので元の信号に復元し易く、これがデジタル信号の利点となっている。

　一方AD変換で説明したように、標本化と量子化の各処理では元のアナログ波形を無理やり横軸と縦軸の目盛りに当てはめるため、端数の切り上げや切り捨てによる誤差が入る。これにより正確に元のアナログ信号の波形に復元するのは難しい。

　これを解決するためにAD変換では、サンプリングレートを上げるために標本化周波数を高くして図表11－4左上の状況を右上の状況にしたり、量子化ビット数を大きくして分割数Nを増やし図表11－4左下の状況を右下の状況にして、元のアナログ信号に近い形状に復元できる方法を採用する。画像の場合も同様で、例えば夕焼け空等で見られる色の連続的な変化（グラデーション）をデジタル化する際も、画素数と階調数を増やすことで滑らかな色の変化を表現できる。

　しかしこの場合、サンプリングレートを上げるほど元の曲線を表すデー

タの数(図表11-4の●印の数)が増え、また分割数を増やすほど1個のデータを表す二進数の桁数が増えるため、全体の情報量が増えることから変換に要する時間が長くなる。とはいえコンピュータの性能が飛躍的に向上している現在、この処理時間は十分に小さくできる可能性がある。

3 計測と制御の応用

センサーを使い周囲の状況を検出(計測)し、コンピュータでその情報を処理して機械装置を制御する仕組み(システム)の集大成がロボットである。ロボットの歴史は古く、紀元前1世紀頃の古代ギリシャで祭壇の炎により神殿の扉を自動的に開閉する仕組みが作られた。日本でも江戸時代に和人形が手に持つ盆に湯呑みを置くと歩き出すからくり人形があった。これら自動で動く機械がロボットの始まりとされている。

現在、多くの分野でロボットが活躍しテレビやインターネットでも紹介されお馴染みである。人間のように二足歩行するヒューマノイド・ロボット、人間の生活を支援するロボット、微妙な顔の表情と自然な音声で話すアンドロイド、医療現場で使われるロボット、災害現場や原子力発電所で活躍するロボット、そして、地雷撤去や軍事兵器として使われるロボット、などがある。

本節では計測と制御の応用として、センサーを搭載したマイコンロボットをコンピュータ制御する方法について説明する。

3・1 マイコンロボットを用いた計測と制御

2節で述べたフィードバック制御とフィードフォワード制御をマイコンロボットに組み込むのに必要な基礎知識として、マイコンロボットの概要、マイコンロボット制御用ソフトウェア、センサーの利用方法を説明し、その後2つの制御方式を組み込んだプログラムについて説明する。

3·1·1 マイコンロボット

使用する㈱イーケイジャパン製の自律型走行ロボット「KOROBO[1]」の概要を説明する（図表11-6）。KOROBOはフラッシュメモリ内蔵の**RISC**（Reduced Instruction Set Computer：縮小命令セットコンピュータ）型マイコンを搭載し，専用ソフトウェア上で開発したプログラムをUSBケーブルでロボットのマイコン（メイン基板）に送信して自律走行する。本体には左右にそれぞれ独立したモーター（タイヤ）があり，直進（前後）と右左折（前後）に加えて旋回もこなす。なおKOROBOは付属品を利用して自由な形状に作れるが，ここでは図表11-6に示す形状，すなわち前面にタッチセンサーと光センサーを配置した形状とする。

KOROBOにはタッチセンサー2個，光センサー2個，コンパスセンサー1個を搭載できる。タッチセンサーにはマイクロスイッチを採用し，

図表11-6　㈱イーケイジャパン製マイコンロボット「KOROBO」(右)と赤外線発光ボール(左)

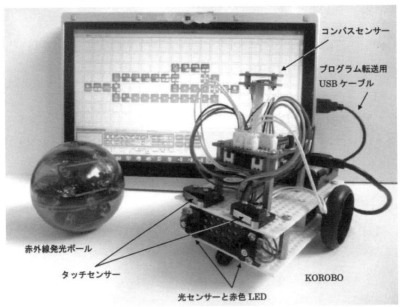

障害物と接触してマイクロスイッチが押されると電極同士が触れ電気が流れ「ON状態にある」ことを示す信号をマイコンに送信する。また光センサーにはフォトトランジスタ（Photo Transistor：PTR）を採用し，可視光線や赤外線を感知すると電気が流れ「ON状態にある」ことを示す信号をマイコンに送信する。プログラム開発ではこの「ON状態にある」信号を逃さないように注意する。

　同種のセンサーを2個使用する場合はプログラム上で識別番号（1と2）により使い分ける。KOROBOのメイン基板にはタッチセンサー用の2端子（TOUCH1と TOUCH2）と光センサー用の2端子（PTR1とPTR2）があり，センサーから伸びるコードをどちらの端子に差し込むかにより識別番号が決まる。

　コンパスセンサー[2]には地磁気センサーとして利用する高感度MI素子（Magneto Impedance device：磁気インピーダンス素子）を採用している。コンパスセンサーは南北方向の磁力線を検出できるので，プログラム実行前にKOROBO正面を目標地点へ向けた状態でセットすれば，常に「目標地点の方向」を指し示す信号をマイコンに送信する。

3・1・2　制御用ソフトウェア

　KOROBOを制御するプログラムを開発するために利用する専用ソフトウェア「IconWorksUSB[3]」について説明する。本ソフトウェアは㈱イーケイジャパンのWEBサイトからダウンロードする。IconWorksUSBでは，KOROBOの一つひとつの動作や機能に対応したアイコン（タイル）群を，パソコン画面上のプログラム作成領域にある［Begin］アイコンと［End］アイコンとの間に配置しプログラムを作成する。

　図表11-7に示すアイコンには，プログラム記載に関するアイコン，走行・動作に関するアイコン，繰り返し処理に関するアイコン，条件で処理を分岐させるアイコン，変数処理に関するアイコン，等がある。各アイコンはマウス操作で配置し，その後アイコンをクリックして表示するダイア

第11章 計測と制御の基礎

図表11－7　Icon WorksUSB で使用するアイコンの機能一覧

アイコン	名　称	機　能
	開始（左） 終了（右）	プログラムの開始と終了を示し、[BEGIN]アイコンと[END]アイコンの間にプログラム（アイコン群）を配置する。
	前進（左）　後退（中） 右旋回（右）	指定方向へ走行する。高速・中速・低速を選択可能で、走行時間を指定する場合は[ウェイト]アイコンを併用する。
	ブレーキ	ブレーキをかけて指定時間（0.1～10秒）だけ強制停止する。走行後に[ブレーキ]アイコンを使わないと、慣性で少し走る。
	ウェイト	指定時間（0.1～10秒）の間、直前の動作を継続する。
	ループ（左） ループエンド（右）	[ループ]アイコンと[ループエンド]アイコンの間に挟んだプログラム（アイコン群）を無限に繰り返す。
	光センサー分岐（左） タッチセンサー分岐（右）	センサーから「ON状態にある」信号が来ているか否かで、[○(YES)]アイコンと[×(NO)]アイコンのいずれかへ分岐する。
	変数分岐	変数同士や変数と数値の大小関係を不等式で指定し、これを満たすか否かで[○(YES)]アイコンと[×(NO)]アイコンへ分岐。
	イエス（左） ノー（右）	上記の3種の分岐アイコンの分岐先を示すアイコンであり一対で使う。各アイコンの後ろに分岐後のプログラムを配置。
	合流（左） ノップ（右）	[合流]アイコンは分岐した2つの流れを合流させ、[ノップ(no operationの意味)]アイコンは離れたアイコン同士をつなぐ。
	変数設定（左） 変数計算（右）	[変数設定]アイコンは変数に数値や他変数の数値を記憶し、[変数計算]アイコンは変数間や数値との四則演算を行う。
	BEEP	[BEEP]アイコンはブザー音を発する。音色は4種類（1～4）。分岐アイコンの状態（○か×か）を知る為に使う場合もある。

出所：㈱イーケイジャパン「ロボットプログラム Icon WorksUSB ＋操作説明書（基本操作編）」pp.17-19より作成

　ログボックス上で、そのアイコンに関する**パラメータ**（parameter）を設定する。例えば、[前進]アイコンではパラメータ（走行速度）として（高）（中）（低）から選択し、[タッチセンサー分岐]アイコンではパラメータ（センサー識別番号）として（1）と（2）から選択する。

　代表的なアイコンについて説明する。紙面の都合上、走行・動作（前進、ブレーキ、ビープ音、等）に関するアイコンは省略する。[ウェイト]アイコンは直前のアイコンの処理をパラメータで指定する秒数だけ継続する。例えば[前進（高）]アイコンの直後に[ウェイト（3）]を配置するとKOROBOは高速で3秒間前進する。次に[ループ]アイコンと[ループエンド]アイコンは、この2つで挟んだアイコン群による一連の処理を繰り返す。そして、[タッチセンサー分岐（コンパスセンサーと兼用）]アイコン、[光センサー分岐]アイコン、[変数分岐]アイコンはそ

れぞれ指定の条件を満たすか否かでその後の動作・処理を分岐させる。
　すなわち［タッチセンサー分岐］と［光センサー分岐］アイコンでは「ON状態にあるか？」条件があり，各センサーからの「ON状態にある」信号をマイコンが受信していれば条件が成立しているので［○（YES）］アイコンへ進み，受信していなければ条件が成立していないので［×（NO）］アイコンへ進むように分岐する。また［変数分岐］アイコンでは，2つの変数同士や，数値と変数との間に予め指定した条件（大小関係）が成立していれば［○（YES）］アイコンへ，そうでなければ［×（NO）］アイコンへ進むように分岐する。［○（YES）］と［×（NO）］アイコンの後ろにはそれ以降に行う動作・処理のアイコン群を置く。そして，プログラムの分岐構造を明確にするために，これらアイコンで分岐した2つの流れは最後に［合流］アイコンを使い一本にまとめる。
　［変数設定］アイコンと［変数計算］アイコンは変数を利用するためのアイコンである。前者は指定の変数に任意の数値を格納し，後者は変数と数値を使った四則演算を行う。**変数**はマイコンのメモリ内にあるデータ格納領域をプログラム上で取り扱える形にしたものである。変数は全部で8つ（A～H）ありそれぞれ0から255までの整数を1つ格納できる。また［変数計算］アイコンで除算により生じた小数部分は切り捨てて整数とする。
　以上のアイコン群を使ってプログラムを作成する。完成したプログラムは，IconWorksUSBが文法上の誤りや構造上の矛盾点をチェックした後，USBケーブルでKOROBOのマイコンへ送信する。

3・1・3　センサーの利用方法

　センサーが検出した信号をプログラムで利用する方法と注意点について説明する。
　図表11－8は，タッチセンサーを前面に搭載したKOROBOが障害物へ向けて前進する様子を示している。ここで2つのプログラムを考える。プ

図表11-8　障害物に対するセンサーの利用方法

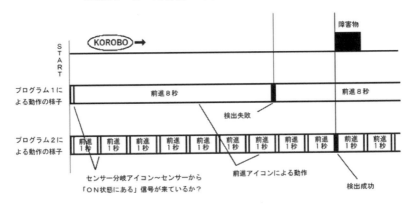

ログラム1は「センサーからの『ON状態にある』信号の有無を確認してから8秒間前進する」という動作を繰り返すもので，プログラム2は「センサーからの同信号の有無を確認してから1秒間前進する」という動作を繰り返すものである。

　この図表が示すように，プログラム1では障害物よりも手前でセンサー信号を確認しているため障害物を検出できていない。この場合，次の8秒間の前進が終わり再度センサー信号を確認する時にようやく障害物を検出できる。プログラム2では障害物に接触した時点でちょうど障害物を検出できている。このように障害物を精確に検出するには，1回の走行時間あるいは走行距離を短くしセンサーが障害物を検出する間隔を短くして，検出の頻度を増やすことが有効である。

　タッチセンサーを例に説明したが光センサーやコンパスセンサーでも同様である。ただし，光センサーやコンパスセンサーがタッチセンサーと異なる点を説明する。

　光センサーでは障害物自体に光源を搭載する必要がある。これにより光センサーは障害物（光源）からの光が届く距離に近づいた時点で障害物を検出できる。光センサーが障害物（光源）を検出し始める距離（検出距離）はフォトトランジスタの感度調整スイッチで設定する。

この仕組みは，光センサーを床面に向けて取り付けた KOROBO を，黒色の床面に描いた白線に沿って走らせる，ライントレース（line trace）走行でも利用する。すなわち，光センサーと一体化した赤色 LED（Light Emitting Diode）から床面に向けて LED 光を照射すると，白線からの強い反射光は光センサーで検出できるが，黒い床面からの反射光は弱いため光センサーでは検出できない。プログラムでは，この違いを利用して白線の上に KOROBO がいるか否かを判断する。しかし，黒い床面でも光沢があると，その反射光を光センサーが検出することがある。この場合，光センサーが白線からの強い反射光だけを検出するように，床面からの弱い反射光を検出しないところまでフォトトランジスタの感度を下げて利用する。

　次にコンパスセンサーでは，KOROBO の進行方向に対して目標地点がどの方向（正面，左側，右側，後方）にあるかを検出する。コンパスセンサー用のアイコンの用意がないので［タッチセンサー分岐］アイコンを2つ使う。すなわち，1つ目の［タッチセンサー分岐 (1)］アイコンから分岐した［○ (YES)］アイコンと［× (NO)］アイコンの後ろに，それぞれ2つ目の［タッチセンサー分岐 (2)］アイコンと，そこから分岐した［○ (YES)］アイコンと［× (NO)］アイコンを置いて目標地点の方向に応じた分岐を行う。

　コンパスセンサーが送信する「目標地点は正面にある」信号はタッチセンサー (1) と (2) が共に「ON 状態にある」信号を送信することに対応するので，［タッチセンサー分岐 (1)］アイコンと［タッチセンサー分岐 (2)］アイコンでは共に［○ (YES)］アイコンへ進む。コンパスセンサーからの「目標地点は左側にある」信号はタッチセンサー (1) だけが「ON 状態にある」信号を送信することに対応するので，［タッチセンサー分岐 (1)］アイコンで［○ (YES)］アイコンへ進み［タッチセンサー分岐 (2)］アイコンで［× (NO)］アイコンへ進む。

　コンパスセンサーからの「目標地点は右側にある」信号はタッチセンサー (2) だけが「ON 状態にある」信号を送信することに対応するので，

［タッチセンサー分岐（1）］アイコンで［×（NO）］アイコンへ進み［タッチセンサー分岐（2）］アイコンで［○（YES）］へ進む。コンパスセンサーからの「目標地点は後方にある」信号はタッチセンサー（1）と（2）が共に「ON状態にある」信号を送信しないことに対応するので、［タッチセンサー分岐（1）］アイコンと［タッチセンサー分岐（2）］アイコンでは共に［×（NO）］アイコンへ進む。なおコンパスセンサーとタッチセンサーを同時には使えないのでプログラム中で切り替えて使用する。

3・1・4　2つの制御方式を組み込んだプログラム

KOROBOの制御プログラムにフィードバック制御とフィードフォワード制御を組み込む方法についてモデル動作を対象に図表11－9を使い説明する

(1) モデル動作

「『KOROBOが前進していると進行方向からボール（赤外線発光ボール[4]を指し、光センサーを利用する際には赤外線発光モードに設定する。以下では単にボールと記載する。）が転がってくる。KOROBOは前面のセンサー（タッチセンサーまたは光センサー）を使いKOROBOの進路妨害をするボールを検出すると、ボールを避けるために向きを変える。また、ボールに遭遇する度に遭遇回数を数え、遭遇回数が5回になった時点でブザー音（BEEP音）を鳴らし10秒間停止する』という基本動作を繰り返す」動作をモデル動作とする。

　なお、モデル動作の「ボールを検出する」部分は、ボールと接触したタッチセンサーからの「ON状態にある」信号、あるいはボール（光源）からの光（赤外線）を検出した光センサーからの「ON状態にある」信号をマイコンが受信することに該当する

(2) プログラムの考え方

　2つの制御方式はブロック線図（図表11－1と図表11－2）に示した様に、制御対象、操作部、調節部、検出部、外乱、外乱に関する情報、

制御量，目標値，フィードバック情報，といった諸要素で説明できるので，これらがモデル動作を行う KOROBO のどの部分に対応するかを説明する．

両制御方式とも制御対象は KOROBO であり，操作部は左右のタイヤを駆動する2つのモーターである．外乱は KOROBO の進路を妨害するボールであり，制御対象の KOROBO はボールにより進路妨害の影響を受けるので，制御量はボールによる進路妨害の有無である．

フィードバック制御は制御量をフィードバック情報とするため，ボールによる進路妨害の有無を直ちに検出する必要からタッチセンサーを使用する．したがって，フィードバック制御での検出部はタッチセンサーである．タッチセンサーとボールとの接触の有無，すなわちボールによる進路妨害の有無をフィードバック情報として検出し，進路妨害していれば「ON 状態にある」信号を調節部へ送信する．フィードバック制御ではボールの赤外線は発光させない．

フィードフォワード制御は外乱に関する情報を使用するため，ボールによる進路妨害の有無を前もって検出する必要から光センサーを使用する．したがって，フィードフォワード制御での検出部は光センサーである．予め光センサー側でボール（光源）からの赤外線を検出し始める距離（検出距離）を設定し，KOROBO とボールとの実際距離がこの検出距離まで近づくと光センサーは「ON 状態にある」信号を調節部へ送信する．なお，光センサーがボールの赤外線に反応するように，ボール側では RoboCupJunior の旧規格の定常発光（DC 光）モード[3]に設定する．

調節部はマイコンであり，検出部からの「ON 状態にある」信号を調節部が受信して操作部（モーター）の操作を判断する．このマイコンが行う処理内容をプログラムにする．マイコンが行う処理内容を手順化したものが**アルゴリズム**（algorithm）であり，この手順を図にしたものがフローチャート（flow chart：**流れ図**）である．**フローチャート**は先頭に「start」を置き，それに続いてロボットやコンピュータが行う動

作や処理を順番に並べ，それらを矢印でつなぎ最後に「end」を置く。IconWorksUSB でも，「start」と「end」に相当する［begin］と［end］の両アイコンの間に各種アイコン群を配置し，マウスでアイコン同士を短線でつないでフローチャートを作成する。IconWorksUSB では完成したフローチャートがプログラムそのものであり，フローチャートの作成とプログラムの開発を同時に行えるので効率的である。

(3) フィードバック制御の組み込み方

　フィードバック制御をプログラムへ組み込む際に重要な，ブロック線図（図表11－1）中のフィードバック情報と目標値について調節部（マイコン）との関係で説明する。

　調節部（マイコン）では，フィードバック情報としてタッチセンサーからの「ON 状態にある」信号を受信していなければボールの進路妨害がないので操作部（モーター）へ「KOROBO は前進」と判断し，「ON 状態にある」信号を受信していれば進路妨害があるので操作部（モーター）へ「KOROBO はボール迂回」と判断する。このような処理のために，タッチセンサーの「ON 状態にある」信号を受け取り「ON 状態にあるか？」の判断による分岐操作を行う［タッチセンサー分岐 (1)］アイコンを利用する。

　図表11－1で説明した車の上り坂の例では，調節部において操作部（アクセルペダル）の操作の仕方を判断するために，目標値（目標速度）とフィードバック情報（実際速度）の差異（速度差の大きさ）を利用した。これに対して本節の調節部（マイコン）において操作部（モーター）の操作の仕方を判断するために利用するのは，KOROBO とボールの接触の衝撃度（衝撃の大きさ）ではなく接触の有無である。タッチセンサーを利用した接触の有無，すなわちフィードバック情報だけで操作部（モーター）の操作を判断できるので目標値は使用しない。なお，この部分は車の上り坂の例を参考にして，目標値を「『ON 状態にある』信号を受け取っていない（接触していない）」として，制御量と目標値

の一致と不一致で操作部の判断をする，と考えても構わない。

(4) フィードバック制御のプログラム

　以上を踏まえてフィードバック制御のプログラムを説明する。文中に登場するⓝは図表11－9中のアイコン番号である。まず［begin］と［end］の両アイコンの間に前項（3）で説明した［タッチセンサー分岐（1）］アイコン③を置く。識別番号（1）のタッチセンサーを使用するが識別番号（2）でもよい。

　そして，検出部（タッチセンサー）からの「ON状態にある」信号を調節部（マイコン）が受信していれば，［タッチセンサー分岐（1）］アイコンの「ON状態にあるか？」の判断による分岐操作で［○（YES）］アイコン④へ進む。この場合は進路妨害しているボールをKOROBOが迂回する動作「後退して方向変換」として，1秒間低速で後退するために［後退（低）］アイコン⑤と［ウェイト（1）］アイコン⑥を置き，その後0.5秒間低速で右旋回するために［右旋回（低）］アイコン⑦と［ウェイト（0.5）］アイコン⑧を置く。検出部（タッチセンサー）からの「ON状態にある」信号を調節部（マイコン）が受信していなければ［×（NO）］アイコン⑨へ進む。この場合KOROBOはボールに接触し

図表11－9　2つの制御方式のフローチャート（プログラム）

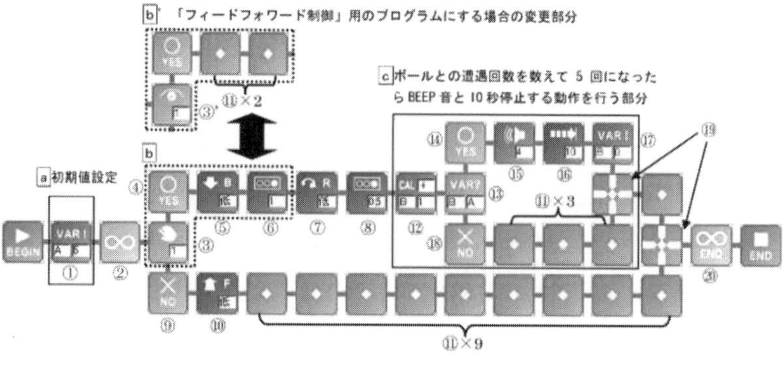

（図中のⓝは本文中に登場するアイコンの番号）

ていないのでそのまま低速で前進するように［前進（低速）］アイコン⑩を置く。

　なお，［タッチセンサー分岐（1）］アイコン③により［○（YES）］と［×（NO）］に分岐した2つの流れは，最後に［合流］アイコン⑲で一本にまとめる。説明上の見易さを考え分岐後の2つの流れを揃える為に，［×（NO）］側の流れには何もしない［ノップ］アイコン⑪を9つ置いた。そして，モデル動作に従い以上の動作を繰り返すので，上記のプログラム全体を［ループ］アイコン②と［ループエンド］アイコン⑳で挟む。ここまでの説明で図表11-9中の3つの部分（[a]，[b]'，[c]）を除いた部分が完成する。

(5) ボールとの遭遇回数を数える部分のプログラム

　KOROBOがボールに遭遇した回数を数える部分を説明する。この部分は，項番（4）で作成した部分の［タッチセンサー分岐（1）］アイコン③で［○（YES）］の場合（ボールに遭遇した場合）の「後退して方向変換」の後に行う処理として，［ウェイト（0.5）］アイコン⑧の後ろに部分[c]として付け加える。部分[c]を［○（YES）］アイコン④の直後に配置してもよいが，その場合は部分[c]の処理時間だけKOROBOが後退し方向変換を開始するのが遅れてしまう。

　さて，モデル動作の説明文にある「遭遇する度に遭遇回数を数える」を「遭遇直前までの遭遇回数を変数に記憶させておき，ボールとの遭遇時にはその変数に1を加える」に読み替えると，以下のプログラムが理解しやすくなる。すなわち，遭遇回数を記憶するための変数B（変数はA～Hの8つから自由に選んでよい）を用意し，遭遇するたびに変数Bが「1」だけ増える仕組みを作る。この処理は一般的には「B＝B＋1」で表現され**インクリメント**（increment）と呼ばれる処理である。この式は矛盾しているように見えるが，プログラミングでは一般的に使われる表現であり，「等号の右側（右辺）にある変数Bが記憶している値に1を加えた結果を，等号の左側（左辺）の変数Bにあらためて記憶

し直す」という意味である。これにより変数Bの記憶する値が1増える。IconWorksUSBではこの処理を［変数計算（B）（＋）（1）］アイコン⑫で行う。

　次に，ボールとの遭遇回数が5回になった時だけ行う処理（BEEP音と10秒停止）のために，プログラムの開始部分[a]で値「5」を変数A（B以外の変数ならどれでも良い）に記憶させておく。この処理は一般に「A＝5」で表現され「右辺の5を左辺の変数Aに記憶する」という意味であり，IconWorksUSBではこの処理を［変数設定（A）（5）］アイコン①で行う。このように，動作中に使用する数値は変数に記憶させておく。

　部分[c]の［変数計算（B）（＋）（1）］アイコン⑫で変数Bの値を1だけ増加させた後に，変数Bの値が変数Aの値と比較して条件「B≧A」を満たすか否かで分岐する［変数分岐（B）（A）］アイコン⑬を置く。このアイコン⑬により両変数が記憶している値の大小を比べて条件「B≧A」を満たしていれば［○（YES）］アイコン⑭へ進み，反対に条件「B≧A」を満たしていなければ［×（NO）］アイコン⑱へ進む。前者では，BEEP音を1回鳴らして10秒間ブレーキをかけて停止するので［BEEP（4）］アイコン（パラメータ（4）は音色番号4を示す）⑮と［ブレーキ（10）］アイコン⑯を置く。一方，後者では特段の処理は行わない。

　この部分の処理は一般に「IF（条件式）THEN（処理1）ELSE（処理2）」で表現され，「条件式（B≧A）を満たす場合は処理1（BEEP音とブレーキ操作）を行い，条件式を満たさない場合は処理2（何もしない）を行う」という条件による分岐である。

　ここで，［変数分岐（B）（A）］アイコン⑬で条件式「B≧A」を満たしていれば，この時点で「B＝A（＝5）」であり変数Bは「5」になっている。このままでは，変数Bはボールとの遭遇の度に1ずつ増え6，7，8…となるので二度と「5」には戻らない。再度5回ボールに遭

遇した場合に同様の動作を行うには，変数Bの値を「0」に戻す「B＝0」の処理が必要である。そこで，［ブレーキ（10）］アイコン⑯の後に「B＝0」を行う［変数設定（B）（0）］アイコン⑰を置く。

［変数分岐（B）（A）］アイコン⑬により［○（YES）］と［×（NO）］に分岐した2つの流れは［合流］アイコン⑲で一本にまとめる。ここでも，プログラムを見やすくするために［×（NO）］側に［ノップ］アイコン⑪を3つ置いて［○（YES）］側と長さを揃えている。

(6) プログラムについての補足

3点ほど補足する。1つ目は，項番（4）で説明した⑥と⑧の［ウェイト］アイコンの「1秒」と「0.5秒」は，著者が実際にKOROBOとボールとの遭遇現象を実験した結果に基づいている点である。

2つ目は，図表11－8で説明した様に，非常に短い時間間隔でセンサーによる検出を繰り返すことにより，KOROBOがボールの接近を確実に検出できるようにしている点である。例えばKOROBOが前進する際には速度を［低速］に設定した［前進（低）］アイコン⑩を使い急速にボールに接近しないようにしている。またマイコンがセンサーの「ON状態にある」信号をきめ細かく確認できるように，［前進（低）］アイコン⑩の直後には［ウェイト］アイコンさえ置いていない。

3つ目は，プログラムの部分 a で変数Aに「5」を記憶させる［変数設定（A）（5）］アイコン①を置いているが，ボールとの遭遇回数を記憶する変数Bにはその初期値「0」を記憶させるアイコンを置いていない点である。これは，プログラムを実行すると最初に全ての変数が「0」になるので，わざわざ「0」を記憶するアイコンを置く必要がないからである。

(7) フィードフォワード制御の組み込み方

フィードフォワード制御をプログラムへ組み込む際に重要な，ブロック線図（図表11－2）中の外乱に関する情報と目標値について調節部（マイコン）との関係で説明する。

調節部（マイコン）では，外乱に関する情報として光センサーからの「ON状態にある」信号を受信していなければ，ボールの進路妨害は近々起きないので，操作部（モーター）へ「KOROBOは前進」と判断し，「ON状態にある」信号を受信していれば，ボールの進路妨害が近々起きるので，操作部（モーター）へ「KOROBOはボール回避」と判断する。このような処理のために，光センサーの「ON状態にある」信号を受け取り「ON状態にあるか？」の判断による分岐操作を行う［光センサー分岐（1）］アイコンを利用する。

なお，本節の調節部（マイコン）において操作部（モーター）の操作の仕方を判断するために利用するのは，KOROBOとボールとの実際距離（遠近の程度）ではなく，実際距離が検出距離に近づき光センサーがボールの接近を検出したか否かである。光センサーを利用した検出の有無，すなわち外乱に関する情報だけで操作部（モーター）の操作を判断できるので，項番（3）で説明したフィードバック制御の場合と同様に目標値は使用しない。

(8) フィードフォワード制御のプログラム

項番（3）と（7）の2つの制御方式の相違点に基づき，フィードバック制御のプログラムを利用してフィードフォワード制御のプログラムを説明する。

相違点の1つ目は検出部に使うセンサーである。フィードバック制御ではタッチセンサーだがフィードフォワード制御では光センサーなので，［タッチセンサー分岐（1）］アイコン③を［光センサー分岐（1）］アイコン③'に置き換える。識別番号（2）の光センサーでもよい。

2つ目はボールに遭遇した後の操作部（モーター）への指示の違いである。フィードバック制御では，KOROBOはボールを迂回するために，低速1秒間の後退動作（部分bの［後退（低）］アイコン⑤と［ウェイト（1）］アイコン⑥）が必要である。これに対してフィードフォワード制御では，進路妨害を前もって検出するため検出時点でKOROBOは

ボールに触れていないので，ボールを迂回することなく方向変換できる。すなわちフィードバック制御での後退動作（アイコン⑤と⑥）は不要である。そこで不要な2つのアイコン⑤と⑥を2個の［ノップ］アイコン⑪に置き換えている。

　3つ目は，フィードバック制御ではボールと接触する度に遭遇回数が1増えるのに対して，フィードフォワード制御ではボールの接近を検出する度に遭遇回数が1増える点である。これは項番（5）で説明した部分cである。部分cは「ボールと遭遇する度に変数B（現在までの遭遇回数）が1だけ増える」仕組みであり，これは「ボールと接触」でも「ボールの接近を検出」でも同じ処理なので，部分cはフィードフォワード制御でもそのまま利用できる。

　以上より，フィードフォワード制御のプログラムは，基本構造はフィードバック制御のプログラムと同じであり，図表11-9の部分bを部分b'に置き換えるだけでよい。ここで取り上げたモデル動作では，ボールに接触しない点と，後退動作を省略できプログラムを簡素化できる点で，フィードバック制御に比べてフィードフォワード制御が優れている。

　ここでは実験を積み重ねた上で，光センサーがボールの接近を検出してKOROBOがこれを回避できる十分な検出距離を設定したが，この検出距離が十分でない場合やボールの速度が速い場合は，ボールの接近を検出しても方向変換している最中のKOROBOにボールが衝突する可能性がある。この場合はフィードフォワード制御の特徴である「外乱に関する情報」だけでは対応が難しい。そのため万一のボールとの衝突を想定して，フィードフォワード制御のプログラムにタッチセンサーでボールとの接触を検出し方向変換するフィードバック制御を組み込む方法も考えられる。

3・1・5 機械装置を伴ったプログラミング

　KOROBOでは本体前面にタッチセンサーと光センサーを取り付けているが，これらは前方からやってくるボールを正しく検出できる高さと角度と感度に設定しなければならない。また赤外線発光ボール以外の赤外線が周囲で利用されていると，光センサーがそちらに反応する可能性もある。コンパスセンサーを利用する場合も，周囲に強い磁力線を出す磁石があると誤作動するので注意が必要である。KOROBO本体についても，直進するアイコンを使用しているにもかかわらず，走行面の凹凸や傾斜そしてタイヤの滑り具合など路面の状況により直進できないこともある。

　このように，ロボットなどの機械装置を伴ったコンピュータ制御のプログラミングでは，機械装置各部の形状や強度などの構造上の特徴や，動作範囲や動作速度などの動作上の特徴，またセンサーの性能や使用環境についても確認し，プログラムと実際のズレを調整する作業が必要であり，数値計算が中心のプログラミングに比べて多くの手間と時間がかかる。現場ではこれを解決する方法が使われている。

　たとえばアーム型ロボットでは，人間がロボットに作業動作や位置座標を教示（**ティーチング**：teaching）するとプログラムを自動生成し動作する（**プレイバック制御システム**：playback control system）。ロボットへの教示には，人間がアーム各部の手動操作用ハンドルを握り直にアーム各部を動かして作業動作を教示するダイレクト・ティーチングや，人間が手元の操作用コントローラ（ティーチング・ペンダント：teaching pendant）を使いアーム各部を動かして教示するオンライン・ティーチングがある。また多彩な対象物を掴む複雑なピッキング作業では，カメラやセンサーで対象物を検出し，アーム先端部（エンドエフェクタ：end effector）のグリッパー（gripper）部にあるセンサーで対象物の形状を検出して，AI（人工知能）が掴み方を判断する。

　また多数のモーターやセンサーを搭載した二足歩行ロボットでは，複雑な制御を必要とするため精確なプログラム作りが要求される。しかしプロ

グラムが複雑であるほどプログラム中に多くのミスを含む可能性があり，いきなりロボット本体を動作させると誤動作により転倒し損傷する危険性がある。そこでコンピュータ画面上に3次元CG（Computer Graphics）で描画した同型ロボットのシミュレーターを用いて，予め動作を検証してからロボット本体に適用している。

KOROBOとIconWorksUSBには前述のような高度な支援機能はないが，完成したプログラムの全体あるいは一部を保存してライブラリー化できる。これにより，ライブラリーから必要なものを取り出して別の開発中のフローチャートに貼り付けて利用できるので，効率よくプログラム開発が行える。

3・2　ロボットを支える周辺技術

前節までにロボットがコンピュータ制御で動作する機械装置であることを説明した。本節では，ロボットがメカニズム／メカニクスとエレクトロニクスの合成語である**メカトロニクス**（mechatronics）を中心とした様々な技術で支えられている点について触れておく。

ロボットは，これまでに述べてきた制御技術やセンサー技術を随所に組み込みながら，パワーユニット（モーターやエンジン）などのロボットの動力を生み出すエネルギー・動力技術，後述するピニオンギアやワームギアなどのギア（歯車）や四節リンク機構，そして油圧・空気圧やワイヤ・ベルトなどのロボット各部へ動力を伝達する動力伝達技術，LSIやVLSI等のIC技術，AD／DA変換などの電気・電子技術，遠隔操作を実現する通信ネットワーク技術，人工知能をはじめとした自律型ロボットのためのコンピュータ技術や情報工学，ロボットを二足歩行させる**ヒューマノイド**（humanoid）技術，人間・機械システムのインターフェース技術としての**サイバネティクス**（cybernetics）技術，3次元コンピュータグラフィックスによる仮想現実感を実現する**バーチャル・リアリティ**（Virtual Reality：VR）技術，ロボット自体を軽量で強固に作り上げる材料技術，

図表11-10　ロボットを支える機構（ピニオンギアと平ギア(左)，ピニオンギアとワームギア(中)，四節リンク機構(右)）

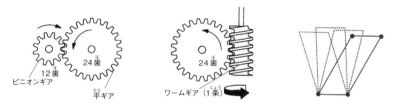

図提供：(株)イーケイジャパン（一部加筆修正）

など様々な技術で支えられている。

　このうち初心者にも分かりやすい動力伝達技術について紹介する。動力の伝達には機構と呼ぶ仕組みを利用する。図表11-10左は，左側のピニオンギア（pinion gear）の歯数が12で右側の平ギア（spur gear）の歯数が24の組み合わせ機構である。ピニオンギアを1回転させると平ギアは1/2回転し，この時ピニオンギアを1回転させる際に加えた力（回転力）は2倍になる。反対に平ギアを1回転させればピニオンギアは2回転する。この機構により回転速度や回転力を調節できる。

　図表11-10中は，右側のワームギア（worm gear）が1回転すると左側の24歯の平ギアが1/24だけ回転する機構で，回転力を24倍にできる。この機構では，平ギアを回転させてもワームギアを回転できないことと，ワームギアと平ギアの回転軸が直角になることが特徴である。

　図表11-10右は，4本のリンクで構成した四節リンク機構の動きを示している。リンクの1つを固定するとその他のリンクは計算された動きをする。リンクは3本では動かないし6本以上では動きが複雑になり制御が難しい。これらの機構を組み合わせてパワーユニットからロボットの各部位に対して動力を伝達する。

4　おわりに

　計測と制御の集大成であるロボットは進化を続けている。進化の様子を表すキーワードとしては，**人工知能**（Artificial Intelligence：AI）を搭載したロボット，高速通信ネットワークを使い遠隔地のロボットを操作して現地を疑似体験する**テレイグジスタンス**（telexistence），クラウドサービスとロボットが連携してサービスを提供する**クラウド・ロボティクス**（cloud robotics），人とのコミュニケーションのための顔認証技術とヒューマンインターフェース，人と一緒に作業ができる安全なロボット，無人運転の鉄道やバス・車，燃料電池で長時間稼動するロボット，倒れても壊れないロボット，軽くて安価な普及型ロボット，人が装着して利用するロボットスーツ，様々な分野・職種へのロボットの実践的導入，などがある。ロボット自体の進化だけでなくロボットを普及させ21世紀の産業の柱とするための準備として，ロボットベンチャー企業の育成や，ロボット製品まわりの流通システムの構築と整備，消費者へのロボットの啓蒙など，ロボット市場の拡大へ向けた産官学協同による取り組みが行われている。

　ロシア生まれの米国人SF作家・アイザック・アシモフ（1920-92）が，短編集『われはロボット』（1950年）で**ロボット工学三原則**と題して述べている一節に「ロボットは，便利である前に，まず，人に対して安全でなければならない」とある。ロボットの便利さだけに注目が集まる今日，人とロボットとの安定的な共生社会の実現にはこの一文を忘れてはならない。

1　㈱イーケイジャパン製「自律型ロボット KOROBO MR-9172」
2　㈱イーケイジャパン製「コンパスセンサーモジュール MR-9142R」
3　㈱イーケイジャパン「ロボットプログラム IconWorksUSB 操作説明書Ⅰ・Ⅱ」
4　㈱イーケイジャパン製「RoboCupJunior 公式赤外線発光ボール RCJ-05」

索　引

【数字・欧文】

100BASE-TX　215
2進数　8, 158
4Kテレビ　125
8Kテレビ　125
AD変換　259
AES　217
AGV　91
AI　206
App Store　191
APS　114
APT　105
ASP　222
AS2　55
ATM　36
BCP　33
Bluetooth　175, 217
BS　219
BtoB　51
BtoC　51
C言語　196
CAD　101, 103
CAE　103
CALS　62
CAM　101, 105
CAP　102, 107
Chrome OS　189
CIM　101
CNC工作機械　90
COBOL　197
Covisint　65
CSMA/CD　216

CSS　221
C++　197
C#　197
DaaS　222
DA変換　258, 261
decision making　14
DHCP　215
DRAM　169
DVI　174
DWH　114
Dynamic Random Access Memory　169
ebXLM-MS　55
EC　122
EC化率　52
EDI　54, 122
ENIAC　7
EOS　86
ERP　113
Ethernet　173, 215
EUC　35
EUCの短所　38
EUCの長所　37
eマーケットプレイス　65
FAS　92
FMC　91
FMS　91
FTTH　215
GIS　121
Google Play　190
GUI　36, 111, 188
HTML　197, 220
IaaS　222

索　引

IC　163	MOS 試験　247
ICANN　219	MRP　113
ICT　5	NC 工作機械　90
IC カード型電子マネー　79	OC　30, 31, 37
IC タグ（無線タグ）　82	OCR　166
IEEE　219	OC の短所　33
IEEE802.11 シリーズ　217	OC の長所　31
IMAP4　220	OMR　166
IOS　191	OS　180, 183
IoT　121	PaaS　222
IP　219	PCI Express　175
IPadOS　191	PCI バス　175
IP 電話　124	PDCA サイクル　244
IP プロトコル　124	PDF　205
ISM バンド　218	PHP　199
ISS　249	PLU　48
IT　4	POP3　124
ITS　249	POS　86
ITU　223	POS システム　45
JAN コード　46	PPDAC サイクル　245
JAN シンボル　46	Python　199
JAN バーコードシンボル　46	RAID　171
Java　198	RFID　82
JavaScript　198	RFID タグ　96
Java アプレット　198	RISC　265
Java サーブレット　198	RJ45　215
JIT　103	SaaS　222
Kaizen　93	SCM　113
KJ 法　230	SCM ソフトウェア　113
LAN　215	SCP　113
LMS　126	SET　78
LTE-Advanced　223	SLIM　105
MAC　219	S/MIME　220
MAC OS　189	SMTP　220
MC　91	SMTP メールサーバ　124
MES　114	SNS　124
MIME　220	SOHO　12, 126

285

SQL 195	圧力センサー 258
SRAM 169	アドホックモード 223
SSD 170	アナログ制御 252
SSID 223	アマゾン・ドット・コム 70
SSL 221	アプリ 120
Static Random Access Memory 169	アプリケーション 179
TLS 221	アマゾン・ドット・コム 70
TPM 115	アルゴリズム 272
UEFI 181	暗号化 127
UNIVAC-I 7	暗号化通信プロトコル 128
Universal Serial Bus 173	安全性 31
URI 219	アンチウイルスソフト 205
URL 219	アンドロイド 190
USB 173	意思決定 13, 14, 15, 16, 19, 24, 27, 36
USBメモリ 39	意思決定支援システム 227
Visual Basic 197	意思決定者 28, 37
WEP 217	意思決定の垂直的分業 26
What-if分析 242	意思決定のプロセス 37
WPA 217	因果関係 244
WPA2 217	因子分析 237
WWW 203, 220	インクリメント 275
WYSIWYG 200	インストアマーキング 47
XBRL 122	インターネット技術 51
ZOZOTOWN 73	インターネット広告 81
2000年問題 210	インターネット社会 119
	インターネットボット 121
【あ 行】	インターフェイス 173
アーム型ロボット 91	インタプリタ 193
アイコン 188	インタプリタ言語 194
アウトソーシング 116	インプット 23
アウトプット 23, 226	インフラストラクチャ 32
アクセス速度 168	インフラストラクチャモード 223
アジェントリクス 65	ウィンドウ 188
アスクル株式会社 64	ウィンドウズ 189
アセンブラ 193	ウェブアプリケーション 182
アセンブリ言語 194	ウェブサーバ 192
アップリンク 218	ウェブページ 120

ウェブメール　203
ウォーターフォール　211
衛星測位システム　121
エキスパートシステム　108
エレクトロニック・コマース　50
演繹法　243
遠隔学習　126
遠隔存在感　125
遠隔臨場感　125
円グラフ　235
エンドユーザ　30, 33, 35
エンドユーザコンピューティング　35
オイシックス・ラ・大地株式会社　72
応用ソフトウェア　179, 181
オープン・ソース　116, 191
帯グラフ　235
オブジェクト指向言語　195
オペレーティング・システム　180
折れ線グラフ　235
温度センサー　257
オンプレミス型　202
オンライン　187

【か　行】

改善活動　93
回線交換方式　124
階層構造　24
階調数　262
外注先管理システム　97
外乱　253
鍵配送問題　128
学習管理システム　126
加工経路　89
カスタムソフトウェア　182
仮説　229, 230
仮説検証　237
仮説検定　238
画素　262

仮想化　221
仮想記憶方式　185
仮想通貨　122
からくり　115
環境　23
感度分析　242
キー　164
キーボード　164
記憶　156
記憶階層　168
記憶装置　168
記憶容量　168
機械学習　207
機械語　8, 192, 194
基幹業務処理　30
基幹業務処理システム　31
企業　23
企業倫理　132
技術基準適合証明　216
技術情報管理システム　95
基地局　222
帰納法　243
揮発性メモリ　170
基本4情報　123
基本POSデータ　48
基本ソフトウェア　180
逆問題　110
業界VAN　57
業界共同VAN　57
教科情報　6
共通鍵暗号方式　128
業務　26
業務上の意思決定　26
業務の水平的分業　27
教養　4
虚偽の意思表示　142
クライアントサーバシステム　221

287

クラウド型　202
クラウドコンピューティング　221
クラウドサーバ　221
クラウド・ロボティクス　283
クラスタ分析　237
グラフィカルユーザインタフェース　188
グラフ化　234
グループウェア　39
グループ・テクノロジー　89
クレジットカード　122
グローバルIPアドレス　215
クローラ　121
経営　24
経営情報システム　28, 30, 32
計測　256
携帯電話　222
ケーブルテレビ　215
原価管理システム　98
言語プロセッサ　193
検索エンジン　121
検出部　253
公開鍵　128
公開鍵暗号　123
公開鍵暗号方式　128
工場計画システム　99
高水準言語　193
構造化された問題　226
工程　89
行動　19
高度情報社会　11, 119
ゴールシーク　111
国際電気通信連合　223
個人情報　32, 138
個人情報保護法　32
コミュニケーションギャップ　33, 37
コンパイラ　193
コンパイラ言語　194

コンパイル　194
コンピュータウイルス　39
コンピュータ統合生産システム　100
コンピュータの適用業務　29
コンピュータリテラシー　3, 4, 5, 11, 20, 38
コンプライアンス　132

【さ　行】

サーボ制御　253
在庫　27
在庫管理システム　96
在宅勤務　126
最適化　240
最適解　241
最適化モデル　241
最適化問題　241
サイバー攻撃　127
サイバーセキュリティセンター　129
サイバー犯罪　127
サイバーポリス　129
サイバネティクス　281
詐欺　142
錯誤　142
サテライト・オフィス　126
サプライチェーン　43, 113
サプライチェーンマネジメント　113
産業の発達　145
散布図　235
サンプリング周波数　259
サンプル値　259
サンプルデータ　233
シーケンス制御　255
仕掛品　89
事業継続計画　33
資材所要量計画　113
指示　27

指示情報　26
システム　226
システム構造　226
システム思考　226
システムズアプローチ　226
システムソフトウェア　179
システム分析　229
湿度センサー　258
自動NCプログラミングシステム　105
自動検査装置　92
自動制御　252
自動調整　253
自動保全システム　92
自動マテリアルハンドリング装置　91
シミュレーション　241
社会的評価　136
社会保障・税番号制度　123
ジャスト・イン・タイム　103
重回帰分析　236
集積回路　163
主記憶装置　169
主成分分析　236
出願制度　146
出力　156
手動制御　252
需要の3要素　87
順問題　110
商標権　144
情報　13, 16, 17, 19, 27, 28, 37, 40
情報家電　249
情報技術　4
情報公開制度　134
情報システム　28
情報システム部門　30, 33, 36
情報収集活動　17
情報処理　155
情報セキュリティ　127, 152

情報通信技術　115
情報リテラシー　3, 13, 20, 38, 40, 41
情報リテラシーの下位能力　20
情報倫理　152
処理　156
人格的利益　135
信号衝突　216
人工知能　108, 121, 206, 282
深層学習　122, 207
振幅　259
推論　243
数学モデル　239
スーパーデリバリー　66
数理計画ソフトウェア　241
数理的手法　227
数理計画法　241
数量化　232
スキャナ　165
スクリプト言語　195
スクロールバー　188
スケーラビリティ　222
ストアコントローラ　48
ストリーミング　125, 203
スパイダー　121
スマート・ファクトリー　117
スマートフォン　119
スマホ　119
制御　158, 252
制御装置　253
制御対象　253
制御量　253
生産管理システム　95
生産管理情報　95
生産技術情報　95
生産計画システム　96
生産計画システムパッケージ　108
生産形態　93

生産指示方式　94
生産システム　86
生産システムシミュレータ　110
生産情報システム　87
生産統制システム　97
生産の 3 要素　88
生産方式　94
脆弱性　39
製造システム　87
製造実行システム　114
性表現　148
製品仕様　93
政府共通プラットフォーム　124
赤外線通信　216
セキュリティ　31, 38
セキュリティソフト　205
セキュリティ対策　32
絶縁体　161
設備管理システム　98
セル生産方式　115
全銀 TCP/IP　55
先願主義　146
センサー　256
全社的生産保全　115
戦術的意思決定　26
先進的スケジューリング　114
全体システム　232
全地球測位システム　123
戦略的意思決定　26
相関関係　228
相関係数　236
総合行政ネットワーク（LGWAN）　124
操作部　253
層別　234
ソースマーキング　47
組織　24
組織中心のコンピュータ利用　30

ソフトウェア　4, 9, 36, 177
ソフトウェア工学　210
ソルバー　111
存続期間　146

【た　行】

ダイアログボックス　188
代替案　15, 37
大量　29
ダウンリンク　218
タスク　184
タッチパネル　165
多能工　93
多品種少量生産　86
タブレット　120
多変量解析法　236
多変量データ　236
知的財産　144
チャネル　213
調節部　253
著作権　147
著作者人格権　147
地理情報システム　121
陳腐化　34
ツイストペアケーブル　215
追値制御　252
通信衛星　218
通信ネットワーク　4, 213
ティーチング　280
ディープラーニング　206, 207
定型的　29
低水準言語　193
ディスプレイ　168
定値制御　252
定量データ　232
データ　13, 18, 19, 28
データ処理　155, 156

索引

データ処理システム　156
データベース　4, 32, 202
データベースサーバ　120
データベースソフト　202
データマイニング　231
デジタルカメラ　165
デジタル計算機　158
デジタル制御　252
デジタルツイン　228
デジタル・デバイド　11
デジタルビデオカメラ　166
手続き型言語　195
デバイス　188
デバイスドライバ　188
テレイグジスタンス　283
テレワーク　126
電子会議システム　40, 126
電子キャビネット　40
電子計算機　7
電子掲示板　40
電子決済　122
電子商取引　122
電子署名　123
電子スケジュール管理　40
電子データ交換　122
電子マネー　79, 122
電子メール　40, 126, 203
伝送信号の変質　263
電波法　216
動画編集ソフト　205
統計的アプローチ　233
統計的手法　231
統計パッケージ　41
統合業務パッケージソフトウェア　113
導体　161
特許権　145
特許要件　145

取引の安全　141
ドローソフト　204

【な　行】

流れ図　272
名前解決　219
日本語入力ソフト　200
ニューラルネットワーク　208
入力　156
ネット家電　249
ネット入札　116
ネットワーク　32
ネットワーク型電子マネー　79
ノード　213

【は　行】

バーコードリーダ　166
バーチャル・リアリティ　281
ハードウェア　4
ハードディスク　170
バイオス　181
配送計画システム　99
パケット　124
パスワード　39, 128
波長　259
バックログ　34, 38
パッケージソフトウェア　182
バッチ処理　186
発明者主義　145
ばらつき　235
パラメータ　267
パルス波信号　263
犯罪の煽動　148
半導体素子　161
反復的　29
判別分析　237
汎用工作機械　90

291

光センサー　258
光ファイバーケーブル　215
ヒストグラム　235
ビッグデータ　206
ビットコイン　122
非手続き型言語　195
ヒューマノイド　281
表計算ソフト　201
表現の自由　133
標準偏差　235
標本化　259
標本化周波数　259
平文　127
品質管理システム　97
品目　89
ファームウェア　181
ファイル　185
ファイルサーバ　120
ファイル転送　125
フィードバック　229
フィードバック情報　253
フィードバック制御　253
フィードフォワード制御　254
フォトレタッチソフト　205
フォルダ　186
不揮発性メモリ　170
復号化　128
符号化　261
不公正な取引方法　143
不正競争　143
不当表示　143
部門化　27
プライバシー　137
プライバシーの保護と個人情報の国際流通についてのガイドライン　139
プライベートIPアドレス　215
ブラウザ　122, 203

プラグアンドプレイ　188
プラットフォーム　180
プリペイド（前払い）方式　79
プリペイドカード　122
プリンタ　166
プレイバック制御システム　280
フレキシブル加工セル　91
フレキシブル自動組立システム　92
フレキシブル製造システム　91
プレゼンテーションソフト　202
フレックスタイム　126
フレックスプレイス　126
フローチャート　272
プログラミング　8
プログラミング言語　192
プログラム　8, 177
プログラム言語　9, 178, 192
プロジェクタ　166
プロセス制御　252
ブロック線図　253
文化の発展　147
分散　235
平均　235
変換　23
変種変量生産　86
変数　233, 265
ポインティングデバイス　165
棒グラフ　235
報告　27
報告・連絡・相談　27
ホームページ作成ソフト　204
母集団　233
ポストペイ（後払い）方式　79
ボタン　188
ボット　121

索引

【ま 行】

マークアップ言語　196
マイクロソフトオフィススペシャリスト試験
　242
マイナンバー　123
マウス　165
マクロ　201
マシニングセンタ　91
マシン語　192
マルチタスク　184
マルチメディア　10
無人運転　121
無人搬送車　91
無線LAN　217
無理・無駄・斑　87
名誉　136
メーカ直販　87
メールソフト　203
メカトロニクス　281
メニュー　188
メニュー方式　35
目標値　253
目標追求分析　242
モデル　239
モデル化　239
モデル分析　229
ものづくり　85
モノのインターネット　121
物の流れ　89
モバイル・オフィス　126
問題　225
問題解決　41

【や 行】

有害図書　150
ユーザフレンドリなインタフェース　35
ユニックス　191

ユビキタス・コンピューティング　119, 249
読み・書き・算盤　3
より対線　215

【ら 行】

楽天市場　75
ランダムサンプリング　234
リアルタイム処理　186
リエンジニアリング　114
立体自動倉庫　92
リテラシー　3
リナックス　191
流通ビジネスメッセージ標準　62
流通BMS　62
流通EDI　55
流通VAN　56
量子化　260
量子化ビット　261
量子コンピュータ　100
リレーショナル型データベース　202
リンク　213
類推　244
レイド　171
連絡　27
労務管理システム　98
ロボット　121
ロボット工学三原則　283
論理演算　159

【わ 行】

ワークフロー　28
ワープロソフト　200
猥褻　149

293

【執筆分担・略歴】

一瀬益夫（いちのせ　ますお）……… 第1章，第2章

1948年　長野県生れ
1977年　一橋大学大学院商学研究科博士課程単位取得満期退学
　　　　東京経済大学助手，その後専任講師，助教授，教授を経て
現　在　東京経済大学名誉教授
　　　　専攻分野　経営情報システム論

中　光政（なか　みつまさ）……… 第3章

1952年　埼玉県生れ
1987年　早稲田大学大学院商学研究科博士課程単位取得満期退学
　　　　朝日大学経営学部助教授，東京経済大学経営学部助教授，教授を経て
現　在　東京経済大学名誉教授
　　　　専攻分野　流通情報システム論，物流論

堀　泰裕（ほり　やすひろ）……… 第4章，第11章

1962年　東京都生れ
1986年　早稲田大学大学院理工学研究科修士課程修了
1986年　神奈川大学工学部助手，その後，
　　　　東京経済大学専任講師，助教授，准教授を経て
現　在　東京経済大学経営学部教授
　　　　専攻分野　生産管理，生産情報システム論

佐藤　修（さとう　おさむ）……… 第5章，第9章

1955年　東京都生れ
1984年　一橋大学大学院商学研究科博士課程単位取得満期退学
1984年　一橋大学商学部助手，東京経済大学助教授を経て
現　在　東京経済大学経営学部教授
　　　　専攻分野　情報システム論

小島喜一郎（こじま　きいちろう）…第6章，第7章

1974年　東京都生れ
2004年　東京都立大学大学院社会科学研究科博士課程単位取得満期退学
2010年　東京経済大学経営学部専任講師，その後准教授を経て
現　在　東京経済大学経営学部教授
　　　　専攻分野　知的財産法

三和雅史（みわ　まさし）…………第8章，第10章

1971年　岐阜県生れ
1993年　早稲田大学理工学部工業経営学科卒業
1993年　財団法人鉄道総合技術研究所
2007年　政策研究大学院大学政策研究科博士課程修了
現　在　東京経済大学経営学部准教授
　　　　専攻分野　管理工学，システム分析論

2018年3月31日	初版	第1刷発行
2024年3月13日		第4刷発行
2025年4月28日	改訂版	第1刷発行

［新訂］新・現代情報リテラシー

Ⓒ 編著者　　東京経済大学情報リテラシー研究会
発行者　　脇　坂　康　弘

発行所　株式会社 同友館　　〒113-0033 東京都文京区本郷2-29-1
　　　　　　　　　　　　　　渡辺ビル1F
　　　　　　　　　　　　　　TEL.03(3813)3966
　　　　　　　　　　　　　　FAX.03(3818)2774
　　　　　　　　　　　　URL https://www.doyukan.co.jp/

乱丁・落丁はお取り替え致します。　　　　　三美印刷／松村製本所
ISBN 978-4-496-05759-5　　　　　　　　　　　Printed in Japan

本書の内容を無断で複写・複製（コピー），引用することは，特定の場合を除き，著作者・出版者の権利侵害となります。また，代行業者等の第三者に依頼してスキャンやデジタル化することは，いかなる場合も認められていません。